THE TEACH YOURSELF BOOKS

# CZECH

# TEACH YOURSELF
# CZECH

W. R. and Z. LEE

**THE ENGLISH UNIVERSITIES PRESS LTD**
ST. PAUL'S HOUSE   WARWICK LANE
**LONDON EC4**

To

Ladislav Šťastný

("Happy")

V nouzi poznáš přítele

*First printed 1959*
*Second edition 1964*
*Second impression 1966*
*Third impression 1968*

©
Copyright
The English Universities Press Ltd
1959

This volume published in the U.S.A. by
David McKay Company Inc., 750 Third Avenue,
New York, 17, N.Y.

SBN 340 05776 9

*Printed in Great Britain for the English Universities Press Ltd., London, by
Elliott Bros. & Yeoman Ltd., Speke, Liverpool.*

# CONTENTS

# INTRODUCTION

1. Together with Slovak, Polish, and Lusatian, Czech is one of the West Slavonic languages, and is spoken in Czechoslovakia by some $8\frac{1}{2}$ million people, mainly in the western and central parts of the republic. The chief language of eastern Czechoslovakia is Slovak, which about $3\frac{1}{4}$ million people there speak, and which is readily understood by Czech speakers. Czech is also widely used outside Czechoslovakia, and especially in the United States, Austria, the U.S.S.R., and Poland.

The Czech people are rightly proud of their stirring and colourful history and of Czech contributions to the cultural heritage of Europe. Great names are associated with Bohemia, some of them handed down through the mists of legend. It was Čech, wandering from south-east Europe, who settled by the Vltava; Libuše, daughter of Krok his successor, whose vision of a splendid city, the glory of which reached the stars, led, so the story runs, to the founding of Prague. In the ninth century Cyril and Methodius, called the Slav Apostles, established contact between the Czechs and Slovaks and eastern Christianity. "Good King Wenceslas" of the carol really existed, but was not strictly a king; as Prince Václav he helped the poor and needy, as St. Václav he is one of the great figures presiding over Czech destinies. These include also the martyred Hus (died 1415), who established Czech orthography much as it is today, and Komenský (Comenius), ecclesiastic and educational reformer, who visited England. The Battle of the White Mountain in 1620 led to the suppression of Protestantism in Bohemia and, for a long period, to the Germanisation of the territory. German replaced Czech for most official purposes. Literary Czech, vehicle of a rich mediaeval literature, especially of the fourteenth century, was now in decline. With the Awakening of the nineteenth century, however, came its revival. Among the numerous Czech writers, musicians and scholars who brought the Czech nation again to full awareness of itself were the historian Palacký, the poet Kollár (a Slovak who wrote in Czech), and the philologist Dobrovský. At this time too the democratic Sokol movement was founded, and began to exercise its powerful influence on the bodies and minds of Czechs and Slovaks throughout the Austro-Hungarian Empire. It was only with the break-up of that empire, however, that political independence was won, and the Republic of Czechoslovakia launched under the wise presidency of T. G. Masaryk.

In recent times the Czech contribution to culture has been no less noteworthy than of yore: in music, for example, we have Dvořák, Smetana and Janáček, in literature Karel Čapek and Neruda, in painting Čermák and Švabinský, and in sculpture Myslbek. Not only the arts but also the sciences and industry have flourished in this land-girt state, in the centre of a troubled Europe, where old things and new exist side by side. Among the ancient cities and towns scattered about Czechoslovakia, "golden Prague" is supreme, with its splendid dominating cathedral and castle and its renowned university, the first to be established north of the Alps. No less inviting is the beautiful and extensive country-side in all three "lands": Bohemia, Moravia, and Slovakia.

2. Czech is reputedly a difficult language, with its case-system and verbal aspects, and it is true that an English-speaking learner of Czech has to discard a good many linguistic habits and prejudices. Yet it is probably no harder to acquire than Latin or Greek, which many of modest capabilities have mastered. It is observably a living language, one which functions in a living society. It can be heard over the radio, and it is written in the Latin and not the Cyrillic alphabet.

*Teach Yourself Czech* is designed mainly for those who have no Czech teacher, but it can of course be used with a teacher as well. It is graduated from the viewpoint of an English learner, whose special difficulties the authors have kept in mind. By "graduation" they mean that one new point is introduced at a time, in an orderly progression, so that knowledge of the language is methodically built up. The section on sounds and spelling (pp. xiii-xxiii) should be first read through, to get a general idea of what the pronunciation is, and then referred back to time and again. The lessons should be carefully studied in sequence and all the exercises done. The examples are often sentences in isolation, illustrating a particular point, but short conversations soon begin to appear, and several of the reading passages (arranged as far as prose is concerned in rough order of difficulty) can be tackled from about half-way through the book. There are keys to the exercises and to content-questions on the passages.

More important than the learning of words is undoubtedly a mastery of the structures, which are made chiefly by the consonance of inflections and other such grammatical features. Attention has therefore been directed to structures in this sense, while the vocabulary has been restricted to some 1,400 words, all in common use (except for a very few archaic forms in the reading passages). The structures are the basic and essential ones. This is not a book of reference, however, but a course, and it does not include the whole of Czech syntax and grammar. None the less the main features are dealt with, and those who have worked carefully through all the lessons will be able to cope, aided by a dictionary, with the current written language. We hope that many students will wish to go further, and these may find the bibliography (p. 215) helpful.

Five double-sided records of the sounds of Czech and of some of the dialogues and passages in the book, spoken by Czech speakers, are obtainable from the Linguaphone Institute Ltd., 207–209 Regent Street, London, W.1.

## ACKNOWLEDGEMENTS

Thanks are due to a number of people who at one stage or another contributed hints, suggestions, or encouragement, and to Czech friends whose scrupulous examination of the manuscript and scholarly criticisms of it led to many improvements being made. We are grateful to Professor B. Pattison, Head of the Division of Language Teaching, Institute of Education, London, who examined the grading of a large part of the course from a learner's viewpoint.

The first-named author, whose mother-tongue is English, acknowledges with pleasure his debt to Mr. Miloš Sova, whose classes in Czech he once attended, and to colleagues in Czechoslovakia, especially at the Caroline University, where he was a lecturer in English for five absorbing post-war years.

The second-named author was born and brought up in western Moravia, her mother-tongue being Czech.

We owe much also to the printers and publishers, for their careful attention to a difficult manuscript.

## NOTE TO SECOND EDITION

The authors would like to express their gratitude to the following for pointing out errors and suggesting improvements: Professor R. Auty, Mrs. Anna Boxall, Dr. F. Daneš, Dr. V. Fried, Mr. J. Hronek, Dr. I. Lutterer, Professor J. V. Polišenský, and Mr. M. Sova. A reading-passage in contemporary Czech has been added on page 188, and thanks are due to Mr. Ludvik Aškenazy for his kindness in allowing this extract from *Dětské etudy* to be reprinted.

## SPELLING AND PRONUNCIATION

1. Czech, unlike English, is spelt with a high degree of regularity, which means that the letters of a word are a fairly safe guide to its pronunciation. Speech-sounds cannot, however, be learnt from the printed page, or at least only by those possessed of considerable skill in following instructions, and then only in a rough-and-ready way. The values of the Czech letters and letter-combinations, and the usages of connected speech, are best acquired from a Czech speaker, preferably a Czech with adequate phonetic training, who can thus identify errors readily and find an appropriate means of correction. Gramophone records and tape recordings provide models too, and perhaps the wireless: but repetitions cannot be obtained from a broadcast at will. Printed descriptions of speech-sounds and how to make them can be helpful if based on sound phonetic theory.

2. A self-taught learner should study this section and also seize every chance of *hearing* Czech, however briefly and occasionally. And even the entirely unaided learner should do his or her best to translate the sounds and sound-patterns broadly described here into speech. The more often a language is brought to life the more interesting it is to learn.

3. The value of a practical mastery of the phonetics of one's own language needs also to be emphasised. An English student of Czech who is aware of how English sounds are made is better able to acquire the sounds of another language than one without such ability. Good advice on learning the pronunciation of a second tongue will be found in Daniel Jones's *Outline of English Phonetics*, I, and P. MacCarthy's *English Pronunciation*, III.

4. The type of Czech described is generally current in Bohemia and Moravia. Slovak is a language in its own right, of course, but it is very like Czech, and Czechs and

Slovaks have little difficulty in following one another.

5. *Vowels*. The letters *a*, *á*, *e*, *é*, *i* and *y*, *í* and *ý*, *o*, *ó*, *u*, *ú* or *ů* stand for pure vowels.[1] The mark ´ (*čárka*) signifies greater length. The mark ° (*kroužek*) is used with a long *u* in the middle or at the end of a word.

The long vowels, with the exception of *á*, are a little closer than the corresponding short ones, i.e. the tongue is raised higher towards the palate. They must never be diphthongised.

*a*, as in *Vlasta*, is similar to the *beginning* of the diphthong in English "fi**gh**t"[2]. Do not substitute the vowel in "cat". Above all, in a final unstressed syllable do not substitute the final sound of "butter" (not "Vlaster").

*á*, as in *mám* I have, is somewhat like the vowel in "halved".

*e*, as in *Helena*, is like the first part of the diphthong in "there". It is more open than the vowel in "pet". In an unstressed syllable, like *a*, it must never be reduced to the final sound of "butter" (not "Helerner").

*é*, as in *péro* pen, is similarly pronounced, apart from being longer. It stands for a closer vowel sound than that in French "*bête*".

*i* and *y*, as in *pivo* beer and *česky* Czech, stand for a closer vowel sound than that in "fit". Try saying "fit" somewhat like "feet", but shorter.

*í* and *ý*, as in *bílý* white, represent a closer sound than that in "feed", but not so close as that in French "fille". The lips are slightly spread. Say "feed" rather emphatically, lengthening the vowel somewhat and using more lip-spread.

*o*, as in *kolo* bicycle, is pronounced like the vowel sound in "caught". There is slight lip-rounding.

---

[1] A pure vowel is one which can be prolonged without change in the positions of the speech-organs. In a diphthong on the other hand, there is a change of position in moving from the first to the second element or phase.

[2] All references to English sounds are to their occurence in "Received Pronunciation," as described in Jones's *Outline*.

*ó*, as in *balón* balloon, is similar except for its length. It occurs only in words adopted from other languages.

*u*, as in *ruka* hand, is pronounced like the vowel in "took". The lips are more rounded than for *o* and *ó*.

*ú* (*ů*), as in *stůl* chair and *únor* February, is pronounced like the vowel in "doom". The lips are rounded as for *u* or more so.

6. *"Hard" and "soft" consonants.* The letters *i* and *í* never occur after *h*, *ch*, *k*, or *r*, and never after *t*, *d*, or *n* if they have the sound values [t] [d] and [n]. These consonant letters are known as "hard". On the other hand, all consonant letters marked with a hook (*háček*), viz. *ť*, *ď*, *ň*, *š*, *ž*, *ř* and *č*, and also *c* and *j*, are "soft": and they are not followed by *y* or *ý*. Adopted words are not subject to this rule, and the original spelling is often retained.[1]

All other consonant letters, viz. *p*, *b*, *m*, *f*, *v*, *s*, *z*, and *l*, are "neutral": they are followed by *i* or *í* in some words and by *y* or *ý* in others. The distinction is often associated with different grammatical forms, e.g. *žili* they lived (masc.) and *žily* they lived (fem.).

7. The marks ′ and ° have nothing to do with stress. The strongest stress in Czech words falls on the first syllable.

8. The difference between short and long vowels, or short and long diphthongs, is much more marked in Czech than that between short and long vowels in English.

9. *Diphthongs.* There are three diphthongs proper in Czech: *eu*, *au*, and *ou*. They each consist of two equally distinct phases or elements, which must not of course be made into two different syllables.

*au*, as in *auto* car, is approximately Czech *a* plus *u* and is somewhat like the diphthong in "now" ("educated" Southern British). It occurs only in adopted words.

*eu*, as in *neutrální* neutral, is approximately Czech *e* plus *u*, and is also found only in adopted words.

[1] As in *cynik*, *Cyril*, *kino*, *historie*.

*ou*, as in *mouka* flour, is approximately Czech *o* plus *u*. It does not resemble the "educated" Southern British diphthong in "snow": the first part is more like the vowel in "not" and the second is closer and has fairly strong lip-rounding.

10. The letter-groups *aj, áj, ej, ij, íj, yj, ýj, oj, uj* and *ůj* also stand for diphthongs.

*aj* and *áj*, as in *kraj* region and *ráj* paradise, resemble the diphthong in "write".

*ej*, as in *dej* give, is pronounced like the diphthong in "day", but the beginning is more open, i.e. rather more like the beginning of "air".

*ij, yj, íj* and *ýj*, as in *pij* drink (imper.), *vyjde* he will leave, and *října* October (gen.), are pronounced somewhat like the vowel in "feet", except that the second element is close.

*oj*, as in *vojsko* army, stands for a short diphthong, as in "voice".

*uj* and *ůj*, as in *kupuj* buy (imper.) and *můj* my, represent a sound like the vowel in "took" followed by the vowel in "it".

These *j*-diphthongs (or vowels plus *j*) have, of course, a long first part if a *čárka* is marked above the first letter, and in *aj, áj, ej* and *oj*, the second element is closer than in the nearest English diphthongs.

11. *Plosive consonants.* *p*, as in *pan* Mr, *t*, as in *teta* aunt, and *k*, as in *kolo*, are unaspirated, as in French and Spanish. In English these are aspirated sounds initially; that is to say, they are followed by a small puff of breath. Try to make them firmly and briskly, without breathiness or "scrape". Do the "match trick": blow out the flame of a match by saying English "pa", "tar", or "car"—the aspiration is strongest with *p*. Then try to say these words without making the flame flutter: they will then be *un*aspirated. Practice with simple Czech syllables: *pan* (not *pʰan*), *pak, po, Pavel; ten, tam, to; kolo, káva*. (For *t* see also below.)

*b*, as in *bába* old woman, and *g*, as in *guma* rubber, are pronounced as in English.

*t* and *d*, as in *tady* here, are dental sounds in Czech; that is to say, they are produced by contact of the tongue-tip with the upper teeth, and not, as usually in English, with the teeth-ridge. In English "width", however, most speakers use a dental *t* or *d* [wit$\theta$] or [wid$\theta$]: isolate the sound from this word and practise it in simple words such as *ta, ten, tam, teta, dá, do, domů, dolů*. Do not put the tongue-tip *between* the teeth.

*ť* (also written *ť*), as in *síť* net, and *ď* (also *ď*), as in *ďábel* devil, are "soft", i.e. palatal, sounds. There is momentary contact between the tongue and the hard palate. For *ť* aim at a sound between *t* and *k*, for *ď* one between *b* and *g*. The sound at the end of German "ich" and the fricative sound at the beginning of a very emphatic "you" are made at the same point, but the tongue is not raised high enough to make contact with the palate. If you can begin with the first of these sounds and cut it short by pressing the tongue against the palate, a *ť* will be heard as soon as a quick release is made and the breath able to escape; a similar procedure with the emphatic "y" should result in *ď*. Note that [tj] as in a careful pronunciation of "actual" [aktjuəl] and the initial sound in "chief" are quite different from *ť*, just as [dj] in "endure" and the initial sound in "judge" are quite different from *ď*. Although [tj] and [dj], pronounced quickly, are acoustically similar to *ť* and *ď*, these latter are single consonants and, like *p*, *t*, and *k* in Czech, they are unaspirated. Note that when these sounds are followed by *ě*, as in *tělo* body and *neděle* Sunday, the *háček* is placed above the *vowel* letter. When they are followed by *i* or *í*, it is omitted. Practise: *ti, ty; tí, tý; di, dy; dí, dý*. The difference between *t* and *ť*, or *d* and *ď*, is sometimes associated with a grammatical feature, as will often be seen in working through the book.

12. *Fricative consonants.* *f*, as in *fík* fig, and *v*, as in *voda* water, are pronounced as in English.

*s*, as in *syn* son, is a little sharper than in English, and more like the French sound.

*z*, as in *zima* cold, is pronounced as in English.

*š*, as in *šest* six, and *ž*, as in *žena* woman, stand for sounds like the first in "ship" and the middle sound in "measure".

*ch*, as in *ucho* ear or *chata* hut, represents the final sound in Scottish "loch" or German "ach". It appears in dictionaries after *h*. Phonetic symbol [x].

*h*, as in *hlava* head or *ho* him, is voiced, whereas English *h* is usually voiceless. Some English speakers, however, use a voiced *h* between vowel sounds, as in "behind", "inhale", "inherent", etc. Try to sing the ordinary English *h* sound and you will voice it. .

13. *Affricate consonants.* *c*, as in *co* what, and *dz*, as in *podzim* autumn, stand for sounds similar to those at the end of English "quartz" and "hides". Phonetic symbol for *c*: [ts].

*č*, as in *Čech* a Czech, and *dž*, as in *džbán* jug, are similar to the consonant sounds in "church" and "judge".

14. *Nasal consonants.* *m*, as in *mám* I have, and *n*, as in *náš* our, are pronounced like the nasals in "me" and "not". Before *k*, as in *inkoust* ink, *n* represents the "ng" sound in English "sing".

*ň*, as in *ňadra* breast, is a palatal sound, like *ť* and *ď*. Aim at a sound between English *n* and *ng* (as in "sing"), or try to say the *y* sound, [j], as in "you", through the nose. If *e* follows it bears the *háček*, as in *něco* something. If this palatal nasal is followed by *i* or *í*, as in *nic* nothing, the *háček* is omitted. Practise: *ny, ni ; ný, ní*. Again the difference is sometimes associated with a grammatical feature, and it is therefore important to make it in pronunciation.

15. *Lateral consonants.* *l*, as in *les* wood, and *půl* half, is in all positions of occurrence relatively "clear", like the English *l* at the beginning of "leave". It is never like the "dark" *l* at the end of "pool" or "muddle".

16. *R-sounds. r*, as in *rok* year, is rolled slightly. Guard against substituting the vowel sound of "fir" when *r* occurs in the middle of a word, as in *prst* finger (not "pirst"). At the ends of words, as in *vítr* wind, there is at least one vibration of the tongue-tip—do not substitute the final vowel of "butter". After *t, p*, and *k, r* has the same sound as in other positions, so that *tráva* grass and *práce* work have none of the "scrapiness" often heard in English "try" and "price". Do not leave the sound out when it occurs between a vowel and a consonant, as in *horký* hot (not "hawkee").

*ř*, as in *říjen* October and *Dvořák*, is reputedly a difficult sound to acquire. If a rolled *r* can be made, the difficulty is soon overcome, as it is simply a matter of adding strong simultaneous friction. *ř* is voiceless at the ends of words (as in *pekař* baker), after a voiceless consonant (as in *tři* three), and before a voiceless consonant (as in *mořský* sea, adj.).

17. *J*, as in *jeho* his, is pronounced like the first sound in "yes", but perhaps with a little more energy and slight friction.

The letter *ě* after *p, b, m, f*, and *v*, as in *pět* five, *město* town, *Věra*, etc., stands for [je]. (N.B. *mě* is pronounced either [mje] or [mňe].)

### Special points.

18. Initial *j* is generally unpronounced in rapid speech: as *jsou* [sou] they are, *jméno* [méno] name.

19. Consonant groups which are hard to pronounce in rapid speech tend to be simplified: e.g. *šťastný* happy (medial *t* dropped), *čtrnáct* fourteen (*č* pronounced like *š*), *dcera* daughter and *džbán* jug (silent *d*), *vstávat* to get up (silent *v*).

20. The letter-groups *ie, ia, io*, and *iu* are found only in words adopted from other languages. They are pronounced [ije] as in *historie*, [ija] as in *piano*, [ijo] as in *pionýr*, and [iju] as in *gymnasium* secondary school.

21. Before a word beginning with a vowel-letter there is usually a glottal plosive (glottal stop, glottal catch), represented in phonetic script by [ʔ], at the beginning of a sentence or after a pause. Such a sound is heard in some types of English instead of *p*, *t*, and *k* (e.g. [boʔl] instead of [botl] "bottle"), and is often used in strong emphasis, as before *al-* in "He's ALWAYS late". It is a common sound in Danish and German. In Czech it may prevent a sound at the end of one word from being run together with a vowel sound at the beginning of the next, as in *vás oba* [vás ʔoba] you both (*not* vásoba), and *v úterý* [f ʔúterí] on Tuesday (*not* vúterí).

There are a few common phrases in which the glottal plosive, which resembles a tiny cough, is not so used, e.g. *máúcta*, lit. my respect (a greeting).

The glottal plosive is not represented in Czech spelling.

22. A letter which usually stands for a voiced consonant is always pronounced as a corresponding voiceless consonant in final position : e.g. *dub* [dup] oak, *hlad* [hlat] hunger, *lev* [lef] lion, *dotaz* [dotas] question, *nůž* [nůš] knife, *loď* [lot'] ship, *obsah* [opsax]. Note that *ch* [x] corresponds to *h*.

23. A letter which usually stands for a voiced consonant is always pronounced as a corresponding voiceless consonant when a voiceless sound follows: e.g. *o**bs**ah* [opsax], *o**dp**or* [otpor] resistance, **vš**ude [fšude] everywhere, **v k**apse [fkapse] in the pocket, *he**zk**y* [heski] nice, **z P**rahy [sprahi] from Prague, *tu**žk**a* [tuška] pencil *lé**čb**a* [lédžba] cure, *ne**ht**y* [nexti] nails.

24. Similarly, a letter which usually stands for a voiceless consonant is pronounced as a corresponding voiced consonant when a voiced consonant follows: e.g. *svatba* [svadba] wedding, **kd**e [gde] where, **kd**o [gdo] who, **sb**írka [zbírka] collection. (Note, however, (a) that before *v* there is no voicing: *tvůj* your, *svět* world, *švec* shoemaker, *Kočvara* (surname), (b) that where *s* is followed by *h*,

as in *na shledanou* au revoir, the *h* may be pronounced as *ch* [x]—[na sxledanou] or [na shledanou].

## Stress

25. Syllables are pronounced in the same way whether they are stressed or unstressed, and whatever position they may have in the phrase or sentence. There are no "weak" and "strong" forms as in English (compare "at" in "I live at Hounslow", "I live AT Hounslow not NEAR it", and "Something to look at"). An unstressed vowel may also be longer than a stressed one, as in ˈ*kabát* coat; it does not lose length by being unstressed.[1]

26. The strongest stress is generally on the first syllable of the word: ˈ*Dobré* ˈ*ráno* Good morning, ˈ*Neumím* ˈ*plavat* I don't know how to swim, ˈ*Šťastnou* ˈ*cestu!* Happy journey!

27. Monosyllabic pronouns and articles (such as *já, on, ten*), conjunctions (such as *a* and *když*), and adverbs (such as *jak, kde,* and *kam*), are mostly unstressed, as in *já* ˈ*nemohu* I can't, *on* ˈ*mluvil* he spoke, *ten* ˈ*člověk* this man, *a* ˈ*přišel* and he came, *když* ˈ*nevíš* when you don't know, *jak* ˈ*žije* how he is living, *kam* ˈ*pojedete* where are you going, etc.

28. Monosyllabic personal pronouns in cases other than the nominative (*mi, tě, si, ho,* etc.) and monosyllabic auxiliary verbs (*jsem, je, bych,* etc.) are generally unstressed and often follow a stressed word, forming a stress-unit with it, as in ˈ*dej mi* give me, ˈ*hraje si* he (she) is playing, ˈ*měl ji* ˈ*rád* he liked her, ˈ*šel jsem* I went.

29. If two or more such monosyllables occur in succession, one of them (usually the first) is stressed, as in ˈ*Jak se* ˈ*máte?* How are you?, ˈ*To je* ˈ*moje* This is mine, *a* ˈ*tak se* ˈ*stalo* and so it happened, and ˈ*když jsem se tam* ˈ*zastavil* when I stopped there.

---

[1] The mark ˈ indicates that the following syllable is given relatively strong stress.

30. Monosyllabic prepositions (except *krom, kol, skrz, stran,* and *blíž*) are stressed, and form a stress-unit with the following unstressed word; as in ǀ*ve škole* in school, ǀ*do Londýna* to London, ǀ*bez práce* without work, ǀ*na velkém* ǀ*nádraží* at the big station.

Prepositions consisting of a single consonant sound form part of the following word, as in *k vám* to you, *v Praze* [fpraze] in Prague. (Be sure not to say "ker" or "ver".)

31. The difference between strongly and weakly stressed syllables is not so marked in Czech as in English.

## *Adopted Words*

32. The letters *q, w,* and *x,* and to some extent *f* and *g,* are felt to be foreign to the Czech alphabet.

*Qu* in words adopted from Latin is usually changed to *kv,* as in *kvinta* 5th form and *kvalita* quality. Similarly Latin and Greek *c* before *a, o, u* or a consonant is transliterated *k,* as in *kardinál, kolega* colleague, etc.

*Ph* in words from Greek generally appears as *f,* as in *fysika* physics, and *filosofie* philosophy. *Th* is often *t,* as in *sympatie* sympathy, and *rytmus* rhythm; when it remains *th* it is always pronounced *t,* as in *theorie* theory and *thema* theme.

*W* usually becomes *v,* as in *vagon.*

*X* is pronounced [ks], as in *xylofon.*

There is inconsistency in the adoption of words containing double letters: thus *adresa* address and *komise* commission, but *passivum* passive; *imunita* immunity, but *dilemma.*

In adoptions from Latin *-ti-* generally appears as *-ci-*: *nacionalismus.*

In adopted words long vowels are often unmarked, as [*é*] in *serum,* [*í*] in *angina,* [*ó*] in *diagnoza,* and [*ů*] in *literatura.*

### The Alphabet

33. (The letters have the names of their sounds except where the name is given in brackets.)

*a, á, b* [bé], *c* [tsé], *č* [čé], *d* [dé], *ď* [ďé], *e, é, ě* [je], *f* [ef], *g* [gé], *h* [há], *ch* [xá], *i, í, j* [jé], *k* [ká], *l* [el], *m* [em], *n* [en], *ň* [eň], *o, ó, p* [pé], *q* [kvé], *r* [er], *ř* [eř], *s* [es], *š* [eš], *t* [té], *ť* [ťé], *u, ú, ů, v* [vé], *w* (*dvojité vé*), *x* [iks], *y* and *ý* [ipsilon], *z* [zet], *ž* [žet].

34. *Capitals.* Only the first word of a compound title begins with a capital letter: *Československá republika, Václavské náměstí.*

Days of the week and months of the year are not capitalised: *neděle* Sunday, *leden* January.

Adjectives formed from proper nouns are not generally capitalised: *český* Czech, *moravský* Moravian. (But possessive adjectives formed with *-ův* or *-in* endings are capitalised: *Máchův Máj* Mácha's "May", *Jiráskův Hronov* Jirásek's Hronov (his birthplace), *Vlastin kabát* Vlasta's coat.

*Já, pan, paní,* and *slečna* are written with small letters.

35. *Punctuation.* Dependent clauses are separated from the main clauses by commas. (See Lesson XXXII).

Inverted commas are generally preceded by a colon, and the first pair is at low level, e.g. *Matka řekla:* ,,*Pojď sem, Evo!"* Mother said, "Come here, Eva".

Ordinal numbers are followed by a stop, as in *2. ledna* 2nd January.

An exclamation mark is generally placed after a command or exclamation.

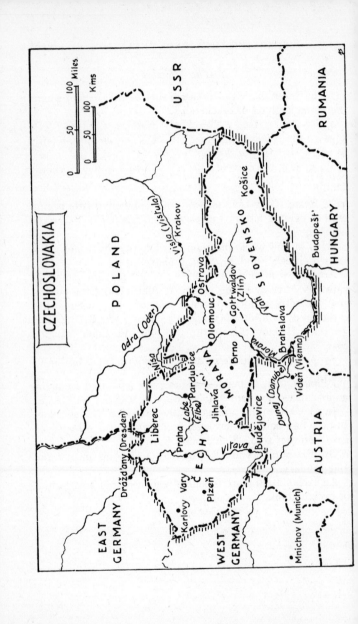

# LESSON I

Neuter[1] Nouns and Adjectives: Nominative Singular. *To. Mé, tvé.*

1. Many Czech nouns end with *-o* in the nominative singular, and are neuter, e.g. *péro* pen, *křeslo* armchair, *piano* piano, *kolo* bicycle, *auto* car, *zrcátko* pocket-mirror, *kino* cinema, *slovo* word, *jídlo* food (a meal), *děvčátko* little girl, *víno* wine, *pivo* beer, *mléko* milk, *maso* meat.[1]

2.     *To je kolo.* It (this, that) is a (the) bicycle.
    *To je mléko.* It (this, that) is milk.

There is no article in Czech. *Kolo* can mean "a bicycle" or "the bicycle", and the demonstrative pronoun *to* can be "the", "this", or "that", according to the context.

3.     *To je* **mé**[2] *péro.* This is my pen.
    *To je* **tvé**[2] *zrcátko.* This is your pocket-mirror.

These two possessive adjectives end in *-é* in the neuter nominative singular. *Tvé (tvoje)* is a familiar form, used among friends and relatives, children, students, etc.

4. The same ending *-é* marks the neuter nominative singular adjective, as in *To je* **nové** *auto* It's a new car, *Auto je* **nové** The car is new, *To je* **dobré** *jídlo* This is good food (a good meal), *Jídlo je* **dobré** The food (meal) is good.

5. In *To je péro*, etc., *to* is invariable. In *To péro je mé* The (this, that) pen is mine, *to* is a demonstrative adjective,

---

[1] The grammatical terms "masculine", "feminine", and "neuter" have nothing to do with sex; *děvčátko*, for instance, is neuter.
[2] The forms *moje* and *tvoje* are also commonly used.

agreeing with the neuter noun *péro*. The main emphasis falls
on *mé*—this (the, that) pen is mine, not yours. But there is
also emphasis on *péro*: this particular pen and no other.
Similarly: *To zrcátko je tvé* This (that, the) pocket-mirror is
yours, *To auto je nové* This (etc.) car is new, *To jídlo je
dobré* This (etc.) meal is good.

6. *Mé* and *tvé* can precede the adjective when it is followed
by the noun, as in *To je **mé nové** péro* This is my new pen.
*Mé péro* may also be the subject; then the emphasis falls
on *nové*—*Mé péro je **nové*** My pen is new (a new one).

7. *Exercises.*   A. Make as many sentences as possible on
the model *To je nové auto; to auto je nové.* Use the following
adjectives: *staré* old, *dobré* good, *špatné* bad, *malé* small,
*velké* (*veliké*) big, *čisté* clean, *špinavé* dirty, *studené* cold,
*teplé* warm, *pohodlné* comfortable, *nepohodlné* uncomfortable,
*hezké* attractive. Use the nouns of para. 1.

   B. Put into Czech. 1. This is an old car. 2. That meat is
bad. 3. Your bicycle is dirty. 4. This is my mirror. 5. The
armchair is comfortable. 6. That little girl is attractive.
7. This food is cold. 8. This is a new word. 9. This is warm
milk. 10. My new mirror is small. 11. Your pen is a good one.
12. The wine is yours.

# LESSON II

Neuter Nouns and Adjectives: Accusative
Singular. *Mám, máš, má.* Personal Pronouns,
Singular. *Své, jeho, její.*

1. *Mám* I have, *máš* you have (familiar singular), *má* he
(she, it) has. A separate pronoun can be added for emphasis,
as we shall see.

2.  *Mám péro.* I have (I've got) a pen.
    *Máš auto. Má piano.*

After the verb "have" the so-called accusative (object) case
is used. With neuter nouns in *-o* this has the same form as
the nominative (subject) case.

3.  *Mám* **nové** *péro. Péro je* **nové**.
    *Máš* **malé** *auto. Auto je* **malé**.
    *Má* **dobré** *piano. Piano je* **dobré**.

Adjectives agreeing with neuter nouns have the same
ending, *-é*, in the accusative as in the nominative.

4. **Já** *mám kolo a* **ty** *máš auto.* I've got a bicycle and you've
   got a car.
   **Ty** *máš mléko, ale* **já** *mám pivo.* You've got milk, but I've
   got beer.
   **Já** *mám nové péro, ale* **on** *má staré.* I've got a new pen,
   but he's got an old one.
   **Ona** *má mléko,* **on** *má víno.* She's got milk, he's got
   wine.

Personal pronouns can be used with a verb for emphasis,
which is often emphasis of contrast. *Ty* is the familiar
second person singular pronoun (see I, para. 3 also).

5.   *Mám* **své** *auto.* I've got my (=my own) car.
     *Máš* **své** *péro.* You've got your (=your own) pen.
     *(On) má* **své** *kolo.* He's got his (=his own) bicycle.
     *(Ona) má* **své** *piano.* She's got her (=her own) piano.

*Své* (with ending *-é* to mark agreement with neuter nouns) refers back to the subject.

6. *On má jeho kolo* and *On má své kolo* both mean "He has his bicycle", but in the former *jeho* refers to somebody else— He has his (e.g. Mr. X's) bicycle. *Jeho* is indeclinable.

7. Similarly *Ona má její piano* means She has her (e.g. Miss Y's) piano. *Její* is the same in both nominative and accusative neuter singular: *Její piano je dobré; Mám její zrcátko.*

8. *Exercises.*   A. Make sentences like *Já mám dobré kolo a ty máš špatné.* Use the vocabulary of Lesson I, paras. 1 and 7A.
   B. Fill in the gaps. 1. – – má nov– piano. 2. Já – – její kolo a ona – – jeho. 3. Děvčátko má (her own) zrcátko. 4. Ty – – mléko ale – – mám víno. 5. On – – nov– auto a já – – star–. 6. Mé auto – – pohodln– ale tvé – – – – – –. 7. (His) péro – – nov–. 8. Já – – víno a děvčátko – – mléko. 9. Mám (my own) péro.
   C. Put into Czech. 1. He's got a good pen. 2. He has his own pen. 3. I've got a bicycle, but you've got a car. 4. This little girl has a new mirror. 5. She has her own mirror. 6. He has his (i.e. X's) pen. 7. Her bicycle is new; she has a new bicycle. 8. This milk is cold. 9. My car is dirty.

# LESSON III

Common Titles and Names. Personal Pronouns,
Plural. *Své, naše, vaše, jejich.*

1. Common titles:

> *Pan Novák,* Mr Novák. *Paní Nováková,* Mrs Novák.
> *Slečna Nováková,* Miss Novák.

*Pan, paní* and *slečna* are written with a small first letter
except at the beginning of a sentence. The abbreviations
*pí* (without stop) and *sl.* are used in writing.

Female members of a family add *–ová* to the surname
unless this ends in *-ý*, when *-ý* is replaced by *-á*. Thus: *Pan
Zelený* Mr Zelený, but *paní Zelená* Mrs Zelený.[1]

2. A number of common surnames and Christian names are
used in the following sentences. Christian names ending in
*-a* or *-e* are usually female.

> *Vlasta má nové zrcátko, ale Božena má staré.*
> *Karel má skvělé* (excellent) *radio; jeho radio je skvělé.*
> *Zdeňka má teplé mléko, já mám studené.*
> *Slečna Novotná má nové kolo.*
> *Tomáš Halásek má auto, ale ty máš jenom* (only) *kolo.*
> *Marie má děvčátko. Její jméno je Jarmila.* Her name is
> Jarmila.

3.    *Okno je čisté.* The window is clean.
>     **Ono** *je čisté.* It is clean.
>   *Děvčátko je velké.* The little girl is tall.
>     **Ono** *je velké.* She is tall.

*Ono*—neuter. (Compare *ona*—fem., *on*—masc.)

[1] Note the dropping of *e* from the last syllable when the ending is
added: *Kubíček—Kubíčková*

4.      **Máme** *auto*. We've got a car.
        **Máte** *kino*. You've got a cinema (i.e. in your town).
        **Mají** *piano*. They've got a piano.

*Máte* is used either with singular meaning in polite address, or with plural meaning.

5. **My** *máme piano a* **vy** *máte radio*. We've got a piano and you've got a radio.
   *Jan a Tomáš mají auto*; **oni** *mají auto*. John and Thomas have a car; they have a car.
   *Božena a Marie mají koťátko*; **ony** *mají koťátko*. Božena and Marie have a kitten; they have a kitten.
   *Vilém a Marie mají děvčátko*; **oni** *mají děvčátko*.

*Vy* can be either a singular (in polite address) or a plural. As the former it is written in letters with a capital *V*.

*Oni* is masculine, *ony* feminine. *Oni* is also used when the sexes are mixed.

6. *Své* is used with verbs in the plural in the same way as with verbs in the singular. *Máme* **své** *auto*. We've got our (own) car. *Mají* **své** *piano*. They've got their (own) piano. But: *Mají* **jejich** *piano* means They have their (i.e. somebody else's) piano.

7.      **Naše** *kino je velké*. Our cinema is big.
        **Vaše** *koťátko je malé*. Your kitten is small.
        **Jejich** *okno je zavřené*. Their window is shut.

*Vaše* refers either to several people or, in polite and rather formal speech, to one person.

8.      *Mám* **vaše** (polite sing.) *péro*.
        *Mají* **naše** *auto*. *Máte* **jejich** *auto*.

*Naše* and *vaše* have the same ending, -e, in the neuter accusative as in the neuter nominative. *Jejich* is indeclinable, like *jeho*.

9. *Exercises.*  A. Make sentences on the model: Já mám
staré auto; mé auto je staré.

B. Fill in the gaps. 1. Naš– okno je zavřen–; – – – je
zavřen–. 2. – – máme piano a vy – – – – radio. 3. Marie
Novák– – – – – koťátko. 4. Vilém a Karel – – – – naš–
radio; – – – mají naš– radio. 5. Slečna Zelen– a její sestra
(sister) – – – – piano; – – – mají piano. 6. – – máte (your
own) kolo, ale já – – – jenom jeho. 7. Oni – – – – dobré auto;
– – – – – – auto je dobré. 8. Děvčátko je hezk–; – – – je
hezk–. 9. Naš– okno – – velmi čist–. 10. Vy – – – – mé
nov– péro.

C. Substitute pronouns for the subject nouns, e.g. Pan
Zelený má kolo – – **On** má kolo. 1. Zdena a Božena mají
máslo (butter). 2. Paní Svobodová má péro. 3. Václav a
Vilém mají jablko (an apple). 4. Letadlo (The aeroplane) je
velké. 5. Jaroslav a Božena mají radio.

D. Put into Czech. 1. Thomas has a comfortable armchair.
2. Miss Novák has a new mirror; her mirror is new. 3. I've
got cold milk and you've got warm. 4. Mrs Veselý has a
good radio. 5. The little girl has a bicycle. 6. Vlasta and John
have a kitten; they have a kitten. 7. Our car is a new one.
8. We have a bad radio, but you have an excellent one.
9. The little girl is very clever; she is very clever. 10. Miss
Čapek has a new pen; she has a new pen.

# LESSON IV

*Toto, tamto.* Negative Prefix. 1st Class of
Present Tense Endings. Simple Questions.

1. **Tady** *je vaše péro a* **tam** *je jeho.* Here is your pen and
there is his.
**Toto** *péro je vaše a* **tamto** *je jeho.* This pen is yours and
that one is his.

*To* means either "this" or "that". When it is necessary
to be more exact, the indeclinable ending *-to* is added for
"this" and the prefix *tam-* for "that" (giving, with neuter
nouns, *toto* and *tamto*, in both nominative and accusative).

2. **Nemám** *auto, jenom kolo.* I haven't got a car, only a
bicycle.

*Její jméno* **není** *Vlasta.* Her name isn't Vlasta.
*To* **není** *české slovo, ale ruské.* That isn't a Czech word,
but a Russian one. (Adjectives derived from the names
of nationalities and the names of languages begin with
a small letter).

*Toto křeslo je* **nepohodlné.** This armchair is uncomfort-
able. *Ne-* is the negative prefix. *Nemám, nemáš, nemá,
nemáme, nemáte, nemají*—I haven't, etc. *Ne-* is also used to
form the opposites of some adjectives, e.g. *pohodlné—
nepohodlné (křeslo); otevřené—neotevřené (okno)* an open—
unopened (window). *Není*—is not.

Note that two, three, and even more negatives are
commonly used together in Czech, as in *Nikdo tam není*
There is no-one there, *Nemáme nic* We have nothing, *On
nikdy nic nemá* He never has anything.

3. **Otvírám** *okno.* I am opening (or: I open) the window.
**Nevstáváš** *velmi brzo.* You don't get up very early.

**Obléká** *děvčátko.* She is dressing (dresses) the little girl.
*Pan Novotný* **prodává** *své piano.* Mr Novotný is selling
his piano.

**Neznáme** *toto slovo.* We don't know this word.
**Trháte** *jablko.* You're picking an apple.
**Hledají** *dobré piano.* They are looking for a good piano.

A number of common verbs, such as those used in the
above sentences, have present tense endings like *mám,
máš, má, máme, máte, mají.*

| Stem | Present tense endings |
|------|----------------------|
| (open) *otvír-* | |
| (get up) *vstáv-* | |
| (dress) *oblék-* | |
| (sell) *prodáv–* | -ám -áš -á |
| (know) *zn-* | -áme -áte |
| (pick) *trh-* | -ají |
| (look for) *hled-* | |
| (listen to) *poslouch-* | |

4. *Zavíráš okno.* You're shutting the window.
   *Zavíráš okno?*

   *Mají radio.* They've got a wireless set.
   *Mají radio?*

   —*Máte kino?* (i.e. in your town).
   —*Máme.* (We can also say: *Ano, máme*—Yes, we
      have. But the verb alone is enough.)
   —*Velké nebo malé?* A big one or a small one?
   —*Malé.* A small one.
   —*My máme velké.* We've got a big one.

   *Má kolo? Má.*

A question may have the same word-order as the corres-
ponding statement. The difference lies in the intonation
used. There is a rise in pitch on or from the last stressed
syllable of a question answerable by ,,*ano*'' or ,,*ne*'', as in
English (You're shutting the ⬀ window?)

B

5. **Kde** *je Václav? Tady je.*
   **Kde** *je Božena? Tam je Božena.*

—**Co** *děláte?* What are you doing?
—*Nalévám mléko.* I'm pouring out milk.

—**Proč** *prodávají piano?* Why are they selling the piano?
—*Protože je příliš staré.* Because it's too old.

   **Kdo** *zavírá okno?* Who is shutting (shuts) the window?
   **Jak** *staré je to děvčátko?* How old is the little girl?
   **Kdy** [gdi] *vstáváš?* When do you get up?

Questions can also be made by using a question-word, such as *kde, co, proč, kdo, jak,* and *kdy* above. There is often the same pattern of word-order as in English, as the above sentences show.

6. *Exercises.* A. Complete the following: 1. – – – jméno je Karel. 2. Tamto jablko je tvé (tvoje) a – – – – je mé (moje). 3. To křeslo → – příliš veliké; je – –pohodlné. 4. To – – – tvé kolo, ale moje. 5. Oni prodáv– – – – – – radio. 6. Eva a Marie hled– – – péro. 7. Proč prod– – – pan Zelený – – – auto? 8. Protože – – příliš star–. 9. Toto mléko je studené; – – – teplé. 10. Karel – – – nové kolo, má staré.

B. Make the following negative. 1. Máme kolo. 2. Vy znáte Slovensko (Slovakia)? 3. Prodávám své staré auto. 4. Proč zavíráš okno? 5. Poslouchají radio. 6. Znám to anglické slovo. 7. Anna prodává mléko. 8. To jablko je veliké. 9. Tamto péro je vaše.

C. Put into Czech. 1. What are they doing? 2. I haven't got a piano. 3. This armchair is very comfortable. 4. Who is listening to the radio? 5. Why are you opening the window? 6. His name is not Václav. 7. Vlasta is picking an apple. 8. What are you selling? 9. Where is Czechoslovakia (Československo)? 10. Mrs Zelený is not here.

## LESSON V

"Inanimate" Masculine Nouns and Adjectives:
Nom. and Acc. Sing. *Ten, tento. Můj, tvůj, svůj,
náš, váš.* Idioms with *mám*. Further Question-
Words.

1.       *To je dopis.*
       *Mám* **dopis.**

       *Kde je kapesník?*
       *Marie hledá* **kapesník.**

       *To je salám.*
       *Prodávají* **salám.**

Not only neuter nouns but also "inanimate" masculine
nouns, which refer to objects, have the same form in the
accusative singular as in the nominative singular. Examples:
*kapesník* handkerchief, *kabát* coat, *klobouk* hat, *deštník*
umbrella, *dopis* letter, *papír* paper, *salám* salami, *chléb*
bread, *oběd* lunch, *sýr* cheese, *čaj* tea, *obraz* picture, *dům*
house, *nábytek* furniture. Almost all of them end with a
consonant sound.

2.       *Tady je* **tvůj** *klobouk. Kde je* **můj?**
       *Marie hledá* **svůj** *kapesník.*
       *To není* **náš** *obraz, to je* **váš.**
       *Máte* **svůj** *deštník? Ano, mám* (**svůj** *deštník*).

With masculine "inanimate" nouns, nom. and acc. sg.,
the possessive adjectives are *můj* my, *tvůj* your (familiar),
*svůj* (– – – own), *náš* our, *váš* your (polite sg., or plur.).
*Jeho, její* and *jejich* as with the neuters.

3.       *To je dopis.*
       **Ten** *dopis je můj.*
       *Mám* **ten** *dopis.*

See I, 5. The demonstrative adjective used with "inanimate" masculines in nom. and acc. sg. is **ten**. *Ten dopis*—the (this, that) letter: a particular letter is referred to. **Tento** *dopis*—this letter here. **Tamten** *dopis*—that letter there.

4.              *To je* **dobrý** *salám.*
                *Ten salám je* **dobrý.**
                *Máte* **dobrý** *salám.*

Adjectives qualifying "inanimate" masculine nouns, nom. and acc. sg., end with -ý.

5.              *Mám hlad.* I am hungry (lit. I have hunger).
                *Mám žízeň.* I am thirsty.
                *Mám pravdu.* I am right.
                *Nemám pravdu.* I am wrong.

A number of common idioms such as these can be made with *mám, máš,* etc.

**Mám rád** *salám.* I like salami (Male speaker).
**Mám ráda** *salám.*   Ditto (Female speaker).

*Pan Novák* **má rád** *sýr.* Mr. N. likes cheese.
*Paní Nováková* **má ráda** *sýr.* Mrs. N. likes cheese.

*Děvčátko* **má rádo** *mléko.*

*Karel a Ladislav* **mají rádi** *pivo.*
*Eva a Milada* **mají rády** *kakao.*

*Rád* takes the appropriate endings: fem. sg. *-a* (cf. *on***a**), neut. sg. *-o* (cf. *on***o**), masc. pl. *-i* (cf. *on***i**), fem. pl. *-y* (cf. *on***y**). Similarly:
*Rád(a) poslouchám radio.* I like listening to the radio.
*Rádi (rády) vstáváme brzo.* We like getting up early.

6.              **Které** *péro je vaše?* Which pen is yours?
                **Čí** *je to jablko?* Whose is this apple?
                **Jaké** *auto máte?* What kind of car have you got?
                **Koho** *hledáte?* Who are you looking for?
See IV, 5. Further question-words: *Které, čí, jaké, koho.*

7. *Exercises.* A. Make sentences on the models: (1) Já mám nový kabát a ty máš starý. (2) Já mám malý dům; můj dům je malý.

B. Fill in the gaps. 1. To je můj deštník; – – deštník je – –. 2. Tady je váš obraz; – – obraz je – –. 3. – – dopis není dlouh– (long); je – – –. 4. Máš nov– kabát? Ne (No), – – kabát – – nov–. 5. – – kapesník je čist–; není – – –. 6. Máme velk– dům; – – dům není – –. 7. Božena má rád– čaj. 8. – – čaj je tepl–; ale – – kakao je – –. 9. Karel a Ladislav – – radio; rád– poslouchají radio. 10. Náš nábytek není velmi pohodl–; je to – – – – – nábytek.

C. Use *ten* or *to* in the following sentences: 1. – je můj klobouk. 2. – klobouk je můj. 3. – dům je náš. 4. – oběd není hotový (ready). 5. – je krásný (beautiful) obraz. 6. – – obraz je krásný. 7. Proč prodává – auto? 8. Kde je – papír?

D. Use *můj* or *mé, tvůj* or *tvé, svůj* or *své, náš* or *naše,* and *váš* or *vaše* with the following nouns: 1. auto. 2. dům. 3. sýr. 4. kabát. 5. mléko. 6. křeslo. 7. děvčátko. 8. klobouk. 9. obraz. 10. dopis. 11. chléb. 12. máslo.

E. Put into Czech. 1. Whose is this handkerchief? 2. You are selling your piano. 3. Charles is thirsty. 4. This picture here is theirs. 5. I've got my umbrella. 6. Is your house big or small? 7. When do you get up? 8. His letter is too long (dlouh–). 9. Your tea is cold. 10. This is very old furniture. 11. What kind of bicycle has Václav got? 12. Who is Jarmila looking for? 13. Which hat is his?

# LESSON VI

Points about Word-Order. Questions (contin.).
*Jsem*, etc.

1. Most of the Czech sentences we have already used have
the same word-order as their English equivalents. Often the
word-pattern of a Czech sentence, however, is not the same
as in English. Czech word-order is more free than English
word-order. By changing the order of the words various
effects of emphasis can be obtained. Thus in *Paní Šťastná
tady není* the main idea is that Mrs. S. is not **present**, in
*Paní Šťastná není tady* that she is not **here** but may be
elsewhere. *Karel na Vás čeká* would normally mean: Charles
is **waiting** for you. If we wanted to say: It's for **you** that
Charles is waiting, *na Vás* would come at the end (*Karel
čeká na Vás*), while *Čeká na Vás Karel* would suggest that
it is **Charles** (and not *Václav*) who is waiting. But it is not
always easy to say what is the effect of a word-order change.
Intonation may contribute an additional effect.

2.       *To je péro.*
         *To je péro?*
         **Je to** *péro?*

         *Vilém zavírá okno.*
         *Vilém zavírá okno?*
         **Zavírá Vilém** *okno?*

Notice the inverted word-order in the second question-
pattern: verb first, then subject. Similarly:

         **Má pan Syrový** *radio?*
         **Nalévá Irena** *mléko?* Is I. pouring out milk?
         **Hledá Marie** *kapesník?*

This word-order is normal in such questions.

14

3.　　*Co dělá?* What is he doing?
　　　*Co* **dělá Vilém?** What is **William** doing?

　　　*Koho hledá?* Who is he looking for?
　　　*Koho* **hledá Jaroslav?** Who is **J.** looking for?

　　　*Kdy vstává?*
　　　*Kdy* **vstává děvčátko?**

Question-words such as *co, kde, kdy, koho, jak* (See IV 5, V 6) come at the beginning. If there is a subject noun, it follows the verb.

4.　**Jsem** *velmi smutný.* I'm very sad.
　　*Proč* **jsi** *smutný?* Why are you sad?
　　*Protože* **je** *špatné počasí.* Because the weather is bad.

　　**Jste** *doma?* Are you at home?
　　*Ano,* **jsme** *doma. A Jan a Tomáš* **jsou** *zde také.* Yes, we are at home. And John and Thomas are here too.

The present tense of the verb "be" is *jsem, jsi, je, jsme, jste, jsou.* Negative: *nejsem, nejsi, není, nejsme, nejste, nejsou.*

5. Note that when a sentence begins with two or more monosyllabic words, the first of these is generally given a strong stress as in ¹*Proč jsi* ¹*smutný?*

Note also that many monosyllabic words, such as *jsem* etc., *a, kde,* etc., and *to* are unstressed before and after a longer word, as in *Jsem* ¹*velmi* ¹*smutný, Jste* ¹*doma, co* ¹*děláš, kdy* ¹*vstává, to* ¹*není* ¹*dobré,* ¹*Vlasta je* ¹*tady,* etc.

6. *Exercises.*　A. Make questions from the following without using additional words. 1. To je mé kolo. 2. Vlasta má zrcátko. 3. Božena a Marie mají koťátko. 4. Naše kino je velké. 5. Toto křeslo je pohodlné. 6. Pan Novák prodává své piano. 7. Marie hledá svůj kapesník. 8. To je dobrý chléb. 9. Karel má hlad. 10. Ten dopis je velmi dlouhý.

B. Fill in the appropriate form of *jsem,* etc. 1. Mléko ne-- -- studené; -- -- -- teplé. 2. Je Eva doma? Ne, -- -- -- --. 3. Vilém a Marie – – – tady. 4. Proč čekáme? Protože oni tady ještě (yet) – – – –. 5. Vy – – doma, ale my – – venku (out).

C. Put into Czech. 1. We are looking for a large and comfortable flat. 2. Don't you know this word? 3. The window is open. 4. Isn't this armchair comfortable? 5. They (fem.) are looking for their little girl. 6. I am not too old. 7. He's got only an old bicycle. 8. Where are they? Here they are. 9. What kind of hat has Eva? 10. Do you like tea? 11. Is it a warm coat? 12. Is Mr Kubíček selling your picture?

## LESSON VII

2nd Class of Present Tense Endings. *Jdu*, etc.
Feminine Nouns ending in -*a* and Adjectives:
Nom. and Acc. Sing. *Ta, tu. Má, mou*, etc.

1.  —*Co děláš?*
    —*Plet**u**.* I'm knitting.
    —*Co plet**eš**?*
    —*Plet**u** svetr.* I'm knitting a pullover.
    —*A co plet**e** Eva?*
    —*Plet**e** modrý kabátek.* She's knitting a blue coatee
       (small coat).
    —*Plet**ete** každý večer?* Do you (plur.) knit every
       evening?
    —*Ano, plet**eme**. Jarmila a Jana také plet**ou**.*

As we have seen, many verbs have the same present tense
endings as *mám*, etc. Similarly there is a large group of verbs
the present tense endings of which are somewhat like those
of *jsem*, etc., especially in the plural. In addition to *pletu*
(-*eš*, -*e*, -*eme*, -*ete*, -*ou*) they include *nesu* (carry), *beru* (take),
*vedu* (take, lead), *rostu* (grow), *peru* (wash [linen]), *kradu*
steal, and *stelu* (make [a bed]).

> *Ved**u** děvčátko domů* (home).
> *Tento malý strom* (tree) *rost**e**.*
> *Peret**e** prádlo? Ano, per**u**. A Vlasta stel**e** postel* (bed).

2.  —*Kam jd**eš**?* Where are you going?[1]
    —*Jd**u** domů.* I'm going home.
    —*Kam jd**e** Karel?* Where's K. going?
    —*Jd**e** ven.*[2] He's going out.

---

[1] *Kam*—whither [Motion]; *Kde*—where [Place].
[2] *Ven*—out [motion towards]; *venku*—out, out of doors [rest,
condition].—*My* **jsme** *venku.*

—*Nejdete domů?*
—*Ne. My jdeme ven. Oni jdou domů.*

This important verb also has the present endings -*u*, -*eš*,
-*e*, -*eme*, -*ete*, -*ou*.

3. There is a large class of feminine nouns of which the nom.
sing. ends in -*a*. They include *tužka* pencil, *kniha* book,
*káva* coffee, *polévka* soup, *žena* woman, *matka* mother,
*dcera* daughter, *sestra* sister, *teta* aunt, *babička* grandmother,
*přednáška* lecture, *rýma* cold, *voda* water, *panenka* doll,
*dívka* girl, *pohovka* sofa, *zápalka* match, *škola* school, *zkouška*
examination, *hruška* pear.

4.    —*Kde je má tužka?*
      —*Tady je tvá tužka; je nová.*
      —*Děkuju Vám.* (Thank you).[1] *Ano, je to nová tužka.*

      *Je vaše teta stará? Ne, je mladá* (young).
      *Ta kniha je příliš dlouhá* (long),

      —*Kdo je Vlasta?*
      —*Vlasta je naše dcera.*

Note the agreement of the demonstrative *ta* with the
feminine noun (**to** *kolo*, **ten** *klobouk*, but **ta** *kniha*, etc.) and
the adjectival ending in the feminine nom. sing., -*á* (*dobré
péro, dobrý papír*, but *dobrá tužka*).

5.    —*Máte rád kávu?*
      —*Ano, ale nemám rád vodu.*

      —*Má Stanislav rýmu? Has S. got a cold?*
      —*Ano, má. Jeho sestra má také rýmu.*

The accusative singular of this class of feminine nouns
ends in -*u*.

6.            *Zná tu dívku.* He knows this girl.
             *Děvčátko má rádo tu panenku.*

[1] *Děkuju* is slightly colloquial. More formal: *Děkuji.*

The demonstrative adjective has the ending *-u* in the fem. accus. singular.

7.  *Mám zajímav***ou** (interesting) *knih***u**.
    *Máte rád čern***ou** (black) *káv***u**?
    *Karel má velk***ou** *rým***u** (a bad cold).
    *Hledáš paní Čapkov***ou**? (Feminine surnames are declined like adjectives).
    *Má sestra má sv***ou** *tužk***u**.

The adjectival ending in the feminine accusative singular is *-ou*.

8.      —*Má Tomáš vaš***i** *knih***u**?
        —*Nemá mou knihu.*
        *Vedemesv***ou** *dcer***u** *domů.*

Note the feminine accusative endings of the 1st and 2nd person plural possessive adjectives.

9. *Exercises.*   A. Make sentences on the pattern *Mám novou knihu; má kniha je nová.* Use the feminine nouns given above and the adjectives given previously.

B. Fill in the gaps. 1. Vy – – – ven, a – – jdeme domů. 2. Paní Svobod– – – pere špinav– prádlo. 3. Kde rost– t– – star– strom? 4. Zloděj (a thief) krad–. 5. Nemají rád– studen– jídlo? 6. Paní Novotn– oblék– sv– – dcer– Helen–. 7. Mají star– babičk–. 8. T– přednáška je dlouh–, ale zajímav– (interesting). 9. Naš– mal– sestra má nov– panenk–. 10. Máte rád– tepl– polévk–? 11. Jak často (often) per– slečna Kolářová? 12. Jak– – zkoušk– děláte (are you taking)? 13. Jak– nábytek prodáváte? 14. Jeho sestra nes– knih–. 15. Marie volá (calls) sv– – matk–. 16. Nemám sv– červen– – (red) tužk–. 17. Prodáváme sv– pohovk–. 18. My ne– – – rád– bíl– – (white) káv–.

C. Put into Czech. 1. Is this a good pear? 2. Your mother doesn't like white coffee. 3. Hana is a very attractive girl (dívka). 4. Do you know Miss Novák? 5. They've got very

comfortable furniture. 6. My mother gets up very early.
7. Her aunt is expecting Jarmila. 8. Where is Jan going?
9. Have you a match? 10. Eva is taking her doll home. 11. I
don't like pears. 12. This sofa is uncomfortable. 13. What
kind of school is it? 14. Who is taking this examination?
15. We like our grandmother. 16. Has he got your book?
17. Every day (den) she makes the bed. 18. We are taking
this examination tomorrow (zítra). 19. They are looking for
this old woman. 20. Where is my new pullover? Here it is.
Thank you.

## LESSON VIII

3rd Class of Present Tense Endings. *Prosím.*
"Animate" Masculine Nouns and Adjectives:
Nom. and Acc. Sing. *Toho, tohoto. Mého, tvého,
svého, našeho, vašeho. Jejího.*

1.  —*Mluvíte dobře česky?* Do you (i.e. can you) speak
    Czech well?
    —*Ne, nemluvím dobře, ale má sestra mluví dobře česky.*
    No, I can't speak (it) well, but my sister speaks
    Czech well.
    —*Mluvíte také francouzsky?* Do you speak French too?
    —*Ano, mluvíme.* Yes, we do.

    —*Proč nosíš ten červený klobouk tak často?* Why do you
    wear this red hat so often?
    —*Protože mám ráda červenou barvu.* Because I like red
    (lit. red colour).

    —*Co dělají Pavel a Miroslav každý večer?*
    —*Kreslí.* They draw.

A third class of verbs has the present tense endings *-ím,
-íš, -í, -íme, -íte, -í.* They include *mluvím* (speak), *nosím*
(wear, carry), *kreslím* (draw [a picture]), *spím* (sleep), *stojím*
(stand), *vidím* (see), *slyším* (hear), *ležím* (lie), *vařím* (cook,
prepare [food]).

2.  —*Kde je můj kabát,* **prosím***?* Where is my coat, please?
    —*Nevím.* I don't know.

    —*Tady je váš deštník.*
    —*Děkuji vám.* Thank you.
    —**Prosím.** Don't mention it.

*Prosím* (lit. I beg) is in common use as a courtesy-word,
equivalent to "please" or "Don't mention it" (acknow-
ledging "Thank you"), according to context.

3.  *Mají syna nebo dceru?* Have they a son or a daughter?
    *Karel vidí vojáka.* K. sees a soldier.
    *Mám rád svého souseda pana Navrátila.* I like my
    neighbour, Mr Navrátil.

Masculine "animate" nouns which end with a hard
consonant (see p. xv) add *-a* in the accusative singular.
They include *hoch* lad, *soused* neighbour, *sedlák* farmer,
*president, student, doktor, bratr* brother, *pan* Mr, *řezník*
butcher, *voják* soldier, *dělník* workman, *pták* bird. Those
with *e* in the last syllable of the nominative often drop it
in the other cases: *To je můj* **pes**—*Mám psa* (dog); *Karel*
*je její syn*—*Má syna* **Karla.**

4.          *Znám* **toho** *hocha.*
            *Hledá* **toho** *doktora.*

The demonstrative adjective in the accusative singular
with animate masculines is *toho* (*Hledá* **ten** *klobouk,* **to** *péro,*
but: **toho** *doktora*). *Tento*—accus. *tohoto.*

5.          *Náš řezník je dobrý. Máme dobrého řezníka.*
            *Tam je pan Novotný. Znáte pana Novotného?*
            *Alžběta kreslí svého bratra.*
            *Můj pes je tady. Vidíš mého psa?*
            *Vidím mladého hocha.*

Many adjectives qualifying "animate" masculine nouns
have the nominative singular ending *-ý* (as when qualifying
"inanimates") but the accusative singular ending *-ého*.
The forms of the possessive adjectives (*můj, tvůj, svůj,*
*náš, váš*) are also the same in the nominative singular as
with the "inanimates", and end with *-ého* in the accusative
singular (except that *našeho* and *vašeho* have a short vowel).
Note that surnames which end in *-ý* (i.e. are adjectival in
form) have *-ého* in the accusative: *Novák*—*Nováka*; but
*Novotný*—*Novotného.*

6.            *Mám rád jejího syna.*

The possessive adjective *její* here has the ending *–ho* in the accusative singular of animate masculines.

7. *Exercises.* A. Fill in the gaps. 1. Vidíte tohoto star– –sedlák–? 2. Znáte pan– doktor– Kubíčk–? 3. Máte rád pan– Šťastn––? 4. Hledáte sv– –bratr–? 5. Nemluv– Karel anglicky? 6. Jak– obraz kresl– Jana? 7. Nemáme rádi naš– –nov– – řezník–. 8. Slyším její– – bratr–. 9. Máte dobr– –soused–? 10. Karel nemluv– španělsky (Spanish). 11. Ona vid–mlad– – námořník– (sailor). 12. Nemáte dobr– tužk–? 13. Jak– kabát nos– Tomáš? 14. Má žena vař– dobr–polévk–. 15. Miroslav hon– (chases) sv– – bratr– Karl–. 16. Vítáme (welcome) sv– – švagr–. 17. Pan Čapek hled–snaživ– – (industrious) dělník–. 18. Vidíme často pan–president–. 19. Nov– student poslouch– star– – profesor–. 20. Jana kresl– sv– – bratr–.

B. Put into Czech. 1. We have a very good president. 2. I am looking for Mr Novák. 3. Where is your dog? 4. I haven't got a dog. 5. We've got a small dog. 6. Is he asleep? 7. Do you see that little bird? 8. Why don't you wear a hat? 9. Are they looking for her brother-in-law? 10. Has he a rich (bohatý) neighbour? 11. This meat is not good. 12. I don't like that butcher. 13. Does he know Mr Černý? 14. Are you looking for our son? 15. No, I'm looking for my small brother. 16. Where is Milada? She has already gone to bed (lit. already—*už*—she lies). 17. She speaks English but not Czech. 18. Peter and William are asleep. 19. Do you like Dr Šťastný? 20. Do you cook every day or not?

# LESSON IX

### Reference Tables. Conversations.

1. The noun and adjective forms we have so far introduced are grouped in the following table:

| SINGULAR | Nominative | Accusative |
|---|---|---|
| Masculine Animate | *ten dobrý student* | *toho dobrého studenta* |
| Masculine Inanimate | *ten dobrý sýr* | *ten dobrý sýr* |
| Feminine | *ta dobrá polévka* | *tu dobrou polévku* |
| Neuter | *to dobré jídlo* | *to dobré jídlo* |

Do not learn this or similar tables by heart, for there is no point in doing so. You have already met with and used the forms in sentences, and a table is only for quick *reference* should you get stuck in making sentences of your own.

Notice again that the neuter and masculine inanimate forms are the same in the nominative and accusative.

2. We have also introduced the three classes of present tense endings, as in

> (i) *prodávám, -áš, -á, -áme, -áte, -ají*
> (ii) *nesu, -eš, -e, -eme, -ete, -ou*
> (iii) *mluvím, -íš, -í, -íme, -íte, -í.*

3. The nominative of the personal pronouns, singular and plural, has also been used.

| PERSONAL PRONOUNS | 1st person | 2nd person | 3rd person | | |
|---|---|---|---|---|---|
| | | | Masc. | Fem. | Neut. |
| Singular | *já* | *ty* | *on* | *ona* | *ono* |
| Plural | *my* | *vy* | *oni* *ony* | *ony* | *ona* |

4. There follow the possessive adjectives, which we have met in both nominative and accusative, as used with singular nouns. Each column is headed so that the forms are used in a sentence.

|  | Nominative *Kde je* | Accusative *Vidíme* |
|---|---|---|
| *1st person* | | |
| Masc. animate | *můj* *náš* (*žák*)? | *mého* *našeho* (*žáka*)? |
| Masc. inanimate | *můj* *náš* (*obraz*)? | *můj* *náš* (*obraz*)? |
| Feminine | *má, moje* *naše* (*sestra*)? | *mou, moji* *naši* (*sestru*)? |
| Neuter | *mé, moje* *naše* (*auto*)? | *mé, moje* *naše* (*auto*)? |
| *2nd person* | | |
| Masc. animate | *tvůj* *váš* (*bratr*)? | *tvého* *vašeho* (*bratra*)? |
| Masc. inanimate | *tvůj* *váš* (*klobouk*)? | *tvůj* *váš* (*klobouk*)? |
| Feminine | *tvá, tvoje* *vaše* (*kniha*)? | *tvou, tvoji* *vaši* (*knihu*)? |
| Neuter | *tvé, tvoje* *vaše* (*péro*)? | *tvé, tvoje* *vaše* (*péro*)? |

*3rd person*

| Masc. animate | *jeho* | | *jeho* | |
|---|---|---|---|---|
| | *její* | *(syn)?* | *jejího (syna)?* | |
| | *jejich* | | *jejich* | |
| Masc. inanimate | *jeho* | | *jeho* | |
| | *její* | *(nábytek)?* | *její* | *(nábytek)?* |
| | *jejich* | | *jejich* | |
| Feminine | *jeho* | | *jeho* | |
| | *její* | *(dcera)?* | *její* | *(dceru)?* |
| | *jejich* | | *jejich* | |
| Neuter | *jeho* | | *jeho* | |
| | *její* | *(piano)?* | *její* | *(piano)?* |
| | *jejich* | | *jejich* | |

Observe once more that the masculine inanimate and the neuter forms are the same in the nominative and accusative.

5. **Svůj, svá, své** (one's own), as used with singular nouns, is declined like *můj, má, mé*:

Masc. animate    *On hledá svého syna.*
Masc. inanimate   ,,  ,,   *svůj kabát.*
Feminine       ,,  ,,   *svou (svoji) knihu*
Neuter        ,,  ,,   *své (svoje) péro.*

This possessive adjective refers back to the subject of the verb.

6. Before going any further revise also Lessons IV (paras. 4 and 5), V (5), and VI.

7. CONVERSATIONS (for study and practice aloud).

   A. —*Co děláš?*
     —*Čtu knihu.*
     —*Je ta kniha zajímavá?*
     —*Ano, je velmi zajímavá.*
     —*Kdo je tvůj oblíbený* (favourite) *autor?*
     —*Alois Jirásek. Čteš také Jiráska?*
     —*Ano, čtu Jiráska velmi rád.*

(*čtu*—I am reading. *oblíbený*—favourite. *některý*—some, any. *Čtu . . . rád*—I like reading. . . . *Jirásek*, acc. *Jiráska*.)

B. —*Koho hledáš?*
    —*Hledám svého bratra Karla.*
    —*Já vím, kde je. Je doma a píše dopis.*
    —*Musím tedy domů. Kam jdeš ty?*
    —*Jdu pro mléko a koupím také chléb, máslo a salám.*
    —*Mám naspěch. Na shledanou!*
    —*Sbohem!*

(*píše*—he is writing; *píšu, -eš, -e*, etc. *tedy*—then, so. *Musím tedy domů*—so I must go home. *Kam jdeš ty*—where are **you** going? Note the word-order. *Mám naspěch*—I am in a hurry, lit. I have hurry. *Na shledanou*—au revoir. *Sbohem*—goodbye, lit. with God; *Bůh*—God.)

C. —*Mluvíte dobře anglicky?*
    —*Ne, ještě nemluvím dobře, ale pilně studuji.*
    —*Znáte nějaký jiný jazyk?*
    —*Ano, znám francouzsky a mluvím také dobře německy.*

(*dobře*—well. Note the word-order, *dobře* following the verb. *studuji*—I am studying. *pilně*—busily. *nějaký jiný*—any other. *německy*—German, i.e. in the German way.)

D. —*Jdu ven. Kde je můj deštník?*
    —*Tady je. Máš kabát a klobouk?*
    —*Ano, ale nemám kapesník.*
    —*Tady je tvůj kapesník.*
    —*Děkuji ti.*
    —*Prosím.*

# LESSON X

Nominative and Accusative Plural of Feminine and "Inanimate" Masculine Nouns, Adjectives, etc.

1. —*Hledám své knihy.*
—*Tady jsou.*
—*Ne,* **ty**to *knihy nejsou* **m**é, *jsou jeho.*
—*Jak*é *jsou vaše knihy?*
—*Jsou velk*é *a mají zelen*é *desky* (green covers).

—*Čteš ráda m*é *dopisy? (čtu—*I read)
—*Ano, jsou vždycky* (always) *zajímav*é *a dlouh*é.
—*Opravdu?* Really?

> *Nerad dělám těžk*é *zkoušky.* I don't like taking difficult examinations.
> *Ty svetry jsou velmi drah*é (dear).

The nominative and accusative plurals of the inanimate masculine and feminine nouns which we have introduced end with -*y.* Inanimate masculines: *dopis—dopisy, kapesník —kapesníky, kabát—kabáty, deštník—deštníky, papír— papíry* (papers, sheets of paper), *obraz—obrazy, dům—domy,*[1] *svetr—svetry, kabátek—kabátky,*[2] *večer—večery, strom— stromy,* etc. Feminines: *tužka—tužky, kniha—knihy, žena— ženy, dcera—dcery, sestra—sestry, přednáška—přednášky, dívka—dívky, zápalka—zápalky,* etc.

The demonstrative pronoun agreeing with these feminines and inanimate masculines in the nominative and accusative plural also ends in -*y:* *ten dopis—*ty *dopis*y, *ten obraz—*ty *obraz*y, *ten svetr—*ty *svetr*y, *ta kniha—*ty *knih*y, *ta zkouška— *ty *zkoušk*y, *ta dívka—*ty *dívk*y, etc.

---

[1] Note the vowel change.    [2] Note the dropping of *e.*

In the same circumstances the adjective ending is *-é*: *ty dlouhé dopisy, ty krásné obrazy, ty malé domy, ty zajímavé knihy, ty hezké dívky, ty zelené desky.* This ending is also used for the 1st and 2nd person singular possessive adjectives: *Hledám svou knihu—své knihy, Máš ráda můj dopis?—mé dopisy?, Tvůj klobouk je malý—Tvé klobouky jsou malé,* etc.

The 1st and 2nd person **plural** possessive adjectives used with these noun-classes in the nomin. and accus. plural are *naše* and *vaše*: *To jsou naše dopisy, Hoši trhají vaše hrušky.* The boys are picking your pears, etc.

2. *Nemám žádné kapesníky.* I haven't any handkerchieves.
*Jaké jsou ty hrušky?* What are the pears like?
*Jaké jsou vaše knihy?* (See 1st conversation above).

*Některé zkoušky nejsou těžké.* Some examinations are not difficult.

Indefinite pronouns such as *žádný* none, and *některý* some, certain, and interrogative relative pronouns such as *jaký* what . . . like and *který* which, being declined like ordinary adjectives, also end in *-é* in the nominative and accusative plural when they agree with masculine inanimate and feminine nouns.

3. *Exercises.* A. Put into the nominative and accusative plural: 1. kabát. 2. matka. 3. strom. 4. dům. 5. má tužka. 6. tento deštník. 7. který klobouk? 8. jaká kniha? 9. ta malá panenka. 10. tato stará babička. 11. Nemám žádný čistý kapesník. 12. Váš kabát není nový.

B. Put into the singular: 1. barvy. 2. domy. 3. ženy. 4. obrazy. 5. pohodlné pohovky. 6. Máte rád ty klobouky? 7. To jsou zajímavé přednášky. 8. tyto nezajímavé knihy. 9. Jaké zkoušky dělají? 10. Vaše sestry nejsou šťastné. 11. Známe nějaké (some, any) hezké dívky? 12. Máte zápalky?

C. Fill in the blanks: 1. – – knihy nejsou dobr–. 2. Máme velk– panenk–. 3. Jak– dům máte, nov– nebo star–? 4. Nemá

rád čern– klobouk– (plural). 5. Milada není bohat–, je chud–
(poor). 6. Ona nemá rád– studen– polévk–. 7. Bohužel
(unfortunately), nemáme žádn– česk– obraz–. 8. Naš– dom–
jsou stejn– (stejný—the same). 9. Jak– panenk– mají Vlasta
a Božena? 10. Čí jsou tady t– čist– kapesník–? 11. Trháme
dobr– hrušk– (plural).

## LESSON XI

### Nominative and Accusative Plural of "Animate" Masculine Nouns, etc.

1. *Mají dobré sousedy.*
   *Hledá ty nové studenty.*
   *Kdo poslouchá* (who is listening to) *naše profesory?*
   *Alena nemá ráda velké psy* (*pes*—dog).

The plural endings with which we dealt in the last chapter (*-y, -é, -y*) are the same for the "animate" masculines, but only in the accusative (as in the above examples), not in the nominative. The possessive adjectives *naše* and *vaše* are also the same for the "animate" as for the "inanimate" nouns in the accusative plural.

2. *To jsou ti noví studenti.*
   *Mluví vaši mladí žáci dobře anglicky?* (*žák*—pupil)
   *Tady nebydlí žádní vojáci.* No soldiers live here.
   *Moji malí hoši rádi poslouchají pohádky* (like listening to stories).
   *Naši psi honí* (chase) *malé ptáky.*
   *Čeští sedláci jsou dobří pracovníci* (workers).

The nominative plural ending for "animate" masculine nouns is mostly *-i*, and for adjectives *-í*: *student—studenti, president—presidenti, profesor—profesoři, bratr—bratři, doktor—doktoři, švagr—švagři, námořník—námořníci, sedlák —sedláci, Slovák—Slováci, řezník—řezníci, voják—vojáci, dělník—dělníci, pták—ptáci, žák—žáci, úředník* (clerk, official)—*úředníci, sedlák—sedláci, Němec* (a German)— *Němci, pes—psi, lev* (lion)—*lvi,* (notice the dropping of *e* in the last two), *dobrý student—dobří studenti, moudrý* (wise) *president—moudří presidenti, mladý žák—mladí žáci, žádný námořník—žádní námořníci,* etc.

Note also that where a "hard" consonant (see page xv) would precede the ending -*i* or -*i*, a "soft" consonant is substituted: thus *bratr—bratři*, *hoch—hoši*, *pták—ptáci*, *dobrý—dobři*. The endings -*t*, -*d* and -*n* are also softened, to -*ť*, -*ď*, and -*ň*, although this is not shown by the spelling; *studenti*, for instance, is to be read as *studenťi*, *páni* (gentlemen) as *páňi*, *mladi* as *mladí*, and *smutni* as *smutňi*. Certain consonant groups are also "softened", e.g. *anglický dělník—angličtí dělníci*, *český lev—čeští lvi*.[1]

The demonstrative pronoun is *ti*: *ten student—ti studenti*. The possessive adjectives are *mí* (*moji*), *tví* (*tvoji*), *naši*, and *vaši*: *mí* (*moji*) *studenti*, *tví* (*tvoji*) *bratři*, *naši vojáci*, *vaši psi*, etc.

Note that the adjectival ending is **long** -*í*, except in *naši* and *vaši*, while the noun and pronoun ending is short -*i* (*ti*, *oni*, *studenti*).

3. There are many masculine "animate" nouns which can also take the nominative plural ending -*ové*, without modification of the preceding consonant sound, e.g. *syn—synové*, *pán—pánové* (or: *páni*), *Rus* (a Russian)—*Rusové* (or: *Rusi*), *Srb* (a Serbian)—*Srbové* (or: *Srbi*).[2] (N.B. *Mrštíkové*—two men named *Mrštík*, e.g. the *Mrštík* brothers. *Bratři Čapkové*—the Čapek brothers: note the dropping of *e*. But: *Mrštíkovi*, *Čapkovi*, etc., would mean Mr and Mrs Mrštík, Čapek, etc.)

4. Some masculine "animates" end in -*é* in the nominative plural, e.g. *soused—sousedé*, *učitel* (a teacher)—*učitelé*, *Londýňan* (a Londoner)—*Londýňané*, *Slovan* (a Slav)—*Slované*, *Angličan* (an Englishman)—*Angličané*, *Američan—Američané*, etc. This ending is particularly favoured by nouns ending in -*d*, -*el*, and -*an*. *Člověk* a man; *lidé* people.

---

[1] A lion rampant is the Czech national emblem.
[2] The forms in -*i* are slightly more colloquial.

**5.** *Exercises.* A. Put into the nominative plural: 1. Hladový
(a hungry) lev. 2. starý námořník. 3. malý pták. 4. krásný
obraz. 5. bohatý pán. 6. statečný (brave) voják. 7. mladý
hoch. 8. tvůj bratr. 9. český sedlák. 10. ten snaživý student.
11. můj malý pes. 12. moudrá sova (owl). 13. hloupý žák.
14. španělský voják. 15. francouzský president.

B. Put into the nominative singular: 1. moudří doktoři.
2. mí noví sousedé. 3. Naši učitelé jsou oblíbení. 4. Noví
úředníci jsou dobří. 5. Tvoji synové jsou špatní žáci. 6. Moji
švagři jsou velcí. 7. Ti noví řezníci jsou velmi snaživí.
8. Matky volají své dcery. 9. Velcí psi honí malé hochy.
10. Mladí hoši hledají své sestry.

C. Fill in the gaps: 1. Vítají své nov– profesor–. 2. Naš–
brat– nejsou vesel–. 3. Její brat– je velmi mlad–. 4. Kde
jsou vaši mal– ps–? 5. Vaš– úřední– jsou velmi dobr–.
6. Máte rád česk– dívk–? 7. Čí jsou t– mal– kabátk–?
8. Božena vol– sv– syn– (plural). 9. Naš– nov– učitel– (plur.)
mluv– dobře anglicky. 10. T– vojác– ček– – pan– president–.
11. Proč t– pán– otvír– – okn–? (plur.). 12. Nemáme rád–
t– nov– doktor–.

D. Put into Czech. 1. Why is Jana looking for our neigh-
bours? 2. My brothers are very industrious. 3. Do you see
(= Can you see) those farmers? 4. Vlasta doesn't like soldiers.
5. Butchers sell meat and salami. 6. Do you like your brother-
in-law? 7. Do you know any Londoners? 8. Doctors are not
always right. 9. The Nováks are selling their furniture.
10. The Czechs and Slovaks are Slavs. 11. The brothers
Mrštík are Moravian authors (Moravian—moravský, author
—autor).

# LESSON XII

Nominative and Accusative Plural of Neuter
Nouns, etc. Cardinal Numbers 1-4.

1. *Kde jsou vaše nová kola?* Where are your new bicycles?
   *Tady jsou naše nová kola.*

   *Tato křesla jsou pohodlná.*

   *Jaká jsou vaše jména?*
   *Naše jména jsou Karel a Tomáš.*
   *To jsou velmi hezká jména.*

It is only the masculine "animates" which differ in the
nominative and accusative plural. The neuters, like the
feminines and the masculine "inanimates", have the same
form in both cases. Remember also that neuters are the
same in the nominative and accusative **singular**: *To je
mé (moje) staré kolo—Vidíš mé (moje) staré kolo? To jsou
naše stará kola—Vidíte naše stará kola?*.

The noun ending (nominative and accusative plural of
neuter nouns with singular in *-o*) is *-a*, and adjectives
agreeing end generally in *-á*, : *dobré auto—dobrá auta, nové
slovo—nová slova*, etc. The demonstrative pronoun agreeing
is *ta*: *ta křesla, ta červená péra*. The possessive adjectives
are *má (moje), tvá (tvoje), naše* and *vaše* (as with the neuter
singular), together of course with the invariable *jeho* and
*jejich*, and *její*.

2.     *Má jenom* **jeden** *klobouk.*
       *Anna má* **jednu** *sestru a* **jednoho** *bratra.*
       **Jedna** *kniha je vaše, a* **jedna** *je moje.*
       *Máme jenom* **jedno** *radio.*

*Jeden*, one, is declined like *ten*.

3.        *Pletu* **dva** *svetry.*
          *Tady leží* **dvě** *hrušky.*
          **Dvě** *ženy hledají Viléma.*
          *Karel má* **dvě** *péra, červené a černé.*

*Dva* (masc.) and *dvě* (fem., neut.), two, have just these
two forms in the nominative and accusative.

4. *Tři*, three, and *čtyři* [štiři][1], four, are alike in nominative
and accusative: *Mám tři kabáty; Tady jsou tři hoši, čtyři
tužky, čtyři děvčátka.*

5. *Exercises.*   A. Fill in the blanks.  1. Jej– – jmén– jsou
Alžběta a Marie. 2. Otvírám dv– okn–. 3. Nemá rád nepo-
hodln– křesl– (plural). 4. Hledám sv– mal– koťátk– (plural).
5. Kam jdou t– dv– děvčátk–? 6. Vidím čtyři velk– letadl–.
7. T– jablk– jsou mal– a nejsou dobr–. 8. Mám jenom jedn–
tužk–. 9. Kam jdou t– tř– syn– –? 10. Ty dv– dopis– jsou
zajímav–. 11. Mám čtyři koťátk–, dv– jsou čern– a dv– jsou
bíl–. 12. Pavel zná jenom čtyři anglick– slov–.

B. Put into Czech: 1. Are these two pens yours? 2. What is
her name, Vlasta or Marie? 3. These pullovers are too large.
4. Czech words are often long. 5. I can't (don't) see the two
little girls, because they are very small. 6. Mr Čapek is
already getting up. 7. The Čapeks always get up early. 8. She
is shutting the windows. 9. Which windows are open?
10. What kind of apples have you got? 11. My two daughters
are asleep. 12. Your apples are red and big. 13. Do you see
our beautiful new armchairs?

[1] More careful pronunciation [čtiři].

# LESSON XIII

Personal Pronouns, Accusative.  Word-order.
Prepositions with the Accusative.

1.
> *Anna hledá svůj kapesník.*
> *Hledá* **jej** (**ho**). She is looking for it.
> *Anna hledá svého bratra.*
> *Hledá* **ho** (**jej**). She is looking for him.
> *Anna hledá svou sestru.*
> *Hledá* **ji**. She is looking for her.
> *Hledá také svou knihu.*
> *Hledá* **ji**. She is looking for it.
> *Anna hledá své zrcátko.*
> *Hledá* **je**. She is looking for it.

The 3rd person singular pronouns in the accusative are:
**ho** and **jej** (masc.), **ji** (fem.), and **je** (neut.).  **Ho** is used
only in an unstressed position, but **jej** can also be used in
a stressed position.

2.
> *Anna hledá své kapesníky.*
> *Hledá* **je** (them).
> *Anna hledá své bratry. Hledá* **je**.
> *Anna hledá své sestry. Hledá* **je**.
> *Hledá také své knihy. Hledá* **je**.
> *Anna hledá svá zrcátka. Hledá* **je**.

The 3rd person plural pronoun in the accusative is **je**.

3.
> *Voláte* **mě**? Are you calling me?
> *Nevolám* **tě**. I'm not calling you.
>
> *Vidí* **nás** *Karel?* Does (Can) K. see us?
> *Nevidí* **vás**. He doesn't (can't) see you.

The 1st and 2nd person singular pronouns (unstressed

forms) in the accusative are **mě** and **tě**, while in the plural
they are **nás** and **vás**. (The reflexive pronoun is **se**.)

4. Note that a sentence does not begin with a single un-
stressed pronoun: not *Vás nevidí*, but *Nevidí vás*; not *Je
hledá* but *Hledá je*. However, we can begin with two or
more pronouns, the first being stressed, as in *On vás nevidí*
or *Ona je hledá*.

5.    —*Má tě Jan rád?* Does Jan like you?
      —*Ne, nemá rád* **mne**, *ale* **tebe**. No, he doesn't like me,
         but you.

      *Hledám Pavla, ne Annu. Hledám* **jeho (jej)**, *ne ji.*

   The accusative **emphatic** forms corresponding to *mě,*
*tě*, and *ho*, are *mne, tebe*, and *jeho/jej* (*jeho* for the animate
only).

6. Certain prepositions can govern the accusative, e.g.
      NA: on [motion towards], to.

         *Jdu* **na koncert (poštu, přednášku)**. I am going to
            the concert (post office, lecture).
         *Dávám klobouk* **na hlavu**. I am putting my hat on
            my head.
         *Píšu slova* **na papír**; *píšu je* **na něj**. I am writing
            words on paper; I am writing them on it.
         *Dívám se* **na děvčátko**; *dívám se* **na ně**. I am looking
            at the little girl; I am looking at her (*dívati se*—
            to look at, towards).
         *Díváte se* **na Karla a na Annu**; *díváte se* **na ně**.

      PŘES: across.
         *Musíme jít* **přes zahradu**. We must go across the
            garden.

      SKRZ: through.
         *Strč prst* **skrz krk**. Push your finger through the
            neck.
         [A well-known tongue-twister].

PRO: for.

> *To není* **pro slečnu Novákovou**; *to není* **pro ni.**
> This isn't for Miss Novák; it isn't for her.

—*Kam jdeš?*
—*Jdu* **pro mléko** *a* **pro chleba.**

> *Tomáš jde* (is going) **pro pana Veselého**; *jde* **pro něj/pro něho.**

—*Uděláš to pro* **mne?** Will you do it for me?
—*Ne,* **pro sebe.** No, for myself.

MIMO: outside, besides.

> *Bydlíme* **mimo Prahu.** We live outside Praha (Prague).
> **Mimo něho** *mám dvě sestry.* Besides him I have two sisters.

7. Notice in the preceding paragraph the use of stressed personal pronouns (accusative) after a preposition:—

Masculine singular animate: **na n̲ě̲ho** (not *jeho*), or **na n̲ě̲j.**
Masculine singular inanimate: **na něj** (not *jej*).
Feminine singular: **pro n̲i̲** (not *ji*).
Neuter singular: **na n̲ě̲** (not *je*).
Plural: **na n̲ě̲** (not *je*).

The *j* of *jej, jeho, je,* and *ji* becomes *n* [ň] after a preposition.

8. *Exercises.* A. Replace the nouns by pronouns: 1. Znáte pana Černého? 2. Paní Svobodová nemá ráda hrušky. 3. Vidíte Karla? 4. Máte svůj deštník? 5. Otvírám tuto knihu. 6. Děvčátko poslouchá radio. 7. Jana obléká své panenky. 8. Kdy vstává tvůj syn? 9. Mám ráda svou sestru Alenu. 10. Teta Eva pere prádlo. 11. Prodávají piano. 12. Kolářovi trhají jablka. 13. Ta jablka nejsou pro jejich syny. 14. Čekáte na děvčátko? 15. Eva jde pro paní Kubíčkovou.

B. Fill in the blanks: 1. Pan Navrátil volá svého syn–.
Volá – –. 2. Slečna Kubíčková dělá zkoušk–. Ona – – dělá.
3. Máš rád sýr? Máš – – rád? 4. Vítáme ty student–. Vítáme
– –. 5. Kupuji (I am buying) nový kabát. Proč – – kupuješ?
6. Víte (Do you know), proč pan Novák prodává auto?
Nevím, proč – – prodává. 7. Tomáš nalévá pivo. On – –
nalévá. 8. Znáte slečn– Novotn– –? Ano, znám – –. 9. Matka
obléká mal– – Alen–. Obléká– –. 10. Vidíte ty krásn– žlut–
květin–? (žlutý—yellow, květina—a flower). Ano, vidíme – –
11. To jsou krásn– knih–. Mám – – rád. 12. Naše hrušk–
pěkně kvet– –. Vidíš – –? 13. Jdete – – přednášku?
14. Dívají se – – obrazy; dívají se na – –. 15. Ten svetr
není – – Václava; není pro – –. 16. Bydlíte – – Brno?

C. Put into Czech. 1. A thief is stealing your papers. He is
stealing them. 2. This table (ten stůl) is new. It is new. 3. Do
you like that book? Do you like it? 4. Is he opening the
window? Is he opening it? 5. Does the butcher sell meat?
Does he sell it? 6. She is pouring out the tea. She is pouring
it out. 7. I am looking for my aunt. I am looking for her.
8. Is the teacher calling us? 9. My dog is chasing a cat
(kočka). He is chasing it. 10. I haven't got your letters. I
haven't got them. 11. Do you know Mr. Novotný? Do you
know him? 12. I can see (I see) your house. I can see (I see)
it. 13. Is Mrs. Novák doing the washing for you? 14. I am
buying a car for him. 15. Push your finger through that
hole (hole—díra). 16. Why are you looking at them? 17. She
is waiting for him.

# LESSON XIV

Past Tense and Infinitive: First Conjugation.
*Míti*. Shortened Infinitive.

1. —**Dělal jsi** *zkoušku?* Did you sit (Have you sat) for the
   examination?

   —*Ano*, **dělal jsem** *ji včera*. Yes, I sat for it yesterday.

   —*Karel také* **dělal** *zkoušku?* Did K. take (Has K. taken)
   the examination too?

   —*Všichni* **jsme dělali** *zkoušku*. We all took (have all
   taken) the examination.

The past tense (*dělal jsem, dělal jsi, dělal; dělali jsme,
dělali jste, dělali*) is made up of the past participle of the
verb and the present tense of "be", except in the 3rd person,
where the participle alone is used.[1]

The infinitive (*dělati*) consists of a stem (*děl-*), a con-
necting element (*-a-*), and an ending (*-ti*). To the stem are
added the present tense endings (*-ám*, etc.). The past
participle is obtained by substituting *-l* for the ending
(*děla-ti, děla-l*).

2. Similarly with other verbs of this class. We now list the
infinitives of those we have introduced, with the 3rd person
singular present and the past participle given in brackets:—
*otvírati* (*otvírá, otvíral*), *vstávati* (*vstává, vstával*), *oblékati*
(*obléká, oblékal*), *prodávati* (*prodává, prodával*), *trhati* (*trhá,
trhal*), *hledati* (*hledá, hledal*), *poslouchati* (*poslouchá, pos-
louchal*), *zavírati* (*zavírá, zavíral*), *nalévati* (*nalévá, naléval*),
*čekati* (*čeká, čekal*), *volati* (*volá, volal*), *znáti* (*zná, znal*). The
following verbs are similar: *snídati* to breakfast (*snídá,*

---

[1] Note also the use of the singular participle with *jste* in the polite
address of one person—*dělal jste, dělala jste*.

*snídal*), *obědvati* to lunch (*obědvá, obědval*), *počítati* to count (*počítá, počítal*).

3. **Hledal jsem** *Vlastu.* (Masc. sing. subject—possibly *Petr*).

   **Hledala jsem** *Petra.* (Fem. sing. subject—possibly *Vlasta*).

   *Děvčátko* **hledalo** *matku.* (Neut. sing. subject).

   *Studenti* **vstávali** *brzo.* The students used to get up early. (Anim. masc. plur. subject.)

   *Stromy* **kvetly.** The trees were blossoming. (Inanim. masc. subject.)

   **Trhaly** *ty dívky květiny?* Were the girls picking flowers? (Fem. plur. subject.)

   *Děvčátka* **hledala** *své matky.* (Neut. plur. subject.)

The past participle ending varies in accordance with the number and gender of the subject. Endings used:

|  | Animate Masculine | Inanimate Masculine | Feminine | Neuter |
|---|---|---|---|---|
| Singular | — | — | -*a* | -*o* |
| Plural | -*i* | -*y* | -*y* | -*a* |

4. **Měl jsem** *psa a kočku.* I had a dog and cat.
   *Pan Novák* **měl** *velkou rýmu.*
   **Měli jsme** *velmi dobrý nábytek.*

   *Míti* to have (*má, měl*).

5. Notice the shortened form of the infinitive, always used in speech and often in print too: *dělat, vstávat, čekat, mít, hledat*, etc.

6. *Exercises.* A. Complete the following. 1. Včera jsme poslouchal– radio. 2. Růžena vstával– brzo každý den. 3. Prodával– jste hrušky? 4. Děvčátko neměl– panenku. 5. Můj syn měl rým–. 6. Řezník neměl žádn– maso. 7. Slečna Novotná měl– pravdu. 8. Četl– jste ty knih–? 9. Dívky měl–

c

žízeň. 10. Měl jsem jenom jedn– zápalk–. 11. Oni měl– rád–
Čechoslováky. 12. Snídal– jste už? 13. Znal– jsme toho pán–
velmi dobře.[1] 14. Nevolal jsem Petr–, volal jsem Jarmil–.

B. Use the past tense in: 1. (Trhati) jsme hrušky.
2. (Čekati) jsem celý den. 3. Anna (zavírati) okno. 4. Ona
(nalévati) víno. 5. Moje babička mě (volati). 6. Děvčátko
(oblékati) panenku. 7. (Míti) jsme staré auto. 8. Hoši
(počítati)—The boys did sums, lit. counted. 9. Ta dvě
děvčátka (hledati) tetu. 10. Karel (míti) dva bratry. 11.
Božena a Milada ho (znáti). 12. On je (prodávati). 13. Proč
jste ne (obědvati)?

C. Put into Czech. 1. They were picking apples. 2. I hadn't
got a handkerchief. 3. We had breakfast early. 4. Were you
looking for your brother? 5. They waited for their sisters.
6. We knew his brother-in-law. 7. Did your son take the
examination too? 8. Mrs Novák had no butter. 9. Two
kittens were drinking milk. 10. Was he hungry? 11. You
were right. 12. Did she call her? 13. What were you doing
yesterday afternoon? (afternoon—odpoledne). 14. We were
listening to an interesting lecture. 15. Why did you wait so
long?

[1] *pan*—Mr; *pán*—man, gentleman.

# LESSON XV

Past Tense and Infinitive: Second Conjugation.
*Moci.*

1. *Co jste dělaly celý večer?* What have you (fem. plur.) been doing the whole evening?
**Pletly** *jsme.* We have been knitting.
*A co dělal Miroslav?*
**Četl** *knihu.* He has been reading a book.

   *Proč ti hoši* **kradli** *hrušky?* Why did those boys steal the pears?
   *Protože měli hlad.* **Nesli** *je domů.* Because they were hungry. They took them home.

   *Měli jsme krásnou zahradu* (*zahrada*—garden).
   **Rostly** *tam krásné květiny.* Beautiful flowers grew there.
   **Žil** *jednou jeden král* . . . There once lived a certain king . . . (*jednou*—once; *jeden*—one, a certain).
   **Donesl jsem** *domů velká jablka* (*donésti*—to take, bring).
   **Vyšila jsem** *ubrus.* I have embroidered the table-cloth.
   *Tvůj syn hodně* **vyrostl.** Your son has grown a lot.

Many verbs of the second conjugation (present tense endings: *-u* or *-i, -eš, -e, -eme, -ete, -ou* or *-i*)[1] add the infinitive ending direct to the stem without a connecting element: e.g. *nésti* (*nés-ti*) to carry, *vésti* to lead, *plésti* to knit, *růsti* to grow, *krásti* to steal, *čísti* to read, *žíti* to live, *píti* to drink, *jíti* to go, *mýti* to wash.

The past participle is obtained in the usual way, by substituting *-l* for the infinitive ending and shortening the stem vowel (*nésti,* **nesl;** *žíti,* **žil;** etc.).

[1] *-u* and *-ou* are the more colloquial endings where the alternatives *-i* and *-í* are possible.

Most of these verbs consist of two syllables only.

Compound verbs of this conjugation also have a long vowel in the infinitive stem: e.g. *donésti* to bring or take in, *vynésti* to take or bring out, *dovésti* to take or lead (to), *vyrůsti* to grow up, *vyšíti* to embroider. There is a sense of **completed** action, so that *Dovedl jsem svou dceru domů* I took my daughter home, means that home was reached, *Vyšila jsem ubrus* means that the work is finished, *Tvůj syn vyrostl* means that it is the **present** size and height of the son, the result of growth, that is being considered, and so on. These are **"perfective" verbs**. Those that refer to repeated or continuous action (like *vstávati*, *nésti*, *šíti*, *růsti*, etc.) are called **"imperfective" verbs**. This important distinction, which concerns verbs in general, will be treated more fully.

2. There are several irregularities in the verbs of this group. Note:

a. The stem of the other forms is often different from the stem of the infinitive (e.g. ved*e*, ved*l*, but: vés*ti*). This feature has an historical explanation: *vésti*, for instance, has developed from an earlier infinitive *vedti*. (For books dealing with the historical development of Czech, see Bibliography, p. 216).

Irregular infinitives, with 3rd person singular present and past participle: *vésti* (*vede, vedl*), *plésti* (*plete, pletl*), *růsti* (*roste, rostl*), *krásti* (*krade, kradl*), *péci* (*peče, pekl*).

b. The infinitive stems usually end with a consonant sound. When they end with a vowel sound, a linking *j* occurs before the ending, as in *piji* (*pi-j-u*).

3. **Stlala jsem** *postel.* I was making the bed.
   **Prala jsem** *prádlo.* I was doing the washing.
   **Psal** *důležitý dopis celé dopoledne.* He was writing an important letter the whole morning.

Also belonging to this conjugation are verbs like *bráti* (*bere, bral*), *stláti* (*stele, stlal*), *práti* (*pere, pral*), and *psáti* (*píše, psal*), in which the stem vowel of the present tense does not appear in the infinitive and past participle.

4.    **Šel jsem** *domů*. I went home (fem. *šla*).
      *Děvčátko* **šlo** *domů*.
      **Šli jsme** *ven*. We went out. (fem. *šly*, neut. *šla*).

*Jíti* to go on foot, walk, has the same present tense endings (*jdu, jdeš, jde, jdeme, jdete, jdou*), but is irregular, the past participle forms being *šel, šla, šlo* (plural *šli, šly, šla*).

5. *Moci*, to be able, with the alternation *h*: *ž* in the present stem, may also be classed here (Present *mohu, můžeš, může, můžeme, můžete, mohou*; Past *mohl jsem, mohl jsi, mohl, mohli jsme, mohli jste, mohli*), together with *chtíti*; (Pres. *chci, chceš, chce, chceme, chcete,* **chtějí**; Past *chtěl jsem*, etc.).

      **Mohu** *vidět pana Novotného?*
      **Nemůžeš**, *je nemocný* (ill). *Celý den* **nemohl** *jíst* (eat).
      **Může** *jít ven?*
      **Nemůže**. *Včera také* **nemohl** *jít ven*.

6. *Exercises.* A. Complete the following, using the past tense. 1. Tady rost– strom. 2. (Jíti) jsme domů. 3. Zloděj krad– hrušky. 4. Paní Šťastná doved– jejího syna domů (i.e. someone else's son). 5. Karel (čísti) zajímavou knihu. 6. Matka myl– děvčátko. 7. Vlasta stlal– postel. 8. Děvčátka (jíti) ven. 9. Ne (moci) jsem mluvit. 10. Pan Kubíček (psáti) knihu. 11. Slečna Nováková (jíti) domů. 12. Má žena pekl– bábovku (Czech cake). 13. Plet– jsme celý večer. 14. (Píti) jsem pivo a moje sestra (píti) víno. 15. Má matka tam dlouho nežil–.

B. Put into the past tense. 1. Nemohu vidět. 2. Anna plete kabátek. 3. Karel píše dopis. 4. Paní Nosková peče buchty (buchta—small Czech cake). 5. Jdu ven. 6. Nemůžete mluvit pomalu? 7. Kam jdeš? 8. Jak zde může žít? 9. Ony nemohou pracovat. 10. Můžeme mluvit česky. 11. Bohužel, nemohu jíst (jísti—to eat). 12. Pije víno. 13. Trhám květiny. 14. Čtou knihy. 15. Píšete dopis? 16. Kde žije váš švagr?

C. Put into Czech. 1. She was knitting a pullover. 2. They (fem.) went out. 3. They (masc.) were drinking the whole afternoon. 4. I was reading a book. 5. Her mother took her home. 6. She was making (sewing) a coat. 7. She embroidered (has embroidered) a tablecloth. 8. The dog used to steal meat. 9. We often saw her. 10. He was able to see the president. 11. Were you making the bed? 12. We can sell it. 13. Anna was writing a letter. 14 I used to live there.

# LESSON XVI

Past Tense and Infinitive: 3rd Conjugation.
*Býti—byl jsem*, etc. *Musiti, směti.*

1. **Byl jste** *tam včera?* Were you there yesterday?
   *Ano,* **byl jsem** *tam.*
   *A pan Novák tam také* **byl?**
   *Ano, a* **byla** *tam i jeho žena* (*i*—also).

   *Vaše kolo* **bylo** *špinavé, ale teď je čisté. Umyl jsem je*
      (*umýti*—to wash).
   *Naše dvě koťátka* **byla** *velmi hravá* (playful).
   *Ti studenti ne***byli** *Slováci,* **byli** *Moravané* (*Moravan—*
      a Moravian).

   The past participle of *býti* to be is *byl*. The past tense is
   therefore *byl* (*-a, -o*) *jsem*, etc.

2. *Co dělali tvoji bratři každý večer?*
   **Kreslili.**

   *Proč* **jsi koupila** *ten červený klobouk?*
   **Koupila jsem** *jej, protože mám ráda červenou barvu.*

   **Mluvil** *Karel dobře anglicky?*
   *Ne***mluvil**, *ale jeho bratr a sestra* **mluvili** *dobře.*

   *Proč* **honil** *Miroslav naši kočku?*
   *Protože* **honila** *ptáky.*

   **Vařila jsi** *každý den polévku?*
   *Ne,* **vařila jsem** *ji jen někdy* (only sometimes).

   *Proč to děvčátko ne***mluvilo?**
   *Protože mělo strach* (*míti strach*—to be afraid, lit. to
      have fear).

Verbs with the present tense endings *-ím, -íš, -í, -íme,*
*-íte, -í* are here classified as belonging to the third con-
jugation. Many have an infinitive in which the connecting
element is *-i*, e.g. *mluviti* to speak (3rd pres. sing. *mluví,*
past part. *mluvil), nositi* to carry (also: to wear), *(nosí,
nosil), kresliti* to draw *(kreslí, kreslil), vařiti* to cook *(vaří,
vařil), honiti* to chase, hunt *(honí, honil), koupiti* to buy
*(koupí, koupil), bydliti* to live *(bydlí, bydlil).*[1]

3. **Viděl jste** *pana presidenta?* Did you see the president?
   **Viděl jsem** *ho, ale on mě ne***viděl.**
   *To je škoda.* That's a pity.
   **N**e**viděl jsem** *tě celý den. Kde jsi byla?*
   **Ležela jsem.** I was in bed. **Bolela** *mě hlava.* I had a
   headache *(hlava*—head; *boleti*—to hurt; lit. hurt me
   the head).

Some infinitives of this conjugation have the connecting
element *-e-*, or *-ě-*, such as *rozuměti* to understand *(rozumí,
rozuměl),*[2] *viděti* to see *(vidí, viděl), ležeti* to lie (in bed)
*(leží, ležel), boleti* to hurt *(bolí, bolel), slyšeti* to hear *(slyší,
slyšel), věděti* to know *(ví, věděl).*[3]

4. *Pan Kvapil tady ještě není.* **Musíme** *čekat.*
   *Já nemohu čekat. Mám naspěch.*
   *Tady je pan Kvapil.*
   *Pan K.:* **Musili** *jste dlouho čekat?* Have you had to
   wait long?
   *Ne,* **nemusili.**

We may also include here *musiti* or *museti* to have to
*(musí, musil* or *musel).*[4] Note the opposite: *nemusím* I need
not, *nemusil jsem* I didn't need to, or, I didn't have to.
Also: *směti* to be allowed *(smí* he may, *směl* he was allowed

---

[1] Also: *bydleti.*
[2] 3rd p. plur. present: *rozumějí.*
[3] 3rd p. plur. present: *vědí.*
[4] 3rd p. plur. present: *musí* or *musejí.*

to).[1] Opposite: *nesmím* I must not, *nesměl jsem* I wasn't allowed to.

5. *Byl jsem tak unaven, že* **jsem spal** *celé odpoledne.* I was so tired that I slept the whole afternoon.

*Děvčátko* **spalo** *celou noc.* The little girl slept the whole night.

**Spaly jsme** *velmi dobře.*

*Kolik* **stálo** *to auto?* How much did the car cost?

*Kde* **stojí** *ten dům?* Where does the house stand? (Where is the house situated?)

*Voják* **stál** *venku celý den.*

A few verbs in this group have -*á*- as a connecting element, e.g. *spáti* to sleep (*spí, spal*), and *státi* to stand (also: to cost) (*stojí, stál*).

6. *Exercises.* A. Complete the following sentences, using the past tense. 1. Ona kresl– svého bratra. 2. Bydl– jsme tady dlouho. 3. Jan koup– dvě knihy. 4. Vid– jsem malého ptáka. 5. Pan Nosek nos– ten kabát každý den. 6. Nevěd– jsem, jak to udělat. 7. Rozuměl– jste? 8. (Míti) jsi velkou rýmu? 9. Bol– tě hlava? 10. Matka slyš– svého syna. 11. Novákovi tam nebydl–. 12. Mus– jsme práti prádlo. 13. Nemus– jsem ležet. (I didn't need to stay in bed.) 14. Knihy byl– velmi zajímavé. 15. Byl– vaše tužka červená nebo modrá? 16. Spal– jste dobře nebo špatně?

B. Put into the past tense. 1. Paní Nováková vaří polévku. 2. Mluví vaše učitelka pomalu? 3. Vidíme tři hezké dívky. 4. Bolí ho hlava. 5. Náš profesor mluví dobře rusky. 6. Voda je studená. 7. Není její dopis zajímavý? 8. Okno je čisté. 9. Jak to víš? 10. Slečna Černá nemusí čekat. 11. Mám krásné květiny. 12. Proč prodáváš ten dům?

C. Put into Czech. 1. I had to go out. 2. Did she understand well? Yes, she did. 3. Did they speak German well? 4. I liked listening to the radio. 5. They were not American students,

---

[1] 3rd p. plur. present: *smějí.*

C*

they were English. 6. Lunch was not good. 7. She had a blue umbrella. 8. Božena was taking the apples indoors. 9. Did you (sg.) live here? No, I didn't. 10. The wise owl is asleep (sleeps) all day. 11. We didn't have to get up early. 12. The pupil couldn't write the exercise. 13. Have you seen the new school? 14. Karel chased his sister. 15. My brother did not know his name.

# LESSON XVII

*Budu*, etc. Future Tense of Imperfective and
Perfective Verbs.

1.  **Budete** *tady příští týden?* Will you be here next week?
    *Ano,* **budu.** Yes, I shall.
    *Dobře, ale Karel tady ne***bude.**
    *A* **budou** *tady vaše sestry? Ano,* **budou.**

The future tense of *býti* has the 2nd conjugation present
tense endings: *bud***u,** *bud***eš,** *bud***e,** *bud***eme,** *bud***ete,** *bud***ou.**

2.  **Budeme prodávat** *naše auto.*
    *Proč je* **budete prodávat?**
    *Protože je příliš staré.*

    *Co* **budete dělat** *zítra?*
    *Ráno* **budu vstávat, snídat, stlát** *postel a* **prát.** *Můj*
    *man žel* (husband) **bude trhat** *jablka. Odpoledne*
    **budeme hrát** *tennis, a večer snad* (perhaps) **budeme**
    **číst** *nebo* **poslouchat** *radio.*

The future tense of IMPERFECTIVE verbs (see XV, 1)
is made with the infinitive of the verb and the future of
*býti*: *budu* (etc.) *prodávati, otvírati, oblékati, znáti, trhati,
hledati, poslouchati, zavírati, dělati, volati, nalévati, čekati,
vítati, plésti, bráti, vésti, růsti, práti, stláti, krásti, hráti* (to
play), *mluviti, choditi, nositi, kresliti, spáti, státi, viděti,
slyšeti, ležeti, vařiti, věděti, honiti, čísti, studovati, kupovati*
(buy), *bydliti* (or: *bydleti*), *míti,* etc. This future is one of
continued or repeated action—the emphasis is on the
action itself and not on its completion.

3.  *Zítra* **koupíme** *radio.* Tomorrow we shall buy a radio.
    **Dám** *tu knihu na stůl.* I shall put the book on the table.

**Vezmeš** *psa na procházku?* Will you be taking the dog for a walk?

The PERFECTIVE verbs (see XV, 1) have no present tense, and what seem to be present tense forms are used with future meaning. *Býti* with the infinitive cannot be used.

Perfective and imperfective verbs belong to different conjugations, and there may also be differences of stem and connecting element, as in:

| Perfective | Imperfective |
|---|---|
| *koupiti:* | *kupovati:* |
| 1st. pers. **fut.** *koupím* | 1st. pers. **pres.** *kupuji (-u)* |
| Past participles *koupil* | *kupoval* |
| *dáti:* | *dávati:* |
| 1st. pers. **fut.** *dám* | 1st. pers. **pres.** *dávám* |
| Past participles *dal* | *dával* |
| *říci:* | *říkati:* |
| 1st. pers. **fut.** *řeknu* | 1st pers. **pres.** *říkám* |
| Past participles *řekl* | *říkal* |
| *vzíti* to take: | *bráti* to take: |
| 1st. pers. **fut.** *vezmu* | 1st pers. **pres.** *beru* |
| Past participles *vzal* | *bral* |

(Pairs quite unlike each other, such as this, are exceptional).

In all perfective verb futures the emphasis is not so much on the action itself as on the result or completing of the action.

4. **Uvařím** *oběd.* I shall cook the lunch.

**Upletu** *šedivý svetr.* I shall knit a grey sweater.

*Karel* **umyje** *své kolo.* Charles is going to wash his bicycle.

**Posnídáme** *a pak* **půjdeme** *ven.* We shall have breakfast and then go out.

**Počkám** *na tebe venku.* I shall wait for you outside.

**Uděláš** *to brzy?* Are you going to do it soon? (BUT: *Co budeš dělat zítra?* What will you do tomorrow?)

Many perfective verbs can be formed from an imperfective verb by adding a prefix, with no other change. The prefixes *u-*, *po-*, and *z(a)* are often employed in this way.

| Imperfective | Perfective |
|---|---|
| *dělati* | *udělati* |
| *vařiti* | *uvařiti* |
| *plésti* | *uplésti* |
| *mýti* | *umýti* |
| *snídati* | *posnídati* |
| *čekati* | *počkati*[1] |
| *platiti* | *zaplatiti* |
| *buditi* to awake | *zbuditi* |

5. *Zítra* **přijde** *teta Anička.* Aunt Annie will come to-morrow.

   **Přejdeme** *les a budeme doma.* We shall cross the wood and be home.

   *Karel ho* **najde** *a* **přivede** *domů.* Charles will find him and bring him home.

   **Podepíšeš** *tu listinu?* Will you sign this document?

   **Napíšu** *dopis.* I shall write a letter.

Generally the prefix added to an imperfective verb not only makes it into a perfective but also modifies the meaning.

Impf. *jíti*. Pfs. *přijíti* to come here, *přejíti* to cross (lit. to go across), *najíti* to find, to come upon (*na*—on), *vyjíti* to go out, *odejíti* to go away (*od*, *ode*—from).

Impf. *psáti*. Pfs. *podepsati* to sign (lit. to write under; *pod*, *pode*—under), *napsati* to write down. (Note vowel shortening).

Impf. *čísti* to read. Pfs. *přečísti* to read through, *dočísti* to read to the end.

Sometimes the meaning is changed altogether: impf. *moci* to be able—perf. *pomoci* to help; impf. *kázati* to preach, command—perf. *ukázati* to show.

---

[1] Notice the elision of *e*.

**Mohu** *zavřít okno?*
*Ten lék* (medicine) *jistě* **pomůže.**
*Bude* **kázat** *v sobotu odpoledne.*
**Ukážu**, *jak je zahrada veliká.*

6. —**Ukážeš**, *co umíš?* Will you show what you can do?
—*Ano,* **ukážu**. *Rád* **ukazuji**, *co umím.*

—**Prodáváte** *auto?* Are you selling your car?
—*Ano,* **prodávám**. Yes, I am.

—*Ještě jste ho ne***prodal***?* Haven't you sold it yet?
—*Ne, ale* **prodám** *ho brzy.*

—**Pomáháš** *někdy vařit?* Do you sometimes help to cook?

—*Ne, ne***pomáhám***, ale dnes* **pomohu**. No, I don't, but today I shall help.

Those perfective verbs, formed by adding a prefix, which have modified or changed meanings, need imperfective counterparts, which can express the present tense of these meanings. Such imperfectives are formed as in para. 3 above.

| Perfective | Imperfective |
|---|---|
| *ukázati* | *ukazovati* |
| *prodati* | *prodávati* |
| *pomoci* | *pomáhati* |

7. Note that *jíti* to go on foot (pres. *jdu, jdeš, jde, jdeme, jdete, jdou*; fut. *půjdu, půjdeš*, etc.) and *jeti* to ride (pres. *jedu, jedeš,* etc.; fut. *pojedu, pojedeš,* etc.) are both imperfectives. One cannot use *budu jíti* or *budu jeti*; *půjdu* and *pojedu* are used in their place and are imperfective futures.

8. *Exercises.* A. Put into the future tense. 1. Vlasta je doma. 2. Trhám jablka. 3. Hledáme vašeho bratra. 4. Koho voláš? 5. Stele postel. 6. Hledáme Alžbětu. 7. To je pěkné. 8. Ivan kreslí každý den. 9. Kdy máte čas? 10. Mluvím česky. 11. Posloucháme radio. 12. Slečna Nováková pilně studuje. 13. Kde bydlí ten doktor? 14. Co děláte? 15. Jaké auto kupují?

B. Put into Czech, using the appropriate future form.
1. He will sign this letter. 2. They will still be here. 3. I shall read this book through. 4. Thomas will clean his bicycle. 5. She will arrive tomorrow. 6. The students will write it down. 7. My neighbour will help too. 8. The soldiers are going to cross the river immediately. (řeka—river; hned—immediately.) 9. I shall put the butter there. 10. We shall get up early every morning. 11. Tomorrow we shall get up early. 12. Do you meet my sister every day? 13. Why can't you come (arrive) on Saturday? 14. In the afternoon we shall pick the pears and apples. 15. Tomorrow I shall help to cook lunch.

C. Fill in the gaps, using masculine endings where necessary. Včera jsme celý den pilně pracoval–. Večer jsme byli velice ospal– a šl– jsme brzo spat. Dnes ráno – – vstávali pozdě. – –snídali jsme a šli – – nakupovat. Koupili jsme maso, mlék–, zelenin–, ovoce a jiné potraviny. Matka –vařil– dobrý oběd. Odpoledne jsme odpočíval–, psal-dopisy a četl–. Večer jsme – –čistili a připravil– svá kola. Zítra ráno brzo vstaneme, posníd– – a pojed– – ven. Zůstaneme venku cel– den. [Večer—in the evening; dnes ráno—this morning; dnes—today; nakupovat—to shop, do the shopping; jíti spat—to go to bed, lit. to go to sleep; spáti—to sleep; velice—very; ospalý—sleepy; zelenina—vegetables; ovoce (n.) fruit; potraviny—provisions (fem. plur.); jiný—other; uvařiti—to cook (pf.); odpoledne—in the afternoon; odpočívati—to rest; vyčistiti—to clean (pf.); připraviti—to prepare (pf.)].

D. Make a list of (a) the imperfective, (b) the perfective verbs in C, giving the infinitive and the 3rd. pers. sing. past and future of each.

E. Answer the following questions on C. 1. Co jste dělali včera celý den? 2. Byli jste večer ospalí? 3. Šli jste brzo spat? 4. Vstávali jste brzo dnes ráno? 5. Co jste dělali potom? 6. Jaké potraviny jste koupili? 7. Co dělala vaše matka? 8. Co jste dělali odpoledne? 9. A co večer? 10. Co budete dělat zítra? 11. Jak dlouho zůstanete venku?

# LESSON XVIII

## Vocative Case. Imperatives.

1.  —*Anno, kam jdeš?*
    —*Jdu ven, maminko* (*maminka*—mummy).
    —*Karle, tvoje sestra jde ven. Můžeš také jít.*
    —*Co to*[1] *máš, Václave?*
    —*Mám salám, tatínku* (*tatínek*—daddy).

If the nominative singular of a feminine noun ends in -*a*, the vocative singular ends in -*o*: *Anna—Anno, Milada—Milado, teta—teto, babička—babičko, maminka—maminko.*

Masculine nouns ending in a "hard" consonant (see p. xv) add -*e*, sometimes with change or dropping of the vowel in the last syllable or "softening" of the final consonant; thus: *Václav—Václave, Vilém—Viléme, pan—pane, Jan—Jene, Karel—Karle, Petr—Petře, bratr—bratře.* When the nominative singular ends in a velar consonant sound, such as [k] or [x], the vocative singular ending is -*u*: *řezník—řezníku, tatínek—tatínku, hoch—hochu, soudruh* (comrade)—*soudruhu.* Note also *syn—synu.*

Neuter singular nouns are the same in the vocative as in the nominative. So are all nouns in the plural, as well as all adjectives. (Certain other points about the vocative will be dealt with later.)

2.  *Ne**mluv** tak hlasitě, **mluv** potichu!* Don't speak so loudly, speak softly! (*hlas*—voice; *ticho*—silence).
    *Slečno,*[2] **doneste** *sem ten dopis, prosím!* Miss, bring that letter here, please.

---

[1] Expletive *to*, adding nothing fundamental to the meaning of the sentence, but sometimes lending a note of surprise.

[2] *Slečno* is the usual way of addressing a girl or unmarried woman. "Miss" is hardly an adequate translation; there is really no English equivalent. *Soudružko* (*soudružka*, f., comrade) is in common use at places of work, but to address married women as well.

56

**Seďte** *rovně!* Sit up straight!

**Slyšme,** *jak ty dívky krásně zpívají!* Let us listen how beautifully the girls sing.

Imperatives can be made by dropping the termination of the 3rd person plural of the present tense and adding (a) nothing for the familiar form, (b) *-te* for the polite form, or (c) *-me* for the 1st person plural form, e.g.

| 3rd. pers. plur. | (a) | (b) | (c) |
|---|---|---|---|
| *mluví* | *mluv* | *mluvte* | *mluvme* |
| *slyší* | *slyš* | *slyšte* | *slyšme* |
| *sedí* | *seď* | *seďte* | *seďme* |
| *nesou* | *nes* | *neste* | *nesme* |
| *berou* | *ber* | *berte* | *berme* |
| *píšou*[1] | *piš* | *pište* | *pišme* |
| *pečou* | *peč* | *pečte* | *pečme* |

3. *Pavle,* **zavolej** *svou sestru; budeme obědvat!* (*zavolati*— to call; *obědvati*—to have lunch).

**Myjte se** *ráno a večer!*

**Poslouchejme** *radio!* Let's hear the radio.

When the 3rd person plural ending is *-jí*, *-i* is dropped as in the previous paragraph:

| | | | |
|---|---|---|---|
| *rozumějí* | *rozuměj* | *rozumějte* | *rozumějme* |
| *myjí se* | *myj se* | *myjte se* | *myjme se* |
| *pijí* | *pij* | *pijte* | *pijme* |

If *a* precedes the ending, it is changed to *e*:

| | | | |
|---|---|---|---|
| *zavolají* | *zavolej* | *zavolejte* | *zavolejme* |
| *poslouchají* | *poslouchej* | *poslouchejte* | *poslouchejme* |
| *dělají* | *dělej* | *dělejte* | *dělejme* |

Note *hraj—hrajte—hrajme* as well as *hrej—hrejte—hrejme*.

4. **Nečti** *dlouho, Jano!* **Zhasni** *světlo a* **spi***!* Don't read long, Jana. Switch off the light and go to sleep (*čísti; zhasnouti; spáti*).

**Zavřete** *okno!* **Otevřete** *okno!*

[1] Or: *píší.*

Verbs with stems ending in more than one consonant have the imperative endings -*i*, -*ěte*, -*ěme* (sometimes -*ete*, -*eme* after *l*, *ž* or *ř*):

| 3rd. pers. plur. | (a) | (b) | (c) |
|---|---|---|---|
| spí | spi | spěte | spěme |
| kreslí | kresli | kreslete | kresleme |
| čtou | čti | čtěte | čtěme |
| jdou | jdi | jděte | jděme |
| zhasnou | zhasni | zhasněte | zhasněme |
| zavřou | zavři | zavřete | zavřeme |
| otevřou | otevři | otevřete | otevřeme |

5.  **Pomozte** *trhat ovoce!* (*pomoci*—to help, pf.)
    **Zaveď** *Vlastu domů!* Take Vlasta home (*zavésti*, pf.).
    **Pleť** *opatrně!*

With some verbs the last consonant sound of (a) is changed:

| pletou | pleť | pleťte | pleťme |
|---|---|---|---|
| vedou | veď | veďte | veďme |
| pomohou | pomoz | pomozte | pomozme |
| vezou | vez | vezte | vezme |

The consonant sound finally and preceding the ending is usually voiceless: *pomoz* ['pomos], *pomozte* ['pomoste], *pomozme* ['pomosme], *vez* [ves], *vezte* ['veste], *vezme* ['vesme] (comp. *vezme* [vezme] 3rd pers. sg. pres. of *vzíti*).

6.           *Buďme veselí!* Let's be cheerful.

The imperative forms of *býti* are made from the **future** tense:

| 3rd. pers. plur. | (a) | (b) | (c) |
|---|---|---|---|
| budou | buď | buďte | buďme |

7. A number of verbs already introduced form their imperatives irregularly, e.g.

|  | 3rd. pers. |  |  |  |
|---|---|---|---|---|
| Infin. | plur. | (a) | (b) | (c) |
| *státi* | *stojí* | *stůj* | *stůjte* | *stůjme* |
| *jísti* | *jedí* | *jez* | *jezte* | *jezme* |
| *viděti* | *vidí* | *viz* | *vizte* | *vizme* |
| *věděti* | *vědí* | *věz* | *vězte* | *vězme* |
| *koupiti* | *koupí* | *kup* | *kupte* | *kupme* |

8. *Exercises.* A. Give the vocative form. 1. Božena. 2. pan doktor. 3. Jaroslav. 4. pan president. 5. František. 6. Václav. 7. Ivan. 8. Eva. 9. pan profesor. 10. slečna. 11. dcera. 12. milá maminka. 13. vážený (lit. respected) pán. 14. milý tatínek. 15. malé koťátko. 16. malý Pavel. 17. dívky. 18. žáci. 19. synové. 20. studenti. 21. milá sestra. 22. pan Čapek. 23. soudruh (comrade).

B. Fill in the gaps. 1. Karl–, kde jsi? 2. Co to máš, Alen–? 3. Pet–, mluv pomalu! 4. Dobrý den, pan– doktor–, kam jdete? 5. Dobré odpoledne, slečn– Veselá! 6. Pište opatrně, Oldřich–! 7. Poslouchej dobře, Jaromír–! 8. Karle, zavol– svého bratra! 9. Han– a Růžen–, nespěte dlouho! 10. Milý strýčk–, poseď– ještě chvilku! (poseděti—to remain sitting; chvilka—a while; strýček—uncle.) 11. Vojác–, buďte odvážn–! (odvážný—courageous.) 12. Synu, prod– ten starý obraz!

C. Put into Czech. 1. Read it carefully, William. 2. Go, Miss Novák. 3. Where do you live, doctor? 4. Write down your address, please. 5. Look for my book, Peter. 6. Don't eat dirty food. 7. Wait here. 8. Bake a nice cake. 9. Wash the little girl. 10. Work all day, then rest. 11. Don't write such long letters. 12. Where are you going, mother? 13. Pour out the beer, Jaroslav. 14. Let's draw a beautiful picture. 15. Let's help to bake the buchty. 16. Let's buy some tea and coffee. 17. Shut the window, George (Jiří).

# LESSON XIX

Imperatives (Perfective and Imperfective
Verbs). Formation of Adverbs. *Jíti, jeti.*

1. The perfective verb is generally used when it is a matter
of a single act performed once, as in *Zavřete dveře*, and the
imperfective when it is a matter of repeated or continuous
action, as in *Zavírejte dveře*. But this is a somewhat rough-
and-ready distinction, and a grasp of correct usage is only
acquired from the study of numerous instances in context.
Some similar examples, involving the imperative:

| (a) Perfective | (b) Imperfective |
|---|---|
| **Zaveď** *Vlastu domů!* Take V. home. | **Veď** *klidný život!* Lead a peaceful life! |
| **Upleť** *ten svetr! (uplésti)* | **Pleť** *opatrně!* |
| **Zavolej** *svou sestru!* Call your sister. | **Volej** *každý den!* Ring up every day! |
| **Doneste** *sem ten dopis!* Bring the letter here. | **Neste** *to radio opatrně!* Carry the radio carefully. |
| **Přečti** *to!* Read it through! | **Čti** *jenom dobré knihy!* |
| **Napište** *svoji adresu!* Write down your address. | **Pište** *každý týden!* Write every week. |
| **Kupme** *čaj!* Let's buy tea (now)! | **Kupujme** *jen dobrý čaj!* |
| **Řekni to** *jinak!* Say it in a different way! | **Říkej** *to často!* Say it often. |

2. When the command is negative, it is generally the im-
perfective aspect which is used.

**Nemluv** *tak hlasitě!* **Nečti** *dlouho!* **Nevstávejte** *pozdě!*
**Nejez** *špinavé jídlo! (jísti).* **Jdi** *dále!* BUT: **Nechoď** *dále!*
*(choditi).*

**Kupme** *čaj!* (*koupiti*, pf.) BUT: **Nekupujme** *čaj!* (*kupovati*, impf.).

**Řekněte** *tu větu ještě jednou!* Repeat the sentence once more! BUT: **Neříkejte** *taková slova!*

**Zavolej** *svou sestru!* BUT: **Nevolej** *svou sestru!*

3.          *Dívky* **krásně** *zpívají.*
            *On mluví* **dobře česky.**
            *Nečti* **dlouho!** *Nejez* **rychle!**

A large number of adverbs (some already introduced) can be formed by adding *-e* or *-ě* to the adjectival stem, e.g. *krásně* (adj. *krásn-ý*), *pilně* (*piln-ý*), *hlasitě* (*hlasit-ý*), *vesele* merrily (*vesel-ý* merry), *dobře* (*dobr-ý*), *velice* greatly, very (*velik-ý*), *tiše* quietly (*tich-ý* quiet), *soukromě* privately (*soukrom-ý* private). After *l* the ending is *-e*. The consonant before the ending is often changed (e.g. *r* to *ř*, *k* to *c*, *h* to *z*, *n* to *ň*, *t* to *ť*, *ch* to *š*).

Other adverbs have the ending *-o*, e.g. *dlouho*[1] (adj. *dlouhý*), *teplo* (*tepl-ý* warm), *daleko* (*dalek-ý* distant), *často* (*čast-ý* frequent), *hluboko*[2] (*hluboký* deep).

Adjectives ending in *-ský* and *-cký* shorten the *-ý* to *y*: *česky* (*český*), *anglicky* (*anglický*). Note also *hezky* (*hezký* nice).

4.          (A) *Kam* **jde** *Karel?* (*jíti*)
            (B) *Kam* **jede** *Karel?* (*jeti*)

(A) means where is he going **on foot**, (B) where is he **driving** or **riding** (e.g. on a bus).

(A) *Jíti:*  Pres. *jdu*, etc.
            Past. *šel jsem*, etc. Fut. *půjdu*, etc.
            Imper. *jdi*, etc.

[1] *Dlouho*—for a long time. Note also *dlouze*—in a lengthy way. *Vysvětloval to dlouze a široce*—He explained it at great length.
[2] Note also *hluboce*, referring to emotions and thoughts: *Hluboce se zamyslil*—He was lost in thought.

(B) *Jeti:* Pres. *jedu*, etc.
         Past. *jel jsem*, etc. Fut. *pojedu*, etc.
         Imper. *jeď*, etc.

6. *Exercises.*   A. Make adverbs from the following adjectives. 1. pohodlný. 2. špatný. 3. chudý. 4. hladový. 5. krásný. 6. ruský. 7. drahý. 8. statečný. 9. hluboký (deep). 10. chytrý. 11. tichý. 12. výborný (excellent). 13. dlouhý. 14. světlý (bright). 15. hezký. 16. opatrný.

B. Put into Czech. 1. Do you speak Russian, Miss Pokorný? 2. Where is Mrs Syrový going, Frank? 3. Ring up your mother at once (ihned). 4. Don't ring her up. 5. Cross the road now, Paul. (ta ulice—road; accus. tu ulici). 6. Always cross the road carefully. (impf. přecházeti.) 7. Don't cross the road now. 8. Speak quietly while father is listening to the radio. 9. I can't hear the wireless; speak quietly. 10. Peter, help to pick the pears. 11. Always listen to what the teacher says. 12. Tell the truth. 13. Say what you like. 14. Where is the president going? 15. Let's shut the door. 16. Whose is the garden, Mr Kubíček? 17. Don't pour out the wine, John. 18. Don't pick the apple, Eve. 19. It's very warm. 20. They waited a long time. 21. I saw her yesterday morning. 22. They had lunch privately. 23. Read this carefully, boys. 24. Mr Kvapil, please call your brother at once. 25. You're right, they all speak French.

## LESSON XX

Dative Singular of Masculine, Neuter, and
Feminine Nouns, Adjectives, and Pronouns.

1. *Co dělá František?*
   *Píše dopis sv**ému** bratr**ovi*** (to his brother).
   *Co to nesete?*
   *Neseme jablka sv**ému** nov**ému** soused**ovi*** (to our new
   neighbour).

The dative singular ending for the types of masculine
and neuter noun we have introduced is *-u*, although the
**animate** masculines prefer on the whole *-ovi*. Thus:
*bratr—bratrovi (bratru), soused—sousedovi (sousedu), pán—
pánovi (pánu), syn—synovi (synu), švagr—švagrovi (švagru),
autor—autorovi (autoru), strýček—strýčkovi,* etc.; *park—
parku, kabát—kabátu, oběd—obědu, nos—nosu,* etc.; *divadlo*
theatre—*divadlu, okno—oknu, ucho—uchu, město* town—
*městu,* etc.

The adjectival ending with these masculine and neuter
singulars is *-ému.* Thus: *dobrý pán—dobrému pánovi (pánu),
veselý žák—veselému žákovi (žáku),* etc.

*Mému, tvému, svému. Jej**ímu.** Na**šemu,** va**šemu**—*notice
the short vowel.

The demonstrative adjective is **tomu**—*Dal jsem tužku*
**tomu** žák**ovi.**

2. A: *Dej **mi** to péro, prosím!*
   B: *Ne, nedám to péro **tobě,** dám je **jemu.*** No, I shan't
   give the pen to you, I'll give it to him.
   A: *Proč je nechceš dát **mně?*** Why don't you want to
   give it to me? (*chtíti; chci, chceš,* etc.)
   B: *Protože **ti** nepatří.* Because it doesn't belong to you
   (*patřiti*).

63

The unstressed personal pronouns in the dative singular
are *mi* to me, *ti* to you, *si* reflexive, and *mu* to him (it).
The stressed (emphatic) forms are *mně*,[1] *tobě*, *sobě*, and
*jemu* (*němu* after prepositions). *Ji* (*ní* after prepositions) is
used in both unstressed and stressed positions.

> A: *Půjdete k* **mému** *bratrovi?* Will you be going to my
>    brother's?
> B: *Ano, půjdeme* **k němu** *dnes večer a doneseme* **mu**
>    *knihy.*

3.                    *Dal pan***u** *Novák***ovi** *ten dopis.*
Where two or more masculine animate nouns in the dative
occur together, one only has the *-ovi* ending.

4.              *Píšu krátký dopis sv***é** *matc***e** (*krátký*—short).
                *Ten učitel bydlí naproti t***é** *nov***é** *škol***e**.
                *Ta tužka patří Milad***ě**.

The dative singular ending for the *-a* class of feminine
nouns (*teta*, etc.) is *-e* or *-ě*. Thus: *teta—tetě, hlava—hlavě,
žena—ženě, škola—škole, sestra—sestře, kniha—knize, matka
—matce*. (Stem-final *k* changes to *c*, *r* to *ř*, *h* or *g* to *z*, and
*ch* to *š*, before *-e*. *L*, *s* and *z* are also followed by *-e*).

The adjectival ending is *-é*. Thus: *malá sestra—malé
sestře, velká škola—velké škole, stará babička—staré babičce,
dlouhá kniha—dlouhé knize.*

*Mé, tvé, své. Její. Naší, vaší. Ta kniha patří* (belongs to)
*vaší sestře.* The demonstrative adjective is *té*.

5.  *Jeli jsme* **ke** *švagrov***i**.
    *Ptáci letí* (are flying) **k** *les***u** (*les*—wood).
    **Naproti** *dom***u** *stojí velký strom.* Opposite the house
    stands (there is) a big tree.
    *Pan dr. Novotný bydlí* **naproti** *mn***ě**. Dr. N. lives
    opposite me.
    *Co měl ten profesor* **proti němu**?

[1] See p. 37, para 5.

The dative is used with three prepositions: *k* (*ke* before *k* and some consonant groups, sometimes *ku* before *p*) towards, in the direction of; *proti* against; and *naproti* opposite.

6. *Pomozte soused***ovi!**

*Líbila jsem se* **mu**. He liked me. (lit. I was pleasing to him. *líbiti se*.)

*Velice* **mi** *děkoval*. He thanked me very much.

*Odpovídejte pan***u** *profesor***ovi** *zřetelně!* (clearly.)

*Sloužil sedlák***ovi** *věrně*. He served the farmer faithfully.

*Rozumím paní Novotn***é** *velmi dobře*. I understand Mrs Novotný very well.

*Věříme svému president***u**. We trust our president.

A number of common Czech verbs are used with the dative where in English we should not use the word **to**. These include *pomoci, pomáhati, líbiti se, děkovati, odpovídati, sloužiti, rozuměti, věřiti, smáti se* to laugh, *podobati se* to resemble, *učiti se* to learn, *říci, říkati, škoditi* to harm, *raditi* to advise.

7. *Exercises.* A. Give the dative singular of: 1. jeho starý klobouk. 2. to dlouhé slovo. 3. její mladá sestra. 4. to velké letadlo. 5. ta pohodlná pohovka. 6. ten špinavý ubrus. 7. můj šedivý kabát. 8. jeho anglické jméno. 9. slečna Nováková. 10. náš malý Jan. 11. paní Šťastná. 12. pan doktor Čapek. 13. tvá krásná zahrada. 14. vaše stará škola. 15. jejich nový dům.

B. Use the correct form, past and present, of the verb given in brackets: 1. Slečna Kubíčková (děkovati) své babičce. 2. Děvčátko (smáti se) svému bratrovi. 3. Ti žáci (rozuměti) dobře svému profesorovi. 4. Stanislav někdy (pomáhati) svému strýčkovi. 5. Matka (raditi) svému děvčátku. 6. Jana (podobati se) své mamince, ale ne svému tatínkovi. 7. Ta dívka (líbiti se) panu Noskovi. 8. Marie (odpovídati) tetě potichu. 9. Vojáci (sloužiti) svému státu. 10. Pan Svoboda (věřiti) své ženě. 11. My (rozuměti) každému slovu. 12. Můj

syn (učiti se) zajímavému jazyku. 13. Ráda (pomáhati) své
matce vařit (1st person).

C. Fill in the gaps. 1. Paní Novotná často píše sv- -
švagr-. 2. Nesli jsme hrušky naš- babič-. 3. Tento nábytek
patří m- - bratr-. 4. Pes slouží sv- pán- -. 5. Neradila jsem
Jarmil- dobře. 6. Dej ten klobouk ke kabát-. (Put the hat
with the coat.) 7. Zavolej svou sestru k oběd-! 8. Blížili
jsme se k- Praze. (blížiti se—to approach. Praze, dat. of
Praha—Prague). 9. Nechoď k tomu okn-! 10. Rozumíte
té česk- kni- -? 11. Nedávej to k uch-! 12. Smáli se jeho
dlouh- nos-.

D. Put into Czech. 1. Does this book belong to your
brother? 2. Go towards the theatre. 3. Who lives opposite the
old school? 4. Don't give the matches to him, give them to
me. 5. Have you anything against her? 6. She gave Mr
Novák her address. 7. I like that cheerful pupil. 8. I can't
trust her. 9. They didn't understand him. 10. Anna is very
like her little brother. 11. I'm going to the butcher's to buy
some meat. 12. He doesn't like red (say: red colour). 13. Help
your little sister, William. 14. Dr. Černý showed me his
beautiful garden. 15. Why are you laughing at him? 16.
Advise me what I have to do. 17. I told it to František, but
he misunderstood me (say: badly understood me).

# LESSON XXI

Dative Plural. Reflexive Verbs. Word-Order.

〈. —*Patří* **vám** *ten dům?*
—*Ne, patří* **mým** *mladým synům.*
—*Patří tedy* **jim,** *a ne* **vám** *(tedy*—so).

—*Kdo nerozumí* **těm** *snadným úlohám?* (*úloha*—
   exercise).
—*My* **jim** *nerozumíme.*

*Musíme pomáhat sv***ým** *sousedům.*
*Půjdete* **k nim** *na návštěvu?* (*návštěva*—visit)

The dative plural ending for the classes of masculine and
neuter nouns which we have introduced is *-ům* (sg. *-u, -ovi*).
Thus: *bratr—bratrům, soused—sousedům, pán—pánům,
syn—synům, švagr—švagrům, kabát—kabátům, město—
městům, auto—autům,* etc.

The dative plural ending for the feminine nouns intro-
duced is *-ám* (sg. *-e, -ě*). Thus: *teta—tetám, žena—ženám,
matka—matkám, sestra—sestrám, úloha—úlohám, kniha—
knihám,* etc.

The adjectival ending with masculines, neuters, and
feminines alike is *.-ým.* Thus: *dobrý pán—dobrým pánům,
mladý syn—mladým synům, veselý žák—veselým žákům,
dlouhé slovo—dlouhým slovům, pohodlné křeslo—pohodlným
křeslům, malá sestra—malým sestrám, velká škola—velkým
školám, snadná úloha—snadným úlohám,* etc.

*M***ým,** *tv***ým,** *sv***ým.** *Jej***ím** (sg. *jejímu*). *Na***šim,** *va***šim**—
notice the short vowel again.

Dative plural of the personal pronouns: *nám, vám, jim*
(after prepositions, *nim*).

The demonstrative adjective is *těm*—*Dal jsem tužky
těm žákům. Ty klobouky sluší* (suit) *těm dívkám.*

67

2. There are a number of useful phrases in which the dative case is used, e.g. *Je* **mi** *zima.* I am cold. *Je* **mi** *teplo.* I am warm. *Je* **mi** *líto.* I am sorry.

Similarly: *Je* **mu** *zima, Je* **jí** *líto, Je* **vám** *teplo? Bratrovi je zima, Pan*u *Novák*ovi *je líto,* etc.

*Zdá se* **mi** . . . It seems to me . . .

3. —*Nazdar, Karle! Jak* **se máš?** **Neviděli jsme se** *už dlouho.*

—**Daří se** *mi dobře, ale* **těším se** *na prázdniny* (holidays).

—*A tvůj bratr, jak* **se jmenuje?** *Nemohu* **si vzpomenout. Líbí se** *mu universita?*

—*O, ano, Jan je dobrý student.* **Učí se** *velmi rychle.*

—*Dobře. A kdy* **se bude ženit?**

—*Ještě ne. On a jeho dívka* **se nevidí** *často, ale* **píší si** *pravidelně.* **Znají se** *už hodně dlouho.*

—*Jak* **se jmenuje** *ta dívka?*

—*Milada Horníčková. Je velmi příjemná a hezky* **se obléká.**

Reflexive verbs, several of which have already been used in passing, are of great importance in Czech. Some are made with the accusative form of the reflexive pronoun, *se*, like *míti se* (*Jak se máš? Jak se máte?* How are you?), *líbiti se* to please (*Líbí se mu?* Does it please him? Does he like it?), *učiti se* to learn (i.e. teach oneself, *učiti* to teach), *smáti se* (+Dat.) to laugh at, *podobati se* (+ Dat.) to resemble, *jmenovati se* to be named (*Jak se jmenuje?*) What's his name?, *těšiti se* (*na* + Acc.) to look forward to, *diviti se* (+ Dat.) to wonder, to be surprised, *starati se* (*o* + Acc.) to look after, *viděti se* to see one another, *dařiti se* to succeed, prosper (*Daří se mi dobře* I'm getting on all right), *ženiti se* to marry (take a wife), *vdávati se* to marry (take a husband), *znáti se* to know one another, *mýti se* to wash oneself (*mýti* to wash), *oblékati se* to dress oneself, etc. Others are made with the dative form of the reflexive pronoun, *si*, like *vzpomenouti si* (*na* + Acc.) to remember (pf.), *psáti si* to write to one another, *koupiti si* to buy for oneself, *sednouti si* to sit down (pf.).

Some reflexive verbs have reciprocal meaning, e.g. *znáti se* to know one another, *psáti si* to write to one another, *viděti se*, to see one another, and *bíti se* to fight (i.e. beat one another).

Reflexive verbs can also be used where English would employ the passive, as in *Jak se vyslovuje to slovo?* How is this word pronounced? (*vyslovovati*), *Její jméno se píše takto* Her name is written like this (*psáti* **se**), *Tady se mluví anglicky* English is spoken here, *To se rozumí* That is understood (goes without saying), *To se nedělá* That isn't done, etc.

Some are reflexives proper, e.g. *mýti se*, *oblékati se*. Note also *mýti* **si** *nohy* to wash one's feet, *oblékati* **si** *kabát* to put on one's coat, *koupiti* **si** *ovoce* to buy oneself fruit, etc.

A corresponding non-reflexive does not always exist, as with *líbiti se*, *smáti se*, *podobati se*, *diviti se*, *starati se*, *dařiti se*, *vzpomenouti si*, *sednouti si*, and *báti se* to be afraid.

4. *Word-order.* See Lesson VI, 1–2, and p. xxi, para 28.

Sentences must not begin with one unstressed monosyllable: *'Mluvil jsem*, or *já jsem 'mluvil*; *'neslyšeli jsme* or *my jsme 'neslyšeli*; *'hledáš mě?* or *ty mě 'hledáš?*

*Jsem, jsi*, etc., being unstressed, generally follow the first stressed word in the sentence, but the requirements of special emphasis may lead to a changed word-order. Compare *Navštívil* **jste** *také Slovensko?* and *Slovensko* **jste** *také navštívil?*, *Pověsila* **jsi** *už záclony?* and *Záclony* **jsi** *už pověsila?*

When several monosyllables are used at the beginning of a sentence, *jsem*, etc. occurs after the first, as in *Proč* **jsi** *nám nic neřekl* Why didn't you say anything to us? *Jak* **jste** *ho poznal?* How did you recognize him?

The personal pronoun precedes the pronoun standing for an inanimate object: *Kdy jste* **mu to** *dal?* When did you give it to him? *Proč* **vám ji** *neposlal?* Why didn't he send it to you?

Czech word-order is more flexible than English, but in short sentences those words which need to be emphasized most usually come at the beginning or end of a sentence.

5. *Exercises.* A. Use *se* or *si* in the following sentences. 1. Těšíte – – na prázdniny? 2. Pan Horníček – – koupil nové auto. 3. Pan Novák – – bude ženit příští týden. 4. Divím – – že – – náš soused ještě nekoupil auto. 5. Milada – – směje své sestře. 6. Nepsali jsme – – už dva roky. 7. Nemůžete – – vzpomenout, jak – – jmenuje ten doktor? 8. Jak – – daří vaší matce? 9. Sedněte – –, pane doktore! 10. Hoši – – často bijí. 11. Těším – –, že – – brzy uvidíme. 12. Nevěděl jsem že – – zde mluví česky.

B. Use the past tense in place of the infinitive in the following sentences. 1. Jan a Jana (hráti si) spolu celé odpoledne. 2. Jak (jmenovati se) to děvčátko? 3. Proč (ženiti se) pan Malý tak brzo? 4. Vladimír a Eva (znáti se) jen krátkou dobu (doba—time). 5. Tvoje sestra – – velice (líbiti se) mé matce. 6. Tomáš byl snaživý student, (učiti se) celý den. 7. Když jsem vstal, (umýti se) a (oblékati se) 8. (Starati se) jsme o svou starou babičku. 9. Jan a Mari (psáti si) dva roky. 10. (Dařiti se) mu dobře. 11. (Já) (těšit se), že se brzy vrátí domů. 12. Bratr (ženiti se) včera a sestra (vdávati se) minulý týden.

C. Fill in the gaps, using dative plural forms. 1. Píš dopisy sv– – bratr– –. 2. Neseme jablka naš– – nov– soused– –. 3. Dal krásnou knihu t– – dívk– –. 4. Ty tužk patří naš– – syn– –. 5. Ptáci letí k les– –. 6. Naproti dom stojí velké stromy. 7. Pan dr. Novotný bydlí naproti n– – 8. Co měl ten profesor proti t– – žák– –? 9. Pomáhejte sv– soused– –! 10. Ráda jsem pomáhala sv– – sestr– – vaři 11. Slečna Nosková děkuje sv– – tet– –. 12. Paní Novotn často píše sv– – strýčk– –. 13. Došli jsme až (as far as) k tě velk– – strom– –. 14. Dej ty klobouky ke kabát– –! 1 Obdivovali jsme se těm velk– – letadl– –. (obdivovati se to admire) 16. Divili se těm krásn– – zahrad– –. 17. C říkáte těm pohodln– – křesl– –?

D. Put into Czech. 1. Are you cold? 2. It seems to me that the garden is too small. 3. Does this handkerchief belong to you? 4. Don't you understand these books? 5. Is French spoken there? 6. We wash and dress ourselves every morning. 7. I shall buy myself a new bicyole. 8. How is this sentence read? 9. What's your name? 10. Tell the students that they are going to sit for the examination next week. 11. The pupils answer their teachers. 12. Don't laugh at these long words. 13. This coat suits you. 14. Don't tell those girls what I said. 15. I am sorry that I do not know your name.

# LESSON XXII

Genitive Singular. Prepositions with the Genitive.

1. —*Je to klobouk vašeho bratra?* Is this your brother's hat?
—*Ano, to je klobouk mého bratra.*

—*Jste sestra malého Jana?*
—*Ano, já jsem jeho sestra.*

—*Slyšite hlas našeho souseda?* Do you hear our neighbour's voice?

—*To neni jeho hlas, to je hlas pana Dvořáka.*

—*Jak se jmenuje president čskoslovenského státu?*
—*Myslím, že Novotný.*

*Řekněte mi cenu* (the price) *masa (másla, chleba, kakaa, sýra, salámu, papíru).*

*Ptal jsem se na cenu toho starého radia.* I asked about the price of this old radio.

*Znáte autora tohoto důležitého dopisu?*

*Jaká je barva jejího klobouku?*

The genitive singular ending for the neuter and animate masculine nouns we have met with is *-a.* Thus: *maso—masa, letadlo—letadla, světlo—svělta, divadlo—divadla; bratr—bratra, Jan—Jana, pan—pana, sýr—sýra.*

Very many inanimate masculines end in *-u.* Thus: *klobouk—klobouku, dopis—dopisu, stát—státu, papír—papíru, dům—domu* (note vowel change), *stůl* table—*stolu, nos—nosu, ubrus—ubrusu.*

A few of the inanimate masculine nouns introduced have the genitive ending *-a,* however. Thus: *chléb—chleba, sýr—sýra, večer—večera, jazyk—jazyka, les—lesa, život—života.*

The adjectival ending in the genitive with all these nouns is *-ého.* Thus: *dobré maso—dobrého masa, velké divadlo—*

72

*velkého divadla, malý Jan—malého Jana, brazilský stát—*
*brazilského státu, vysoký dům—vysokého domu, důležitý*
*dopis—důležitého dopisu.*

*M**ého,** tv**ého,** sv**ého.** Jeho, jej**ího.** Našeho, vašeho*—notice
the short vowel. *Jejich.*

The demonstrative adjective is *toho—adresa toho žáka,*
*cena toho radia.*

2. —*Znáš autora t**é** zajímav**é** knih**y**?*
   —*Ano, je to bratr naš**í** učitelk**y*** (*učitelka*—woman
      teacher.)
   —*Je to kolo vaš**í** sestr**y**?*
   —*Ne, to kolo je m**é** dcer**y**.*
   *Nemám adresu vaš**í** tety.*
   —*Slyšte hlas naš**í** sousedk**y**?* (*sousedka*—woman neigh-
      bour.)
   —*To není jej**í** hlas, to je hlas paní Dvořákov**é**.*
   *Mám rád šálek čern**é** kávy.*

The genitive singular ending for the feminine nouns
introduced is *-y.* Thus: *teta—tety, kniha—knihy, slečna—*
*slečny, voda—vody.*

The adjectival ending with these nouns is *-é*: *zajímavá*
*kniha—zajímavé knihy, černá káva—černé kávy, těžká*
*zkouška—těžké zkoušky, velká rýma—velké rýmy.*

*Mé, tvé, své. Jeho, její. Naší, vaší. Jejich.*

The demonstrative adjective is *té—autor té knihy, barva*
*té tužky.*

3. Certain prepositions are governed by the genitive, e.g.

   OD:   *Dnes ráno jsem dostal dopis* **od svého bratra**
            (from my brother).
         *Vítr fouká* **od západu.** The wind is blowing
            from the west (*foukati; západ*).

   DO:   *Dnes večer jdeme* **do divadla** (to the theatre).
         *Čekal na Annu* **do jedné hodiny.** He waited
            for Anna until one o'clock (*hodina*—hour).

D

OD . . .DO: *Pracovali jsme* **od rána do večera**.

VEDLE:    **Vedle našeho domu** *je kino*. Next to our house there is a cinema.

*Matka seděla* **vedle své dcery**.

U:        *Bydlíme* **u školy**. We live near the school.

*Byli jsme* **u pana Nováka**. We have been at Mr. Novák's.

Z, ZE:    *Vycházíme* **z domu pana Nováka** (*vycházeti—* to come out).

*Přines hrušky* **ze zahrady**! Take in the pears from the garden.

*Jeli jsme* **z Brna do Prahy**.

4.  *Jděte* **k divadlu**! (*ke kinu*), atd.
    *Jděte* **do divadla**! (*do kina*), atd.

    *Ptáci letí* **k lesu**.
    *Ptáci letí* **do lesa**.

    *Blížili jsme se* **ku Praze**.
    *Jedeme* **do Prahy**.

    *K* (*ke, ku*) are used in the sense of "towards", while *do* has the sense of "into".

    *Nedávej to* **k uchu**! Don't put that near (against) your ear.

    *Nedávej to* **do ucha**! Don't put that in your ear.

    *Do* is not used with persons:

    *Jdu* **k řezníkovi**. I am going to the butcher's.
    *Jdu* **do toho obchodu** (*obchod*—shop).

5.  *Ptáci letí* **k lesu** (towards—Dat.).
    *Ptáci letí* **od lesa** (away from—Gen.).

    *Jde* **do kina** (into—Gen.).
    *Jde* **z kina** (out of—Gen.).

    *Jde* **od kina**. He is coming away from (Gen.) the cinema (i.e. the speaker has not necessarily been there).

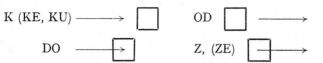

K (KE, KU) ——→ ☐    OD ☐ ——→

DO ——→ ☐    Z, (ZE) ☐ ——→

6. *Exercises.* A. Give the genitive singular of: 1. černé pivo.
2. můj nos. 3. dobrý salám. 4. moudrá sova. 5. to hravé
koťátko. 6. ten čistý ubrus. 7. který pán. 8. taková bábovka.
9. má nová adresa. 10. naše krásné město. 11. její bílý pes.
12. jejich oblíbený syn. 13. ta dlouhá tužka.

B. Fill in the gaps, using genitive singular forms.
1. President Československ–. 2. Sklenice (a glass) vín–.
3. Kousek (a piece) papír–. 4. Dům m– – švagr–. 5. Bratr
mal– Ev–. 6. Hlas m– matk–. 7. Autor t– zajímav– knih–.
8. Barva tv– nov– kabát–. 9. Cena jin– radi–. 10. Adresa jeho
strýčk–. 11. Šálek bíl– káv–. 12. Dopis od její učitelk–.
13. Vedle t– – strom–. 14. Jeli jsme z Prah–. 15. Žáci šli
ke škol–. 16. Žáci chodili do škol–. 17. Vojáci vyšli z měst–.
18. Pracoval jsem do jedn– hodin–. 19. Vedle vaš– škol–
stojí strom. 20. Seděla vedle paní Novotn–.

C. Fill in the correct prepositions. 1. Donesla jsem prádlo
– – prádelny (prádelna—laundry). 2. Blížili jsme se – –
Brnu. 3. Eva a Julie šly – – zahrady. 4. Karel dostal dopis
– – své ženy. 5. Prala – – jedné hodiny – – večera. 6. – –
divadla stojí velká kavárna (café, coffee-house). 7. Jak
dlouho jste zůstali – – pana Novotného? 8. Dívka pozvedla
kapesník – nosu (pozvednouti—to raise). 9. Nevstávejte
– – stolu! (vstávati—to stand up, leave, get away from).
10. Beru papír – – zásuvky (zásuvka—drawer.). 11. Potkal
jsem Janu – pošty (pošta—post office). 12. Odpoledne
půjdu – – parku.

D. Put into Czech. 1. This is your mother's coat. 2. What
is the price of this green sweater? 3. Have you had a letter
from your aunt? 4. What's the colour of your new coat?
5. She likes a cup of hot cocoa. 6. Here is our daughter's
address. 7. A thief entered my house. 8. We live near the
town. 9. They live far from the town. 10. I had a headache

from morning to evening. 11. The name of this beautiful city
is Paris (Paříž). 12. What is Mr. Paleček's house like? 13. The
capital of Slovakia is Bratislava (hlavní město). 14. Give me
a cup of white coffee, please! 15. She was at her sister's the
whole afternoon. 16. He got up out of the armchair and went
to the table. 17. Let's go (Pojďme) to the theatre tonight!
18. We stopped (zastaviti se—to stop) by (near) our uncle's
house. 19. What is lying next to that book? 20. Pass me
(podati—to pass, hand) that small piece of paper, please!

# LESSON XXIII

Genitive Plural. Verbs with the Genitive.
Genitive of Personal Pronouns. Numerals, 5-20.

1. —*Dobrý den! Dejte mi, prosím, deset* **těch krásných květin.** *Kolik stojí?*
—*Čtyři koruny.*
—*A dvě kila* **těch velkých jablek,** *prosím. Kolik stojí kilo jablek?*
—*Dvě koruny.*

—*Kde jsi byla tak dlouho?*
—*Byla jsem celé odpoledne u* **svých sester.**

—*Karel čekal na Annu do* **čtyř hodin.** (Note gen. form of *čtyři*).
—*Kde na ni čekal?*
—*U* **jejich** (her) **sester.**

There is no genitive plural ending for **feminine** nouns in -*a* and **neuter** nouns in -*o*: *květina—květin, žena—žen, zahrada—zahrad, teta—tet; auto—aut, město—měst.*

Note that if the stem would otherwise end with two consonant sounds, -*e*- is inserted in many nouns: *jablko— jablek, hruška—hrušek, sestra—sester, tužka—tužek.*

Some feminines in -*a* have a shortened stem-vowel in the genitive plural: *dáma—dam, houba—hub, skála—skal, kráva—krav, brána* gate—*bran,* etc.

The adjectival ending is -*ých*: *krásná květina—krásných květin, zajímavá kniha—zajímavých knih, nové péro— nových per, dlouhé slovo—dlouhých slov.*

*Mých, tvých, jejích, svých. Jeho. Našich, vašich* (note the short i). *Jejich.*

The demonstrative adjective is *těch.*

77

2.   —*Jak se jmenuje president* **Spojených států?** (*spojený*— united).

    —*Nevím, ale zeptám se* **našich profesorů.** I shall ask our teachers.

    —*To jsou kabáty* **vašich bratrů.**

    —*Kde jste je našli?* Where did you find them?

    —*Našli jsme je* **u našich stromů.**

    *Slyším hlasy* **tvých malých synů.**

The genitive plural ending for the masculine nouns we have met is *-ů*; *syn—synů, bratr—bratrů, stát—států, strom—stromů, strýček—strýčků, pes—psů* (note the dropping of *-e-* in the last two.).

The adjectival endings, and the possessive and demonstrative adjectives, are the same in the genitive plural as for feminine and neuter nouns.

3.   —*Nebojte se* **našeho psa!** Don't be afraid of our dog!

    —*Nebojím se* **ho,** *bojím se jenom* **vaší kočky.**

    —*Všiml jste si* **její krásné panenky?** Did you notice her beautiful doll?

    —*Ano, všiml jsem si* **jí.** Yes, I did notice it.

    —*Užíváte* **těch starých per?** Do you use these old pens?

    —*Ano, užívám* **jich.**

    *Neužívejte* **takových dlouhých slov!**

    —*Bojíš se* **mne?** Are you afraid of me?

    —*Nebojím se* **tě.**

    *Ptali jsme se* **své tety,** *kdy bude doma.*

Certain verbs go with the genitive, e.g. *báti se* (impf.) to be afraid (*bojím se,* atd.); *ptáti se* (impf.), *zeptati se* (pf.)—to ask, *všímati si* (impf.), *všimnouti si* (pf.)—to notice, *užívati* (impf.), *užíti* (pf.)—to use.

Genitive of the personal pronouns: *mne, tebe, sebe* (like the emphatic accusative forms); *nás, vás* (like the accusative forms): 3rd. pers. sing. *jeho* or (unemphatic) *ho, jí;* plur. *jich.*

4. *Dostal dopis od svého bratra (od **něho**).*
*Vedle našeho domu je kino (Vedle **něho** . . .).*
*Matka seděla vedle své dcery (vedle **ní**).*
*Byla jsem celé odpoledne u svých sester (u **nich**).*

The forms *něho*, *ní*, and *nich* (not *jeho, jí, jich*) are used after a preposition.

5. —*Kolik studentů je tady?*
—*Tady je jenom deset studentů, pane doktore.*

—*Kolik máš knih?*
—*Mám pět českých a šest ruských knih.*

Cardinal numbers, 5-20: *pět, šest, sedm, osm, devět, deset, jedenáct, dvanáct, třináct, čtrnáct, patnáct, šestnáct, sedmnáct, osmnáct, devatenáct, dvacet.*

After numerals (in the nominative and accusative) from *pět* upwards, the genitive plural is used: *kniha—pět knih, den—šest dnů,*[1] *slovo—sedm slov, hruška—osm hrušek dům—devět domů, děvčátko—deset děvčátek, atd.*

Indefinite numerals such as *kolik*—how many, how much, *tolik*—so many, so much, *pár*—a few,[2] *málo*—few (little), *dost*—enough, *několik*—a few (several), *mnoho*—many, much, and *víc (více)*—more, are in the same circumstances also followed by the genitive: *Znám mnoho jezer (jezero—* lake); *Nemám dost času (čas—*time); *Řezník má málo masa; Několik dívek je venku; Dej mi tolik jablek, kolik můžeš!* Give me as many apples as you can.

When such expressions are the subject of a verb this is neuter singular: *Mnoho domů **bylo** na prodej; Pět bábovek **je** velkých a dvě bábovky jsou malé; Několik dívek **je** venku; Deset korun **bylo** mých a čtyři koruny byly tvoje.*

Predicative adjectives after such expressions involving the genitive plural are also genitive plural: *Několik dívek je **tlustých**, několik je **tenkých**—*Some girls are fat, some thin; *Mnoho stromů je **starých**; Pět bábovek je **velkých**; Deset korun bylo **mých**.*

[1] Or: *dní*. [2] *Pár* in this meaning is colloquial.

6. *Exercises.* A. Give the genitive plural of: 1. to jablko. 2. ta pohovka. 3. ten Angličan. 4. ta černá tužka. 5. ten hladový lev. 6. to bílé koťátko. 7. chutná buchta. 8. krásná pohádka. 9. můj krásný obraz. 10. náš starý les. 11. jeho mladá dcera. 12. její nový klobouk. 13. to otevřené okno. 14. vaše velká skála (rock).

B. Use genitive plural forms. 1. Cena t– zelen– jabl–. 2. Barva t– nov– per. 3. Dopis od jeho syn–. 4. U dom– stojí velké stromy. 5. Dej to do vaš– zásuv–! 6. Potom šli do les–. 7. Co tam leží vedle tv– dopis–? 8. Zeptej se sv– sest–! 9. Děkuji vám, mám dost hruš–. 10. Řekni mi pár (slovo)! 11. Viděl jsem šest hezk– dív–. 12. Bojím se takov– velk– (pes). 13. Všiml jsem si jej– krásn– světl– vlas–. 14. Zeptáme se t– dobr– soused–. 15. Je víc student– snaživ– než lín–. (než—than; líný—lazy).

C. Put into Czech. 1. Few farmers are rich. 2. Don't be afraid of our soldiers. 3. Seven houses were sold yesterday. 4. They asked their teachers[1] what to do. 5. I noticed them at once. 6. Thomas was sitting next to her. 7. Where is the mother of these little girls? 8. Do you use these handkerchieves? 9. Our František is afraid of these big cows. 10. Have you got enough sweet apples at home?

[1] Teacher—*profesor.* (A *profesor,* fem. *profesorka,* is a secondary school teacher.)

## LESSON XXIV

### Reference Tables. Mainly Review and Conversations.

1. The following table shows the chief noun and adjective forms which have now been introduced. They are listed here for **occasional reference** only. It is no good trying to learn a language from paradigms.

| SINGULAR | Masculine Animate | Masculine Inanimate | Feminine | Neuter |
|---|---|---|---|---|
| Nominative | *ten dobrý student* | *ten dobrý kabát* | *ta dobrá škola* | *to dobré kino* |
| Accusative | *toho dobrého studenta* | *ten dobrý kabát* | *tu dobrou školu* | *to dobré kino* |
| Genitive | *toho dobrého studenta* | *toho dobrého kabátu* | *té dobré školy* | *toho dobrého kina* |
| Dative | *tomu dobrému studentovi(-u)* | *tomu dobrému kabátu* | *té dobré škole* | *tomu dobrému kinu* |
| **PLURAL** Nominative | *ti dobří studenti* | *ty dobré kabáty* | *ty dobré školy* | *ta dobrá kina* |
| Accusative | *ty dobré studenty* | *ty dobré kabáty* | *ty dobré školy* | *ta dobrá kina* |
| Genitive | *těch dobrých studentů* | *těch dobrých kabátů* | *těch dobrých škol* | *těch dobrých kin* |

D*

| PLURAL | Masculine Animate | Masculine Inanimate | Feminine | Neuter |
|--------|-------------------|---------------------|----------|--------|
| Dative | *těm dobrým studentům* | *těm dobrým kabátům* | *těm dobrým školám* | *těm dobrým kinům* |

Notice that the nominative and accusative are alike in the masculine inanimate singular and plural, in the neuter singular and plural, and in the feminine plural. The nominative and accusative are *un*like in the masculine animate singular and plural, and the feminine singular.

In the genitive singular the adjective has the same ending (*-ého*) in the masculine animate and inanimate and in the neuter. This is true also of the dative singular (*-ému*), and of the masculine and neuter noun endings in each case—except for genitive *kabátu* (but some nouns in this class have *-a*, e.g. *sýr*) and dative *studentovi* (but *studentu* is also possible).

The adjective has in all genders the same genitive plural (*-ých*) and the same dative plural (*-ým*). The dative plural noun ending is the same in all except the feminine gender.

For the vocative see XVIII.

2. The next two reference tables show the personal pronouns, singular and plural, in the nominative, accusative, genitive, and dative cases.

   *1st and 2nd person:*

|            | Singular | | Plural | |
|------------|----------|----------|--------|--------|
| Nominative | *já* | *ty* | *my* | *vy* |
| Accusative | *mě, mne* | *tě    tebe* | *nás* | *vás* |
| Genitive | *mne (mě)* | *tebe (tě)* | *nás* | *vás* |
| Dative | *mi, mně* | *ti,    tobě* | *nám* | *vám* |

*3rd person:*

|  | Masculine animate | Masculine Inanimate | Feminine | Neuter |
|---|---|---|---|---|
| Nom. sg. | *on* | *on* | *ona* | *ono* |
| plur. | *oni* | *ony* | *ony* | *ona* |
| Acc. sg. | *ho, jeho*[1] | *jej* | *ji* | *je* |
| plur. | *je* | *je* | *je* | *je* |
| Gen. sg. | *ho, jeho* | *ho, jeho* | *ji* | *ho, jeho* |
| plur. | *jich* | *jich* | *jich* | *jich* |
| Dat. sg. | *mu, jemu* | *mu, jemu* | *ji* | *mu, jemu* |
| plur. | *jim* | *jim* | *jim* | *jim* |

[1] There is also *jej*, used in both emphatic and unemphatic positions.

Where alternative forms appear, that given on the right is the emphatic one. In the 3rd person there are also the forms used after prepositions: *něho, něj, ní, ně, nich, němu, nim.*

3. *Possessive adjectives:—*

   *1st person:*

| | Nomin. sing. *Kde je* | Nom. plur. *Kde jsou* |
|---|---|---|
| Masc. anim. | *můj* *náš* (*žák*)? | *mí, moji* *naši* (*žáci*)? |
| Masc. inanim. | *můj* *náš* (*obraz*)? | *mé, moje* *naše* (*obrazy*)? |
| Feminine | *má, moje* *naše* (*sestra*)? | *mé, moje* *naše* (*sestry*)? |
| Neuter | *mé, moje* *naše* (*auto*)? | *má, moje* *naše* (*auta*)? |

| | Accus. sing. *Vidíte* | Accus. plur. *Vidíte* |
|---|---|---|
| Masc. anim. | *mého* *našeho* (žáka)? | *mé, moje* *naše* (žáky)? |
| Masc. inanim. | *můj* *náš* (obraz)? | *mé, moje* *naše* (obrazy)? |
| Feminine | *mou,* *naši* *moji* (sestru) | *mé, moje* *naše* (sestry)? |
| Neuter | *mé,* *naše* *moje* (auto)? | *má, moje* *naše* (auta)? |

| | Gen. sing. *U* | Gen. plur. *U* |
|---|---|---|
| Masc. anim. | *mého* *našeho* (žáka) | *mých* *našich* (žáků) |
| Masc. inanim. | *mého* *našeho* (obrazu) | *mých* *našich* (obrazů) |
| Feminine | *mé* *naší* (sestry) | *mých* *našich* (sester) |
| Neuter | *mého* *našeho* (auta) | *mých* *našich* (aut) |

| | Dat. sing. *Směje se* | Dat. plur. *Směje se* |
|---|---|---|
| Masc. anim. | *mému* *našemu* (žáku) | *mým* *našim* (žákům) |
| Masc. inanim. | *mému* *našemu* (obrazu) | *mým* *našim* (obrazům) |

| | Dat. sing. *Směje se* | | Dat. plur. *Směje se* | |
|---|---|---|---|---|
| Feminine | *mé* *naší* | (*sestře*) | *mým* *našim* | (*sestrám*) |
| Neuter | *mému* *našemu* | (*autu*) | *mým* *našim* | (*autům*) |

(*Tvůj* and *svůj* are declined like *můj*, and *váš* like *náš*.)

Note the similarity between the personal pronouns and the possessive adjectives in the genitive and dative singular and plural. Note the similarity between the adjectival endings (para. 1) and the possessive adjectives (1st, 2nd, and 3rd. pers. sing.) endings. *Moje* can be used in place of *mé* and *má*, *moji* in place of *mí* or *mou*, but the latter forms have been introduced first because they are in line with other adjectival endings.

*3rd. person*: *Jeho* and *jejich* are invariable. *Její* is invariable throughout the nominative and accusative, except for the masculine animate accusative: *jejího—Vidíte jejího žáka?* Other forms of *její*:

| | | Masc. anim. | Masc. inanim. | Feminine | Neuter |
|---|---|---|---|---|---|
| Gen. sing. | U | *jejího* (*žáka*) | *jejího* (*obrazu*) | *její* (*sestry*) | *jejího* (*auta*) |
| Dat. sing. | *Směje se* | *jejímu* (*žáku*) | *jejímu* (*obrazu*) | *její* (*sestře*) | *jejímu* (*autu*) |

Plural of *její*:—All genders: Nom. and acc. *její*; gen. *jejich*; dat. *jejím*.

4. *Verbs* are classified into three groups in accordance with their present tense endings (*-ám*, etc.; *-u*, etc.; *-ím*, etc.).

The imperative is formed from the present tense stem (XVIII, 2-7). The future tense with *býti* (*budu*, etc.), the past participles, and the past tense are formed from the infinitive stem (XIV-XVII). It is important to distinguish between perfective and imperfective verbs (XV, 1; XVII; XIX).

5. CONVERSATIONS (for study and practice aloud).

A. —Koupila jsi nějaké vánoční dárky, Mařenko?
　—Některé jsem už koupila. Všude je velký výběr dárků, ale zdá se mi, že je letos všecko velice drahé.
　—Co dáme tetě Kristině? Balíček mýdla jako obvykle?
　—Ne, letos jí musíme poslat něco jiného. Snad láhev vína.
　—Má teta Kristina ráda víno?
　—Ó ano. Ale nevím, co máme poslat strýčkovi Jiřímu. Minulý rok jsme mu dali pěknou dýmku, pamatuješ se? Strýčkovi se velice líbila.
　—Což nějaký dobrý tabák?
　—To je dobrý nápad. To se mu jistě bude hodit.
　(dárek—present. vánoční, adj.—Christmas. všude— everywhere. výběr—choice. letos—this year. všecko —everything. obvyklý—usual. balíček—parcel. mýdlo—soap. láhev—bottle. minulý—last. dýmka —pipe. pamatovati se—to remember. což—what about. nápad—idea. hoditi se—to suit.)

B. —Dobrý den, pane Kubíčku! Jak se vám daří?
　—Dobrý den, slečno Novotná! Mně se daří výborně, a jak se daří vám?
　—Děkuji, dobře. Kde je paní Kubíčková? Dlouho jsem ji neviděla.
　—Má velkou rýmu, ale jinak se jí daří dobře. Zůstala dnes doma.
　—Kdy máte dovolenou? Pojedete někam?
　—Nevím ještě, ale doufám, že se to brzy dovím. Kdy pojedete vy?

—Příští týden pojedu na týden do hor. Už se moc těším.

—Přeji vám pěkné počasí a šťastnou cestu! Na shledanou!

—Děkuji. Doufám, že paní Kubíčková se brzy uzdraví. Sbohem!

(Jak se vám daří = jak se daří—How are you? výborný —excellent. jinak—otherwise. dovolená—leave, holiday. doufati—to hope. dověděti se—to learn, get to know. na týden—for a week. hora—mountain. přeji vám—I wish you; přáti. uzdraviti se—to get well.)

C. —Promiňte, prosím! Můžete mi ukázat cestu k poště?

—Vidíte tam tu velkou budovu vlevo? To je divadlo a naproti němu je pošta.

—Děkuji, už ji vidím. Musím přejít na druhou stranu.

—Ano, ale dejte pozor na auta a motorky! Je tady velice rušno. Přejděte tam, kde stojí strážník. Jistota je jistota. Tam se vám nemůže nic stát.

—Ano, to udělám. Děkuji vám mockrát.

—Rádo se stalo, sbohem!

(Promiňte—Excuse me. ukázati pf.—to show. cesta—way. budova—building. vlevo—on the left. strana —side, dejte pozor na—look out for. dáti pozor—to pay attention. rušno—busy. motorka—motorbicycle. strážník—policeman. jistota—safety. jistota je jistota—safety first. nic—nothing. státi se—to happen. mockrát—many times, very much. rádo se stalo—not at all; more literally, It has been done gladly.

D. —Máte čerstvé máslo, prosím?

—Ano, máme. Kolik si přejete, prosím?

—Půl kila. A také čtvrt kila tvarohového sýra, prosím.

—Děkuji. Dnes je krásný den, že ano?

—Ano, snad to pěkné počasí potrvá.

—Budete si ještě něco přát?

—Ano. Šest rohlíků, kilo cukru a čtvrt kila šunky.

—Prosím. Je to všecko?

—Ano, to je vše. Kolik to stojí?

—Dvacet pět korun, prosím. Děkuji. Sbohem!

—Na shledanou!

(čerstvý—fresh. půl—half. čtvrt—quarter. tvaroh—
curd. tvarohový sýr—curd cheese. že ano?—isn't it?
snad—perhaps. potrvati—to last. ještě něco—some-
thing else, lit. still something. rohlík—roll. cukr—
sugar. šunka—ham. všecko, vše—everything. Kolik
to stojí—How much is that? státi—to cost.)

## LESSON XXV

Adjectives ending in *-í*. Comparison of Adjectives.
Ordinal Numbers 1-20. Clock Times.

1. *Hlav**ní** město Polska je Varšava.*
   *Ciz**í** (foreign) studenti nemluví česky.*
   *Včera jsem viděl prv**ní** jahody (jahoda*—strawberry).
   *Naro**dní** divadlo stojí u řeky.*
   *Mám rád hus**í** sádlo (husa*—goose. *sádlo*—fat).

With one or two exceptions, such as *příští* and *vánoční*,
the adjectives so far used have ended in *-ý*, *-á* or *-é* in the
nominative singular. There are also adjectives ending in
*-í*, and these are declined in the same way as *její*.

Such adjectives can be formed from many common nouns
by adding *-ní* (a final unstressed vowel being dropped):
*národ* nation—*národ**ní**, *večer*—*veče**rní**, *den*—*den**ní** (denní
světlo*—daylight), *jaro* spring—*jar**ní**, *léto* summer—*let**ní**,
*podzim* autumn—*podzim**ní**, *zima* winter—*zim**ní**, *hlava*—
*hlav**ní** chief (*hlavní město*—capital), *škola*—*škol**ní**, *soused*—
*soused**ní**. They may be formed by adding *-í* to many nouns
which denote animals: *husa*—*hus**í** *sádlo, krocan*—*krocan**í**
*maso, pes*—*ps**í** *bouda* dog kennel, *včela* bee—*včel**í** *úl* beehive.
Others can be made from verbs, by substituting *-cí* for the
infinitive ending *-ti*: *psáti*—*psa**cí** *stroj* typewriter, *práti*—
*pra**cí** *látka* washable material, *šíti*—*ší**cí** *stroj* sewing
machine. (Note the shortening of the stem vowel.) Many
are formed in various ways from adverbs and prepositions:
*dnes*—*dneš**ní**, *letos*—*letoš**ní**, *doma*—*domá**cí** *úloha* home-
work, *naposledy* for the last time—*posled**ní** last, *vedle*—
*vedlej**ší** neighbouring (also: subsidiary).

2. —*Kdo je star**ší**, Karel nebo Jan?*
   —*Karel je star**ší** než Jan, a Jan je mlad**ší** než Anna.*
   *Anna je **nej**star**ší**.*

*Sedni si sem! Toto křeslo je pohodln**ější** než tamto.*
*Máslo je dneska draž**ší** než včera, a maso je lacin**ější**.*
*Tvoje tužka je del**ší** než moje.*
*Božena je **nej**hez**čí** z těch dívek.*

The comparative of adjectives is often formed by adding -ejší (ější after *p, b, m, v, t, d*, and *n*) to the adjective stem: *pohodlný—pohodlnější, teplý—teplejší, šťastný—šťastnější, zajímavý—zajímavější, hloupý—hloupější*. Before the adverbial ending *r* becomes *ř* (*modrý—modřejší*). Some adjectives form the comparative by adding -ší to the stem: *starý—starší, mladý—mladší, bohatý—bohatší*. Some adjectives in -ký form the adverb with -čí: *hezký—hezčí, lehký* easy, light—*lehčí*. Adjectives ending in -eký and -oký add -ší after these endings have been shortened: *daleký* distant—*další* further, next, *široký—širší, vysoký—vyšší. Drahý—dražší*. Irregular comparison: *dobrý—lepší, špatný—horší, velký—větší, malý—menší, dlouhý—delší*.

The superlative is formed by prefixing *nej-* to the comparative: *starší—nejstarší, hezčí—nejhezčí, lepší—nejlepší*.

Both comparative and superlative are declined like *její* and adjectives ending in -*í*.

3. Three ordinal numbers (*první* first, *třetí* third, *tisící* thousandth) have -*í* endings; the others have -*ý*, -*á*, -*é* endings: *druhý* second, *čtvrtý, pátý, šestý, sedmý, osmý, devátý, desátý, jedenáctý, dvanáctý, třináctý, čtrnáctý, patnáctý, šestnáctý, sedmnáctý, osmnáctý, devatenáctý, dvacátý*. (See XII and XXIII for corresponding cardinal numbers.)

4. *Hodina*—hour. *Je jedna hodina*—It's one o'clock. **Jsou dvě hodiny**—It's two o'clock. *Jsou tři hodiny. Jsou čtyři hodiny*. BUT: **Je** *pět hodin* (gen. plur.)—It's five o'clock. *Je šest hodin. Je sedm hodin. A tak dále* (atd.)—and so on, etc. *Kolik je hodin*—What time is it? *Je čtvrt na jedn**u***—It's a quarter past **twelve**, i.e. a quarter of the way from twelve to one. (N.B. *jeden, jedna, jedno* is declined like *ten, ta, to*.

*jedna hodina*—accus. *jednu hodinu*). *Je čtvrt na dvě. Je čtvrt na tři. Je čtvrt na čtyři. Je čtvrt na pět*, atd. (Cardinal nos. in the accus. after *na*.)

*Je tři čtvrt* (*čtvrtě*) *na jednu, na dvě, na tři*, atd. It's a quarter to one, two, three, etc.

*Je za minutu dvě* (*za tři minuty osm, za pět* **minut** *šest, za deset* **minut** *čtyři*, atd.)—It's a minute to two (3 minutes to 8, 5 minutes to 6, 10 minutes to 4, etc.). (*Za* plus accusative, cardinal numbers.)

*Je dvě hodiny dvacet* (*minut*)—It's 2.20. *Je sedm hodin čtyřicet pět* (*minut*)—It's 7.45.

*Je půl* **jedné**—It's half-past twelve, lit. half of one. *Je půl druhé* (*třetí, čtvrté, páté, šesté*, atd.) (The ordinal numerals are used after *půl*, except for *jedné*).

5.  —*V kolik hodin* (At what time) *přijde Karel?*
    —*V jednu* (*ve dvě, ve čtvrt na jednu, v půl druhé*,[1] *ve tři čtvrti na šest*, atd.).

Exact time is generally expressed by *v* (*ve*) and the accusative.

6. The 24-hour system is used in public announcements, but not generally in conversation, when *dopoledne* (morning), *odpoledne* (afternoon), *večer* (evening), etc. may be added to the time: *Ve tři hodiny odpoledne*, atd.

7. *Exercises.* A. Use an appropriate *-í* adjective to complete the following sentences. 1. Kavárna Slavia stojí naproti – – – – divadlu. 2. – – – město Ruska je Moskva. 3. Slečna Raisová je stenotypistka (a shorthand-typist), ale nemá svůj – – – stroj. 4. Koupil jsem své ženě pěknou – – – látku. 5. – – – večery jsou delší než – – –. 6. – – – dny jsou kratší než – – –. 7. – – – budova stojí právě naproti našemu domu (budova—building). 8. Nemáme – – – chleba, máme jen včerejší (yesterday's). 9. Loňská úroda jablek byla lepší než – – – (loni—last year; loňský—last year's; úroda—

---

[1] *O půl druhé* is also commonly used.

crop). 10. Naše dcera píše svou – – – úlohu. 11. – – – – domy jsou větší než náš dům. 12. Jak se jmenuje vaše kniha? „– – – – Mohykán".

B. Use the comparative or superlative. 1. Jsem starý, ale můj bratr je – – – než já. Já jsem – – – než on. 2. Toto křeslo je pohodlné, ale tamto je – – – – –. 3. Tento pokoj je studený, ale vedlejší pokoj je – – – – –, a naše jídelna je – – – – –. 4. Tvé péro není dobré; je – – – než moje, ale jeho péro je – – – –. 5. Ta úloha není lehká; je – – – než moje. 6. Tomáš je ještě velmi mladý; je – – – – – z těch kluků. 7. Václav je dobrý student, Jan je – – –, a Vladimír je – – – –. 8. To je zajímavá kniha; – – – – – byla poslední kapitola (chapter). 9. Zdeněk je vysoký; jeho sestra je – – –, ale jeho starší bratr je – – – –. 10. Koupila jsem si nové boty, nový klobouk a kabát; boty byly drahé, klobouk – – – a kabát – – –. 11. Máme na zahradě tři mladé stromy; meruňka (apricot) je ještě malá, švestka (plum) je – – –, ale hruška je – – – –. 12. Tvá kniha je tenká, ale moje je ještě – – –.

C. Read and write the following times: 1. 02.30. 2. 04.15. 3. 08.50. 4. 16.40. 5. 01.29. 6. 21.13. 7. 19.45. 8. 17.50. 9. 20.00 10. 12.00. 11. 24.00. 12. 11.30 13. 23.20.

D. Put into Czech. 1. What's the time now? 2. Seven o'clock exactly (přesně). 3. Almost eight o'clock. 4. At what time does the concert begin? 5. At half-past seven in the evening. 6. At what time does it end? 7. At a quarter past ten. 8. I shall go and see my neighbour in an hour. 9. At a quarter past eleven I shall go home. 10. At what time do you get up in the morning? 11. At a quarter past seven. 12. Do you go to school at 20 to 9? 13. No, at half-past eight. School begins at five to nine. 14. Which is the smallest of these houses? 15. Your bicycle is newer than mine. 16. This salami is tastier than that. 17. My legs are longer than yours. 18. Give me a cleaner tablecloth. 19. I prefer (Mám raději) turkey to goose. 20. This kennel is too small; the other one is larger. 21. Do you know several (několik) foreign languages? 22. I don't like darkness (tma); I like daylight. 23. Spring flowers are the prettiest and most colourful (barevný). 24. Our school arranges a school outing every year (pořádati—to arrange; výlet—outing, excursion). 25. This year's crop of potatoes was better than last year's. 26. The last day of my leave was the best.

Locative Singular. Prepositions with the Locative Case. Months. Days of the Week. Seasons.

1.  —*Kde je Václav?*
    —*Je* **v** *místn***ím** *kin***ě**. He's in the local cinema.

    —*Slyšel jste něco* **o** *pan***u** *Kubíčk***ovi***?*
    —*Ano, už týden leží.*
    —*Kde leží?*
    —**Ve** *sv***ém** *dom***ě**.

    —*Co budeš dělat* **po** *obě***d***ě?* (after lunch)
    —*Půjdu na poštu a koupím také něco* **ve** *měst***ě**. I shall go to the post office, and also buy something in the town.

    —*Co to čteš?* What are you reading?
    —*Čtu pohádku* **o** *hloup***ém** *Honz***ovi**. I am reading a story about silly Honza.

    *Slyšel jsem* **o** **tom** *krásn***ém** *jezer***u**.
    *Našli jsme krásné jahody* **ve** *vaš***em** *les***e**.

The locative case is used only with prepositions: *v* (*ve*), *na, o, po, při*. (See also para. 5 below.)

The locative singular endings for the types of masculine and neuter noun introduced are: Masculine animate: *-ovi* or *-u*; Masculine inanimate, and neuter: *-e, -ě*, or *-u*.

The personal masculines on the whole prefer *-ovi* to *-u*. Thus: *bratr—o bratrovi* (*bratru*), *soused—o sousedovi* (*sousedu*), *strýček—o strýčkovi* (*strýčku*); *Kubíček—o Kubíčkovi, atd.*

The inanimate masculines, with some exceptions, have *-ě* after labials and dentals (*p, b, m, v, t, d, n*), otherwise *-e*; but those which have stems ending in *-r* or velar sounds (spelt *-h, -ch, -k*) usually add *-u*. Thus: Masculines: *les—v* *lese, stůl—ve stole, obchod—v obchodě, kabát—v kabátě, dům—v domě, park—v parku, vzduch* air—*ve vzduchu;* Neuters: *divadlo—v divadle, město—v městě, kino—v kině, okno—v okně, Slovensko—na Slovensku, jezero—v jezeru.*

The adjectival ending (*-ý, -á, -é* adjectives) with these is *-ém: dobrý pán—o dobrém pánovi (pánu), nový dům—v novém domě, hluboké jezero—v hlubokém jezeru, atd*. The other adjectival ending (*-í* adjectives) is *-ím: místní kino— v místním kině, jarní kabát—v jarním kabátě.*

*O* m**é**m, *tv***é**m, *sv***é**m *bratrovi. O jej***í**m *bratrovi. O na***š**em, *va***š**em *domě* (note short vowel.).

The demonstrative adjective is *tom: v tom městě, parku, atd.*

2.  —*Heleno, kde je moje zrcátko?*
     —*Tam leží,* **na** *tv***é** *nov***é** *knize.*

     —*V kolik hodin vyjde Václav ven?* (*z kina*)
     —*Asi deset minut* **po** *desát***é**.

     —*Co máš* **v** *t***é** *kabelc***e**? (*kabelka*—handbag).
     —*Kapesník, peněženku* (purse), *zápisník* (notebook), *zrcátko a hřeben* (comb).

     —*Povídej mi něco* **o** *va***ší** *škol***e**!

The locative singular ending for the *-a* class of feminine nouns (*žena,* etc.) is *-e* or (after *p, b, m, v, t, d, n*) *-ě*. Thus: *kniha—na knize, škola—o škole, žena—o ženě, universita—na universitě, zkouška—o zkoušce, atd*. Stems ending in hard consonants are changed as follows: *h>z, k>c, r>ř, ch>š.*

The adjectival ending (*-ý, -á, -é* adjectives) is *-é: nová kniha—na nové knize, desátá (hodina)—po desáté*. The *-í* adjectival ending in the locative singular is *-í: v národní škole.*

*O mé, tvé, své tetě. O její, naší, vaší sestře.*

The demonstrative adjective is *té: v té přednášce.*

3. Note how similar the locative singular endings are to the dative singular. Many of the inanimate masculine nouns

have -*u*, like the dative, and so have the neuters. The animate masculines have -*ovi* and -*u* in both cases, and the feminines have -*e* (-*ě*). The adjective endings are alike with the feminines; with masculines and neuters they are similar—the final -*u* of the dative form is not present in the locative.

4.   —*Slyšel jste něco o panu Kubíčkovi?*
    —*Ano, slyšel jsem* **o něm**.

    —*Co máš v té kabelce?*
    —*Mám* **v ní** *kapesník*.

    —*Co řekl* **o mně** *ten profesor?*
    —*Neřekl* **o tobě** *nic*. He said nothing (lit. didn't say nothing) about you.

The personal pronouns in the locative singular are *mně* (1st person), *tobě* (2nd person), *sobě* (reflexive), *něm* (3rd person masculine and neuter), *ní* (3rd person feminine). Notice that, except for *něm*, these are the same as the personal pronoun forms in the dative singular.

5. *V* (*ve*) with the locative suggests a state of rest—in, inside:

    *Žáci jsou* **ve škole**.
    **V jezeru** *je mnoho ryb*.
    *Anna našla* **v lese** *jahody*.
    **V tom roce** (in that year) *bylo horké léto*.
    **V Anglii** *bydlí Angličané*.

*Na*, when used with the locative, also often suggests a state of rest, whereas with the accusative it suggests motion towards:

    **Na domě** *visí prapor*. A flag is flying over the house.
    (BUT: *Kluci házeli kameny na dům*. The boys threw stones at the house.)
    *Fotografie stojí* **na pianě**. (BUT: *Dala jsem vázu na piano*.)

*O* usually means "about, concerning": *Mluvme* **o politice.**

*Po* often suggests movement and may also mean "after" (an event):

> *Co děláš* **po obědě***?*
>
> *Jdu* **po trávníku.** I am walking on the lawn.
>
> *Pavlíček leze* **po podlaze.** Little Paul is crawling (*lézti*) about the floor (*podlaha*).

*Při* usually means "near" or "by", sometimes "at" (events):

> **Při řece** *stála velká továrna* (factory).
>
> *Seděl jsem* **při přednášce** *vzadu.*
>
> **Při návštěvě** *královny měli žáci celý den prázdno.*
>
> For (at) the queen's visit the pupils had the whole day free.

6. Months: *leden* January—*v lednu* in January, *únor—v únoru, březen—v březnu, duben—v dubnu, květen—v květnu, červen—v červnu, červenec—v červenci, srpen—v srpnu, září—v září, říjen—v říjnu, listopad—v listopadu, prosinec—v prosinci.* (*V* is used here with the locative).

All the names of the months are masculine (including *červenec* and *prosinec,* belonging to a class not yet dealt with), except *září* (another type of neuter).[1] Note that *lednu* and others are among the inanimate masculines which end in *-u.*

*Ve dne v noci*—by day and night.

7. Days of the week: *neděle* (f.) Sunday—*v neděli* (accus.), *pondělí* (n.)—*v pondělí, úterý* (n.)—*v úterý, středa* (f.)—*ve středu, čtvrtek* (m.)—*ve čtvrtek, pátek* (m.)—*v pátek, sobota* (f.)—*v sobotu. V* (*ve*) is used here with the accusative. (Again, these include noun types not yet covered.)

8. *Léto* summer—*v létě* (loc.), *zima* winter—*v zimě* (loc.), *jaro* spring—**na jaře** (loc.), *podzim* autumn—**na podzim** (**accus.**) (N.B. *Na jaře,* but *o jaru, po jaru*—this is also a locative ending.)

---

[1] *Září* may also be masculine.

9. *Exercises.* A. Complete the following. 1. V naš– park–
jsou staré stromy. 2. Hlavní pošta je u divadl–. 3. Kam
půjdeš po obéd–? 4. Co řekl pan doktor o naš– mladš–
syn– –? 5. Dej to péro na pian–! 6. Péro leží na pian–. 7. Co
jste slyšela o naš– nov– soused– –? 8. Neslyšela jsem o n–
nic. 9. Kde je papír? Je ve (stůl). 10. Kolik je hodin? Pět
minut po čtvrt–. 11. Četl jsi tu zajímav– knih– o měst–
Pra–? 12. Studoval jsem čtyři rok– na Karlově universit–.
13. Mám všecky (all the) adresy ve sv– zápisn– –.
14. Řeknete mi něco o sv– nov– kni–! 15. Při obéd– jsme
mluvili o sv– dovolen–. 16. Po koncert– jsme šli do kavárn–
a přišli jsme domů až po dvanáct– hodin–. 17. Dej si klobouk
na hlav–! 18. V Národn– divadl– hrají dnes večer Jiráskov–
hru (a play by Jirásek). 19. V břez– začíná jaro. 20. Na
ře– – bylo deset kachen a dvě husy (kachna—duck, husa—
goose).

B. Put into Czech. 1. She waited for me patiently near the
main entrance (vchod, m.). 2. You will find a red pencil in
my drawer. 3. After the visit to the president we talked
about him for a long time. 4. At six minutes past nine I went
home. 5. There are many beautiful flowers in our garden.
6. I was born in Prague and my sister in London. 7. We are
going on holiday in July or August. 8. The typewriter is on
the table and the book is lying next to it. 9. I couldn't sleep
after that exciting (napínavý) film. 10. In November I am
going to Prague for fourteen days. 11. I was born in July.
12. I like to sit in a comfortable armchair. 13. During
yesterday's storm the wind destroyed many trees (včerejší,
yesterday's, bouřka storm, zničiti to destroy). 14. I left the
flowers in the car. 15. On Tuesday I shall know the result of
my examination. 16. Ask her about it. 17. She got married
in the spring, in April. 18. Mr. Novotný liked to sing about
love (láska). 19. They wrote me a long letter about him.

# LESSON XXVII

Locative Plural. Cardinal Numbers from 20.
Ordinal Numbers. Declension of 1-5. *Kolik*, etc.
Dates.

1. —*Kde bydlí vaše teta?*
   —**Ve** *Spojen***ých** *Stát***ech.**

   —*Co čte Karel?*
   —*Knihu* **o** *tropick***ých** *ptá***cích.**

   —*Slyšeli jsme* **o** *velk***ých** *změn***ách na** *vaš***ich** *škol***ách.**
   —*Řekněte nám něco* **o nich***!*

   —*Co* **o nás** *vite?*
   —*Nevíme* **o vás** *nic.*

   **V** *naš***ich** *jezer***ech** *a* *řek***ách** *je mnoho ryb.*

   *Byli jsme* **na** *prázdnin***ách ve** *vysok***ých** *hor***ách.**

The locative plural ending for the masculines and neuters
introduced is *-ech: bratr—o bratrech, soused—o sousedech,
dům—v domech, kino—v kinech, jezero—v jezerech.*

Note that masculines and neuters ending in *-h, -ch,* or *-k*
have the locative plural ending *-ích,* with change of the
stem ending: *pták—o ptácích, černoch* negro—*o černoších,
oko* eye—*v očích.*

Feminines of the *-a* class end in the locative plural in
*-ách*: *škola—ve školách, prázdniny* (plur.) holidays—*na
prázdninách, kniha—v knihách.*

The adjectival ending with all three genders is *-ých* (*-ích*):
*spojených, velkých, školních, letních.*

*O mých, tvých, jejích, svých, našich, vašich, jejich studentech,
bratrech, sestrách.*

The demonstrative adjective is *těch* in all genders: *v těch
městech, na těch cestách, o těch botách.*

Personal pronouns (locative plural): *o nás, o vás, o nich.*

2. Note the locative of *kdo* (*O kom mluvíš?* Who are you talking about?) *co* (*O čem mluvíš?* What are you talking about?), *nikdo* (*o nikom* about nobody), *nic* (*o ničem* about nothing).

3. Idiomatic expressions using the locative:
   *Co je vám po tom?* What concern of yours is that?
   *Býti při někom.* To be on someone's side.

4. Cardinal numbers from 20 upwards:
   (i) Simple:

| | | |
|---|---|---|
| 20 *dvacet* | 90 *devadesát* | 700 *sedm set* |
| 30 *třicet* | 100 *sto* | 800 *osm set* |
| 40 *čtyřicet* | 200 *dvě stě* | 900 *devět set* |
| 50 *padesát* | 300 *tři sta* | 1000 *tisíc* |
| 60 *šedesát* | 400 *čtyři sta* | 2000 *dva tisíce* |
| 70 *sedmdesát* | 500 *pět set* | 5000 *pět tisíc* |
| 80 *osmdesát* | 600 *šest set* | 1,000,000 *milion* |

Cardinal numbers from five upwards, if they are in the nominative or accusative, are followed by the genitive plural (See XXIII, 5).

   (ii) Compound:

There are two types up to 99:

| (a) | (b) |
|---|---|
| 21 *jedenadvacet* | *dvacet jeden* (*jedna, jedno*) |
| 22 *dvaadvacet* | *dvacet dva* (*dvě, dvě*) |
| 23 *třiadvacet* | *dvacet tři* |
| 24 *čtyřiadvacet* | *dvacet čtyři* |
| 25 *pětadvacet* | *dvacet pět* |
| 26 *šestadvacet* | *dvacet šest* |
| 27 *sedmadvacet* | *dvacet sedm* |
| 28 *osmadvacet* | *dvacet osm* |
| 29 *devětadvacet* | *dvacet devět* |
| etc. | etc. |
| 34 *čtyřiatřicet* | *třicet čtyři* |
| 66 *šestašedesát* | *šedesát šest* |

BUT:

101 *sto jeden* (*jedna, jedno*)

415 *čtyři sta patnáct*

etc.

Type (a) is followed by the genitive plural only, as in *jedenadvacet* **žáků, dívek, jablek**; *dvaatřicet* **domů, křesel**; *šestačtyřicet* **kilometrů**. With type (b), however, it is the second element which decides the case: Nom. sing.—*dvacet* **jeden žák**, *dvacet* **jedna dívka**, *dvacet* **jedno jablko**; Nom. plur.—*třicet* **dva domy**, *třicet* **dvě křesla**; Gen. plur.—*čtyřicet* **šest kilometrů**.

Type (a) is more often used when the objects are mentioned, while type (b) is more appropriate in mathematical and statistical contexts, especially where big numbers are concerned. If the objects are not mentioned, type (b) is used in the feminine—*padesát jedna, devadesát dvě*, etc.

5. Ordinal numbers:

(i) Simple:

| | |
|---|---|
| 20th *dvacátý (-á, -é)* | 300th *třístý (-á, -é)* |
| 30th *třicátý (-á, -é)* | 400th *čtyřstý (-á, -é)* |
| 40th *čtyřicátý (-á, -é)* | 500th *pětistý (-á, -é)* |
| 50th *padesátý (-á, -é)* | 600th *šestistý (-á, -é)* |
| 60th *šedesátý (-á, -é)* | 700th *sedmistý (-á, -é)* |
| 70th *sedmdesátý (-á, -é)* | 800th *osmistý (-á, -é)* |
| 80th *osmdesátý (-á, -é)* | 900th *devítistý (-á, -é)* |
| 90th *devadesátý (-á, -é)* | 1000th *tisící* |
| 100th *stý (-á, -é)* | 2000th *dvoutisící* |
| 200th *dvoustý (-á, -é)* | 5000th *pětitisící* |

1,000,000th *miliontý (-á, -é)*

(ii) Compound:

| (a) | (b) |
|---|---|
| 21st *jedenadvacátý (-á, -é)* | *dvacátý (-á, -é) první* |
| 22nd *dvaadvacátý (-á, -é)* | *dvacátý (-á, -é) druhý (-á, -é)* |
| 23rd *třiadvacátý (-á, -é)* | *dvacátý (-á, -é) třetí* |
| 24th *čtyřiadvacátý (-á, -é)* | *dvacátý (-á, -é) čtvrtý (-á, -é)* |

25th *pětadvacátý (-á, -é)*     *dvacátý (-á, -é) pátý (-á, -é)*
26th *šestadvacátý (-á, -é)*    *dvacátý (-á, -é) šestý (-á, -é)*
27th *sedmadvacátý (-á, -é)*    *dvacátý (-á, -é) sedmý (-á, -é)*
28th *osmadvacátý (-á, -é)*     *dvacátý (-á, -é) osmý (-á, -é)*
29th *devětadvacátý (-á, -é)*   *dvacátý (-á, -é) devátý (-á, -é)*
34th *čtyřiatřicátý (-á, -é)*   *třicátý (-á, -é) čtvrtý (-á, -é)*
67th *sedmašedesátý (-á, -é)*   *šedesátý (-á, -é) sedmý (-á, -é)*

BUT:

101st *stý (-á, -é) první*
415th *čtyřstý (-á, -é) patnáctý (-á, -é).*

The distinction in usage as between (a) and (b) is similar to that for the cardinal numbers.

6. If *jeden* (*jedna*, *jedno*) as the second element in a numeral of type (b) forms part of the subject, the verb is in the singular:

> *Ve škole* **je** *sto* **jeden** *žák.*

If *dva* (*dvě*), *tři*, or *čtyři*, as the second element of a numeral of type (b), forms part of the subject, the verb is in the plural:

> *Dvacet* **tři** *žáci* **zpívali**. (More often: *Třiadvacet žáků zpívalo.*)

But if *pět*, etc. is part of the subject, the verb is in the **neuter singular**:

> **Pět** *hochů si hrál*o.     **Sedm** *žen pral*o.
>
> *Dvacet* **pět** *hochů si hrál*o. (More often: *Pětadvacet hochů.*)

7.        *Jedna a jedna* **jsou** *dvě. Jedna a dvě* **jsou** *tři.*
          *Dvě a tři* **je** *pět. Dvacet a tři* **jsou** *dvacet tři.*
          *Dvacet a pět* **je** *dvacet pět.*

Whether the verb is singular or plural here depends on the number which is the total: 2–4 go with a plural verb, and 5 upwards with a singular. In compound numbers (*dvacet tři*) it is the second element which is decisive.

8. When cardinal numbers are not in the nominative or accusative, the adjectives or nouns which follow are in the case required by the construction:

*Četl jsem od sedmi hodin do devíti.*

*Mluvili jsme o třech (pěti, atd) nových knihách.*

*Seděl jsem naproti dvěma (pěti, atd) mladým dívkám.*

*Pět, šest,* etc., have the ending *-i (pěti, šesti,* etc.) in all cases except the nominative and accusative.

*Jeden (jedna, jedno)* is declined like *ten (ta, to).*

*Dva* (m.) and *dvě* (f. and n.) are alike in nominative and accusative. In all genders the genitive and locative form is *dvou* and the dative form *dvěma. Oba (obě)* both is declined in the same way.

*Tři* and *čtyři* are also alike in nominative and accusative. The genitive forms are *tří* and *čtyř,* the dative *třem* and *čtyřem,* and the locative *třech* and *čtyřech.*

Note that *sto* has a dual form *stě (dvě stě).*

9. *Kolik, tolik, několik,* and *mnoho* (see XXIII, 5) end in *-a (kolika,* etc.) in all cases except the nominative and accusative. They too, except when in these two cases, are followed by the case which the construction requires:

*Mluvil o několika Angličanech.*

*Slyšeli jsme o tolika krásných českých městech.*

*Obdivovali jsme se mnoha krásným budovám. (obdivovati se* + dat.—to admire).

*Málo* (XXIII, 5), *dost(i),* and *víc(e)* are invariable:

*V řece je málo ryb.*

10.     —*Kolikátého je dnes?* What date is it today?

—*Dnes je prvního ledna.* Today is the 1st of January.

                *druhého března.*       2nd of March.

                *třetího května.*        3rd of May.

                *šestnáctého července.*   16th of July.

The genitive is used to express the date. Note that when the numeral is given a stop is placed after it: *Dnes je 1. ledna.* The names of the months begin with a small letter.

When the year is given the genitive of *rok* (year) is used:

*Narodil se osmnáctého listopadu roku devatenáctistého čtrnáctého* (or: *roku tisíc devět set čtrnáct*). He was born on the 18th of November, 1914.

*V* with the locative may be used when the year only is given:

*Narodil se v roce devatenáctistém čtrnáctém.*

After many (some, twenty) years—*Po mnoha (několika, dvaceti) letech.*

11. *Exercises.* A. Complete the following. 1. Co si myslíte o naš– soused–? 2. V t– knih– jsou zajímavé obrazy. 3. Co budete dělat letos o prázdnin–? 4. V někter– dom– nejsou koupelny. 5. Jak se daří Novákov–? Slyšeli jste něco o n–? 6. V londýnsk– kin– jsou pohodl– sedadla (sedadlo—seat). 7. Napsal jsem hru o americk– černoš– (hra—play). 8. Na naš– škol– se žáci učí rusky. 9. Ve školn– budov– je vždycky čisto (čistý, adj.—čisto, adv.). 10. Při letn– bouřk– hodně prší (bouřka storm, hodně a lot, very much). 11. Četl jsem o zimn– sport– ve Švýcarsku. 12. Pan Krátký mi vypravoval o sv– dlouh– cest–.

B. Write out or say the following numbers in full. 1. 35. 2. 49. 3. 62. 4. 87. 5. 53. 6. 76. 7. 28. 8. 94. 9. 105. 10. 301. 11. 815. 12. 200. 13. 628. 14. 518. 15. 436. 16. 989. 17. 777. 18. 226. 19. 254. 20. 2,102. 21. 6,238. 22. 4,517. 23. 12,919. 24. 75,432. 25. 21,853. 26. 374,635. 27. 2,249,777. 28. 5,352,333. 29. 4,836,216. 30. 10,568,101.

C. Complete the following, writing out or saying the numbers in full: 1. 21 aut; jedenadvac– auto. 2. 4 křesl–; čtvrt– křesl–. 3. 9 dívek; dev– dívka. 4. 50 zápal–; padesát– zápalk–. 5. 10 vět; des– vět–. 6. 3 jmén–; její třet– jmén–. 7. 27 kluk–; sedmadvac– kluk. 8. 32 děvčát–; dvaatřic– děvčátk–. 9. 42 tuž–; dvaačtyřic– tužk–. 10. 95 knih; pětadevades– knih–. 11. 108 slov; st– osm– slov–. 12. 201 pér–; dv–st– prvn– pér–. 13. 212 kil; dv–st– dvanáct– kil–. 14. 24 hodin–; – – – – – – hodina. 15. 365 dnů; tři sta – – – den. 16. 499 student–; čtyři sta – – – – student.

17. 932 vojá–; devět set – – – voják. 18. 2,246 korun; dv–
tisíc– dv– st– šest– – – koruna. 19. 5,500 rok–; pětitisíc–
pětist– rok. 20. 1,000,000 kol; miliont– kol–.

D. Complete the following, using *je* or *jsou*. 1. Na univer-
sitě – – tisíc pět set student–. 2. V letadl– – – šest žen.
3. V naš– dom– – – tři děvčátk–. 4. V zásuv– – – jeden-
ačtyřicet korun. 5. Na stol– – – třiapadesát (koruna). 6. V
lese – – mnoho strom–. 7. – – tam třiatřicet dívek. 8.
Jedenapadesát aut – – na prodej. 9. Ve škol– – – tři sta
čtyřiačtyřicet žák–. 10. Sedm a dvě – – devět. 11. Deset a
pět – – patnáct.

E. Complete the following, using the past tense and
correct case endings. 1. Dv– kočky si hrál– na zahrad–.
2. Ve škole byl– dvě st– žák–. 3. V mužstvu (mužstvo team)
– – jenom deset kluk–. 4. Milion voják– (přejíti) řek–.
5. Byl– jsme v divadle od osm– hodin do desít–. 6. Zaplat–
jsme – auto tisíc pět set korun. 7. Teta koup– čokolád–
naš– dvě– děvčátk–. 8. Pozval– jsme (pozvati, pf., to
invite) několik znám–. 9. V naš– dom– (spáti) pět hoch–
a ve vedlejš– dom– tři hoši. 10. Nevěd– – jsme o těch dv– –
nov– – obchod– – (obchod—shop).

F. Put into Czech. 1. In 1948 I was living in Prague. 2. I
lived in Prague from 1949 to 1950. 3. What are you talking
about? The negroes? 4. Do you know anything about them?
Very little. 5. Let's talk about recent changes in the United
States of America. 6. There is a garage at our house. 7. Where
are you going, Tom? That's no business of yours. 8. There
are many big cities in Russia. 9. There were 36 passengers
in the aeroplane (pasažér, m.). 10. I was reading a book
about the Eskimos (Eskymák—an Eskimo). 11. Such a lot
of students study at our university. 12. There are nine letters
on the table. 13. My brother told us about many foreign
cities. 14. We shall return home after a few years. 15. I gave
a good book to both boys.

E

# LESSON XXVIII

Instrumental Singular. Prepositions with the Instrumental.

1. —*Příští týden jedu do Československa.*
—*Aut**em** nebo vlak**em**?* By car or train?
—*Ani aut**em**, ani vlak**em**. Letadl**em**.* Neither by car nor by train. By aeroplane.
—*Proč píšeš tím špatn**ým** pér**em**?* Why are you writing with this bad pen?
—*Protože nemám jiné. Mohu psát vaš**ím** pér**em**?*
—*Kter**ou** cest**ou*** (How = By what way) *jsi šel do města?*
—*Šel jsem park**em**.* I went through the park.

The instrumental singular ending for the masculine and neuter nouns introduced is *-em*: *letadlo—letadlem, auto—autem, péro—pérem, vlak—vlakem, park—parkem, dům—domem, atd.*

The adjectival ending (*-ý, -á, -é* adjectives) is *-ým*, or (*-í* adjectives) *-ím*: *špatné péro—špatným pérem, velký park—velkým parkem, čistý ubrus—čistým ubrusem, husí maso—husím masem, vánoční stromek—vánočním stromkem.*

*Mým, tvým, svým pérem.*

*Jejím kapesníkem. Našim, vašim městem.*

The demonstrative adjective is *tím*: *to péro—tím pérem.*

2. —*Píšete červen**ou** nebo modr**ou** tužk**ou**?*
—*Modr**ou**.*

*Proč nejíš sv**ou** lžičk**ou**?* (*lžička*—spoon).

*Šel jsem vaš**í** zahrad**ou** k řece.*

*Praha mne překvapila svou vánoční nálad**ou**.* Prague surprised me with its Christmas spirit.

*Tou krásnou květinou* jsi udělal matce radost (*udělati někomu radost*—to give someone pleasure).

The instrumental singular ending for the feminine *-a* nouns is *-ou*: *tužka—tužkou, zahrada—zahradou, lžička—lžičkou, atd.*

The adjectival ending (*-ý, -á, -é* adjectives) is *-ou*, or (*-í* adjectives) *-í*: *zelená tužka—zelenou tužkou, krásná květina—krásnou květinou, vánoční nálada—vánoční náladou.*

*Mou, tvou, svou lžičkou. Její knihou. Naší, vaší tetou.*

The demonstrative adjective is *tou*: *ta tužka—tou tužkou.*

3.  —*Proč píšeš tím pérem?*
    —*Píšu* **jím**, *protože nemám lepší* (a better one).
    —*Tady je tužka. Můžeš* **jí** *psát.*

    —*Jezdíte do města ranním vlakem?* (*jezditi*—to go repeatedly or regularly by some means of transport) (*ranní*, adj.—morning; *ráno*).
    —*Ano, jezdím* **jím** *každý den.*

    *Já pohrdám* **tebou** *a ty pohrdáš* **mnou.** I despise you and you despise me.
    (*Pohrdati* is one of the few verbs which is used with the instrumental).

The personal pronouns in the instrumental singular are *mnou* (1st person), *tebou* (2nd person), *vámi* (2nd p. polite form), *sebou* (reflexive), *jím* (3rd person masculine and neuter), and *jí* (3rd person feminine)—*ním* and *ní* after a preposition.

4. The prepositions *s(se)*, *pod*, *před*, *za*, and *mezi* may be used with the instrumental case, as well as with certain other cases.

  (a) S (SE)—with (=in company with):
    —*Prosím vás, pane profesore, mohu* **s vámi** *mluvit?*
    —*Ano, slečno, můžete. Pojďte* **se mnou** *do mé pracovny* (*pracovna*—study).

*Češi* (the Czechs) *nemají rádi čaj* **s** *mlék***em***, jenom* **s** *citron***em** *nebo* **s** *rum***em**.

—**S kým** (With whom) *jedeš do Prahy?* **Se** *svou sestr***ou***?*
—*Ne,* **se** *sv***ým** *bratr***em**.

—*Co je dnes na jídelním lístku?* What's on the menu today?
—*Maso* **se** *zelenin***ou** *a* **s** *brambor***em**.

*Setkali jsme se* **s** *Václav***em** *ve dvě hodiny odpoledne.*

(b) PŘED—in front of:
*Václav na nás čekal* **před** *Národním divadl***em**.
**Přede mnou** *stál malý hoch.*

(BUT: *Malý hoch vběhl* (ran) *před moje auto* (*vběhnouti*).
*Václav vyšel* (came out) *před dům.*
Here the accusative is used; there is an idea not of rest but of motion.)

(c) NAD—above:
*Letadlo kroužilo* **nad** *naš***ím** *měst***em**. The aeroplane circled over the town (*kroužiti. kroužek*—circle.).
*Lampa visí* **nad** *stol***em** (*viseti*—to hang; *visím*, etc.).

(BUT: *Pověsil jsem lampu nad stůl* (*pověsiti*, pf.—to hang up). *Letadlo vzlétlo nad město* (*vzletěti*, pf.—to soar.)
Movement towards—Accusative.

(d) POD—under:
**Pod** *strom***em** *leželo mnoho jablek.*
*Děvčátko sedělo* **pod** *stol***em** *a hrálo si.*

BUT: *Dej to pod ten stůl!*
      *Postav ten žebřík pod strom!* Stand this ladder under the tree (*postaviti*).
Movement towards—Accusative.

(e) ZA—behind, beyond:
**Za** *tím lesem je hluboké jezero.*
*Matka sedí* **za** *stol***em** *a šije* (behind the table, i.e. at the table).

BUT: *Jezdíme každou sobotu za Prahu (Brno).*—We
go outside Prague (Brno) every Saturday.
Motion, not rest—Accusative.
(f) MEZI—between.
**Mezi** *divadlem a kinem stojí kavárna.*
BUT: *Postavili jsme stůl mezi pohovku a knihovnu.*
Motion—Accusative.

Roughly speaking, the phrase introduced by *za, před, nad,
pod,* or *mezi* answers the question *Kde?* Where? when used
with the instrumental, and *Kam?* Where to? (Whither?)
when used with the accusative.

5. *Exercises.* A. Complete the following. 1. Čím píšete,
tužk– nebo pér–? 2. Náš pes leží pod stol–. 3. Dr. Černý
bydlí za měst–. 4. S kým mluvila? S pan– profesor–. 5. Máte
rád maso s knedlík–? 6. Čím jíme zeleninu? Vidlič–. 7. Kdo
má rád čaj s citron–? 8. Děvčátko stálo před ško–. 9. Mezi
zrcadl– a okn– je obraz. 10. Malý Pepík házel hračky pod
st– – –. 11. Zavaž mu ruku kapesník–! (zavázati—to tie up).
12. Pod krásn– vánočn– stromk– bylo mnoho dárků. 13.
Půjdu s teb– do města. 14. Co budeš dělat s t– velk–
panenk–? 15. Malá Alena už umí jíst lžičk–. 16. Šla jsem s
(on) večer do kina. 17. Za války jsme museli šetřit mýdl–
(válka—war; šetřiti—to be careful with, economise on).
18. Pověsila jsem v koupelně zrcadlo nad umyvadl–
(umyvadlo—wash-basin). 19. Pod naš– dom– máme velký
sklep (cellar).

B. Put into Czech. 1. Between the river and the wood
there is a meadow. 2. Your book has fallen behind the
settee. 3. Go and wash yourself with soap and water. 4. Do
you wash in (=with) cold water or warm? 5. What do you
eat ice-cream with? A fork? No, a spoon. 6. Why does Mrs.
Soukup despise him? 7. Where does the picture hang? Over
the fireplace (krb). 8. Hang this picture over your fireplace.
9. I met her in London last week. 10. Nobody wanted to go
with him. 11. Do you like coffee with cream? (cream—

smetana). 12. What's that under the table? I can't see (=don't see) very well. 13. Don't wait for me outside (=in front of) the cinema. 14. Put these fresh buchty on the table (fresh—čerstvý). 15. Mr. Krátký sat down between Ladislav and Eva. 16. I sat at my desk (psací stůl) and wrote a letter. 17. Under my window a beautiful red peony (pivoňka) is growing. 18. The mother stood for a long time over the cradle (kolébka) of her little girl. 19. He had several old books on the table in front of him.

## LESSON XXIX

Instrumental Plural. Verbs with the Instrumental. "Ago".

1. —*Kde jsi byla včera večer?*
—*Byla jsem v kavárně se sv***ými** *bratry.*
—*Čím píšou ti žáci? Péry nebo tužk***ami?**
—*Péry, ne tužk***ami.**
—*T***ěmi** *star***ými** *péry?*
—*Ne, nov***ými** *a lepš***ími.**
—*Co leží za t***ěmi** *vysok***ými** *hor***ami** *a lesy?*
—*Československá republika.*
—*Pojďte s n***ámi** *dnes večer do divadla.*
—*Nemůžeme jít dnes večer s v***ámi.** *Přijde náš syn se
snachou a my s n***imi** *půjdeme do kina (snacha—*
daughter-in-law.).

*Vaše zahrada je známá sv***ými** *nádhern***ými** *jarn***ími** *a
letn***ími** *květin***ami* (. . . known for its . . .).
*Pod naš***imi** *stromy leží mnoho hrušek.*
*Ty kufry jsou příliš těžké. Nemůžeme j***imi** *pohnout.*
These suitcases are too heavy. We can't move them.
*Pan Urban a pan Vejvoda se stali jej***ími** *poručník***y.**
Mr. U. and Mr. V. became her guardians.

The instrumental plural ending for the masculine and
neuter nouns introduced is *-y: bratr—bratry, strom—stromy,
les—lesy, pták—ptáky, péro—péry, auto—auty.* For the
feminines ending in *-a* it is *-ami: tužka—tužkami, hora—
horami, květina—květinami.*

The adjectival ending is *-ými* (*-ími*), for all three genders:
*velký strom—velkými stromy, staré péro—starými péry,
krásná hora—krásnými horami, jarní květina—jarními
květinami, vánoční stromek—vánočními stromky.*

*Mými, tvými, svými péry (tužkami).*

*Jejími klobouky (tetami). Našimi, vašimi kapesníky (jablky, kočkami).*

The demonstrative adjective is *těmi* for all genders: *s těmi mladými hochy (děvčátky, dívkami).*

Personal pronouns in the instrumental plural: *námi* (1st p.), *vámi* (2nd p.), *jimi* (3rd p.)—*nimi* after a preposition.

2. Note that *pohnouti*, like *pohrdati* (XXVIII, 3), is used with the instrumental. Similar verbs: *kývati hlavou*—to nod one's head (pf. *kývnouti*), *mávati kapesníkem*—to wave one's handkerchief (pf. *mávnouti*), *krčiti rameny*—to shrug one's shoulders (pf. *pokrčiti*), *házeti kamenem* (pf. *hoditi*).

3. —**Čím** *jste?* What is your occupation (status, etc.)?

   —*Jsem profesorem (sedlákem, řezníkem, vojákem, advokátem, dělníkem, námořníkem, autorem, úředníkem, studentem, studentkou, švadlenou* dressmaker, *učitelkou, matkou, babičkou, atd.)*

   *Neruda je známým českým autorem.*

   *Češi zvolili Masaryka presidentem.*

   *Marie se stala velmi dobrou učitelkou.*

   *Pana Nováčka ustanovili profesorem na Karlově universitě.* They appointed Mr. Nováček as a professor at the Caroline University.

   **Zůstali** *dobrými vojáky, věrnými republice.* They remained good soldiers, faithful to the republic.

   **Zaměstnával se** *ponejvíce četbou detektivních románů.* He occupied himself mainly with the reading of detective novels.

*Býti* and other verbs (e.g. *státi se* to become, *zvoliti* to elect, *zůstati* to remain, *jmenovati* to name, *zaměstnávati se* to occupy oneself, *ustanoviti* to appoint) are used with the instrumental to express a temporary state, such as an appointment, status or calling. When a characteristic is inherent in the thing being talked about, however, the nominative is used: *Praha je staré město; Je Marie hezká dívka;? Náš Pavel je neposlušný hoch.*

4. **Před** *hodin***ou** *jsme ještě byli doma.* An hour ago we were still at home.

*Viděl jsem ho* **před** *rok***em.**

**Před** *dvě***ma** (*tře***mi,** *čtyř***mi,** *pět***i,** *mnoh***a,** *několik***a**) *roky se narodila naše dcera.*

"Ago" is expressed by *před* with the instrumental.

*Dva* (*dvě*)—instrumental *dvěma* (like the dative); *tři*—*třemi, čtyři*—*čtyřmi*; *pět, šest* . . .—*pěti, šesti* . . . (as in genitive, dative, and locative).

5. Common adverbials which have instrumental form: *náhodou*—by chance, *honem*—quickly (Be quick!), *jednou*—once, *časem*—from time to time, *tou dobou*—at that time.

6. *Exercises.* A. Complete, using instrumental plurals: 1. Jel jsem do Prahy se sv– – dvě– sestr– –. 2. Pod naš– strom– leží mnoho hrušek. 3. Co děláš s t– nov– hraček–? 4. Stál jsem dlouho před t– star– obraz–. 5. Když jsem se ptal na cestu, krčil jen ramen– a nic neříkal. 6. Nemohli pohnout t– velk– křesl–. 7. Vaše tužka je za t– velk– knih–. 8. Václav a Ladislav se stali dobr– voják–. 9. Malý kluk házel kamen– po ptácích. 10. Žáci nemohou psát špatn– pér–. 11. Angličané nemají rádi maso s knedlík–. 12. Mají raději maso s brambor–. 13. Před n– stál hladový lev. 14. Letadlo kroužilo nad naš– dom–. 15. Praha je slavná (famous) svý– starý– historick– budov–. 16. Zítra půjdu do zoologické zahrady se sv– dvě– syn–. 17. Nemohl jsem se dorozumět (make myself understood) s t– – mlad– Anglič– –.

B. Complete the following. 1. Před čtyř– rok– jsem navštívil (visited) Prahu, ale letos jsem Prah– jen projel. 2. Před čtrnáct– dn– jsme viděli Karl– v Praze před Národn– divadl–. 3. Zůstal bezvýznamn– úředník– po celý život (his whole life). 4. Čím je váš bratr a kde žije? Můj bratr je advokát– a žije v Moravské Ostravě. 5. Tvoje péro leží

E*

za pohovk–. 6. Pojeďte s nám– zítra do Brn– aut–. 7. Žena se otočila a před n– stál– malé děvčátko (otočiti se—to turn round). 8. Před dvě– dn– jsem dostal dopis od bratr– z Kanad–. 9. Proč ho jmenovali předsed– tennisov– – klub–? 10. Nekrč ramen–, to není zdvořilé (polite)! 11. Neházej kamen– po kachnách a hus– –! 12. Můžeš pohnout t– velk– těžk– bedn–? (bedna—wooden box, crate). 13. Hlavn– měst– Norska (Švédska, Bulharska, Německa, Polska, Rakouska) je Oslo (Stockholm, Sofia, Berlín, Varšava, Vídeň).

C. Put into Czech. 1. Six years ago I was a young and diligent student. 2. Moscow is the capital of Russia. 3. Don't nod your head. Explain it properly (vysvětliti—to explain). 4. Ladislav was at that time a workman in a factory (továrna). 5. Come with us to a concert; we shall all go by car. 6. Květa is waiting with her two brothers in front of the theatre. 7. Finland is best known for its large and beautiful lakes. 8. I can't move this desk; it is too large and heavy. 9. They live in the mountains beyond that lake. 10. We met each other at the theatre by chance. 11. There was once a certain king who had two sons. 12. Come quickly! We shall miss the train! 13. Who were you talking to just now? Two lawyers. 14. Five brown cows and three white goats were grazing under the cliffs (pásti se—to graze; pase se, pasou se . . .; kráva—cow).

# LESSON XXX

More about Verbs. Duratives, Iteratives, and
Frequentatives. Passive Voice.

1. We have divided verbs into three classes, in accordance
with their present tense endings (see IV 3, VII 1, VIII 1,
XIV 1-2, XV 1-5, XVI 2-5).

The unprefixed verbs of the first class, such as *volati* (1st
pers. sg. pres. *volám*), *dělati* (*dělám*), *vítati* (*vítám*), *znáti*
(*znám*) and *ptáti se* (*ptám se*), are mostly imperfective.
Those of two syllables have a long connecting vowel (-á-).
The present tense endings are -*ám*, -*áš*, -*á*, -*áme*, -*áte*, -*ají*.

Imperfective verbs may be **durative, iterative,** or
**frequentative.**

> Durative: *Alena* **jde** *do školy.* Alena is going to school
> (*jíti*—to be going—immediate continuous action.).
> Iterative: *Alena* **chodí** *do školy.* A. goes to school=A. is
> a pupil. (*choditi*—to go habitually.).
> Frequentative: *Alena* **chodívá** *do cirkusu* (*chodívati*—
> to go occasionally, irregularly, or rather often.).

Similarly: *jeti* (*jedu*)—iter. *jezditi* (*jezdím*)—freq. *jezdívati*
(*jezdívám*); *běžeti* (*běžím*)—*běhati* (*běhám*)—*běhávati* (*běhá-
vám*); *nésti* (*nesu*)—*nositi* (*nosím*)—*nosívati* (*nosívám*);
*letěti* (*letím*)—*létati* (*létám*)—*létávati* (*létávám*).

It is in verbs of motion that the usage of these three forms
is most clearly differentiated.

A frequentative verb is generally to be formed by the
addition of an infix -*va*- to the iterative, as in *jezditi*—
*jezdívati.*

If there is no iterative, the frequentative verb is used for
both frequentative and iterative: *zpívati* (*zpívám*)—
*zpívávati* (*zpívávám*); *otvírati* (*otvírám*)—*otvírávati* (*otvírá-
vám*); *vstávati* (*vstávám*)—*vstávávati* (*vstávávám*); *trhati*

*(trhám)—trhávati (trhávám)*; *volati (volám)—volávati (volávám)*; *počítati (počítám)—počítávati (počítávám)*; (N.B. *Dáti* is perfective; *dám*=I shall give. There is no durative, the iterative *dávati* being employed with both durative and iterative meaning.

—*Kdy ráno* **vstáváš?**

—*Teď v zimě* **vstávám obyčejně** *v sedm hodin, ale v létě* **jsem vstávával** *v šest hodin nebo i dříve.*

—**Zazpívej** *nám něco pěkného, Evičko!* Sing us something nice, Eva! (Note gen. after *něco*.)

—*Co mám zpívat? Nemohu si na nic* **vzpomenout.** I can't remember anything (Note double neg. *-ne-, nic.*).

—*Jen* **si vzpomeň!** *Vždyť doma* **zpíváš** *od rána do večera (Vždyť—*Why, . . .).

—**Jezdíváte** *v zimě na hory?*

—*Ano,* **jezdíme** *každou sobotu na hory lyžovat* (to ski).

—**Zůstáváte** *tam přes noc?*

—*Někdy tam* **zůstáváme** *přes noc, ale* **obyčejně** *večer jezdíme domů.*

—*Přijedete zpět hodně pozdě?*

—*Asi v deset hodin večer.*

2. Verbs of the second class, such as *nésti (nesu)*, *čísti (čtu)*, *píti (piju)*[1], *žíti (žiju)*[1], *bráti (beru)*, *hráti (hraju)*[1], *psáti (píšu)*[1], *poslati (pošlu)*, and *hnáti* to drive, chase (*ženu*), have the present tense endings *-u (-i)*, *-eš*, *-e*, *-eme*, *-ete*, *-ou (í)*. The infinitives are mostly of two syllables, unless the verb is compound (*odnésti, napsati*, etc.). Most dissyllabic infinitives belong to this class.

Apart from the compounds, which are perfective, the majority of these verbs too are imperfective.

In this class may also be included such verbs as:

(a) *stárnouti* to grow old (*stárnu, stárnul jsem, stárla jsem*), *mládnouti* to grow young (*mládnu, mládl jsem*), *blednouti* to grow pale (*blednu, bledl jsem*), *slábnouti* to grow weak

---

[1] More careful, "literary" forms: *piji, žiji, hraji, píši*, etc.

(*slábnu, slábl jsem*), *tisknouti* to print (*tisknu, tiskl jsem*), and *vládnouti* to rule (*vládnu, vládl jsem*). These are imperfective. There are also perfectives, such as *padnouti* to fall down (*padnu, padl jsem*) and *kývnouti* to nod (*kývnu, kývl jsem*).

(b) *milovati* to love (*miluji, miloval jsem*) and *malovati* to paint (*maluji, maloval jsem*)—also imperfective.

Many of these verbs have iterative or frequentative forms, such as *nésti* (it. *nositi*, freq. *nosívati*), *čísti* (it. *čítati*, freq. *čítávati*), *píti* (it. *pívati*, freq. *pívávati*), *bráti* (it. *brávati*, freq. *brávávati*), *hráti* (it. *hrávati, hrávávati*), *psáti* (it. *psávati*, freq. *psávávati*).

N.B. *býti* (it. *bývati*, freq. *bývávati*).

—**Hráváš** *stále ještě na piano?*

—*Ne, nemám teď čas. Když jsem byl mladší,* **hrával jsem** *pravidelně každý den* (regularly).

—*Co budeš pít po obědě, Antoníne?*

—*Jen vodu, prosím.*

—*Vodu? Tu jsi nikdy ne***píval***.* **Píváv**al *jsi černou kávu.*

    *Karel* **si** **nosívá** *domů knihy z knihovny.* **Čítává** *je večer.*

Notice particularly the use of perfective verbs in the following:

—*Včera jsem potkal našeho souseda. Zestárnul velice v poslední době.*

—*Mluvil jsi s ním?*

—*Ne, nemluvil jsem s ním. Když jsem ho pozdravil, jen kývl rukou a ani se mnou nepromluvil.*

    (*zestárnouti*, pf.—he has become very old recently. *pozdraviti*, pf., to greet. When I greeted him, he only waved his hand and did not even speak to me: *Ani* not even. Note the double negative.)

3. Verbs of the 3rd class, such as *mluviti* (*mluvím*), *vařiti* (*vařím*), *rozuměti* (*rozumím*), *uměti* (*umím*), *slyšeti* (*slyším*), *viděti* (*vidím*), *spáti* (*spím*), and *báti se* to be afraid (*bojím se*), have the present tense endings -*ím*, -*íš*, -*í*, -*íme*, -*íte*, -*í* (-*ejí*, *ějí*).

Almost all these simple verbs are imperfective.

Iterative: *slýchati* to hear, *spávati* to sleep, *bávati se* to be afraid, *vídati* to see.

Frequentative: *slýchávati, mluvívati, vařívati, vídávati.*

Infinitives which end with *-iti* have only *-í* in the 3rd person plural of the present tense, while those which end in *-eti* (*-ěti*) have with some verbs *-í*, with other verbs *-ejí* (*-ějí*).

> *Když jsem byl malý,* **bával jsem** *se psů, ale teď se jich už* **nebojím.** When I was small, I used to be afraid of dogs, but now I am no longer afraid of them.
>
> *Moje žena* **vaří** *dobře, ale moje matka* **vařívala** *ještě lépe.*
>
> —**Vídáš** *někdy slečnu Vlastu Novotnou?*
> —*Ano,* **vídávám** *ji hrát tennis v našem klubu a také s ní někdy* **mluvívám.**

4. —*Kde jste byli včera?*
   —*Byli jsme pozv*á**ni** *pan*e**m** *Navrátil*e**m** *a jeho žen*ou *na oběd.*

> *Střecha byla pokry*ta *tašk*ami. The roof was covered with tiles (*pokrýti* to cover.).
>
> *Bude vychováv*á**na** *sv*ý**m** *poručník*e**m.** She will be brought up by her guardian.
>
> *Byl přepad*en *a oloup*en. He was set upon and robbed (*přepadnouti; oloupiti.*).

The passive consists of *býti* and the past passive participle. The latter is formed, with verbs that take an object only, by adding to the infinitive stem:

(1) *-n* (with verbs of the 1st class, and those of the 2nd class which have infinitives in *-áti* or *-ati*): *volati—volán, uvítati* to invite—*uvítán, poznati—poznán, hráti—hrán, napsati—napsán, poslati—poslán, vybrati—vybrán, milovati—milován, pozvati—pozván* (note the lengthening of *-a-.*).

(2) *-en* (with some verbs of the 2nd class): *nésti—nesen, říci—řečen, přečísti—přečten, upéci—upečen, vytisknouti* to

print—*vytištěn, dosáhnouti* to achieve—*dosažen* (note the shortening of the stem vowel in some of these verbs, and other sound-changes in the stem.).

(3) *-t* (with other verbs of the 2nd class): *krýti—kryt, vypíti—vypit, umýti—umyt, prožíti* to experience, live through—*prožit, ovládnouti* to rule—*ovládnut, zapomenouti—zapomenut.*

(4) *-en* (with verbs of the 3rd class): *viděti—viděn, uslyšeti—uslyšen, nakresliti—nakreslen, uvařiti—uvařen, omluviti* to excuse—*omluven, vymysliti* to think out—*vymyšlen, vyčistiti* to clean—*vyčištěn* (note the consonant changes. Irregular forms are fairly frequent—see list of irregular verbs.).

The past passive participle is declined: *byl pozván, byla pozvána, bylo pozváno, byli pozváni, byly pozvány, byla pozvána.* These are the predicate adjective endings.

5. Passive constructions are rarer in Czech than in English, although they occur fairly often in official and journalistic language. They are used mostly with perfective verbs, when they express the **result** of an action.

Where in English the passive is employed, Czech often employs a reflexive:

> *Zde* **se mluví** *česky.* Czech is spoken here.
> *To* **se rozumí.** That is understood (That goes without saying).
> *To* **se nedělá.** That isn't done.
> *Jak* **se** *to* **vaří?** How is it cooked?
> *Naše dcera* **se bude jmenovat** *Hana.*
> *Říkalo se, že* **se** *ta stará škola* **zbourá.** It was said that the old school would be pulled down.

6. *Exercises.* A. Complete the following appropriately, using a durative, iterative, or frequentative form of the verb. 1. Karlovi je pět let, a proto už (goes) do školy. 2. Slečna Urbanová nemá ráda filmy, ale zato (goes) do divadla.

3. Ona (goes) do Bratislavy, kde bydlí její bratr. 4. Když jsem byl mladší, (I used to fly) z Brna do Prahy. 5. Vzpomínám rád na slovenské písničky, které moje matka (used to sing) za starých časů. 6. Naše malá Marta ještě (counts) na prstech. 7. Když jsme byli malí (we used to count) na prstech. 8. (Do you call him) telefonem každé ráno? 9. Proč tak utíkáš? Já vždycky (walk) pomalu. 10. (Do you sleep) dobře? Ano, ted' (I sleep) docela dobře, ale před rokem (I used to sleep) špatně. 11. (I used to read) knihy každý večer až do dvanácti hodin. 12. (I listen to) radio, když mám čas, ale každý večer je (I do not listen to). 13. Budeš (see) našeho strýčka, až se přestěhuješ do Říma? Ano, budu ho (see) denně, protože budeme pracovat ve stejném úřadě (přestěhovati se—to move, Řím—Rome, úřad, m.—office). 14. Ta zpěvačka (used to sing) v operách, ale ted' (she sings) jenom na koncertech.

B. Complete the following. 1. Tato slova byla napsána slavn– básník–. 2. Zloděj byl vid–, když utíkal z domu. 3. Ten dopis byl posl– včera. 4. V opeře ,,Prodaná nevěsta'' od B. Smetany Mařenka byla prodán– Jeník–. 5. Tyto dopisy byly napsány dvě– různ– osob– (osoba—person). 6. Výstava byla slavnostně zaháj– president– republiky. 7. Všechny školní knihy jsou tisknuty státn– tiskárn–. 8. Byl jsem doktor– dobře prohlédn– (prohlédnouti—to examine). 9. Auto bylo prodá– za poloviční cenu (at half price). 10. Obžalovaný byl Nejvyšš– soud– osvobozen. 11. Žádost musí být podepsá– žadatel– a dvě– svědk–.

C. Put into Czech. 1. New pupils will be received in September (přijmouti). 2. The boy got weaker and weaker (lit. weakened more and more) and the doctor shook his head over him (kroutiti+instr.). 3. Do you read travel books? I used to, but not often. 4. When I go to stay (Až budu bydlet) with Aunt Milada, shall I be able to write home? 5. Yes, you can write every day. 6. How is it pronounced? 7. Did they speak German at the hotel where you stayed? 8. Czech, English, French, Russian, and Spanish spoken here. 9. For sale, man's coat, grey, price 250 crowns.

10. House to let (Pronajme se dům) with garden. 11. We used to prune (i.e. cut—stříhávati) our trees ourselves, but now a gardener (zahradník) comes to us and prunes them for us. 12. This letter was written by me and not by him.

# LESSON XXXI

Predicative Adjectives. Attributive Adjectives
from Past Passive Participles. Verbal Nouns.
Neuter Nouns in -*í*.

1. Some adjectives have a predicative form, which is often
shorter. The short-vowel endings of this form are the endings
of the principal noun-classes (masculine animate, feminine,
and neuter).

> *ten šťastný hoch—ten hoch je* **šťasten**.
> *ta šťastná žena—ta žena je* **šťastna**.
> *to šťastné děvčátko—to děvčátko je* **šťastno**.
> *ti šťastní hoši—ti hoši jsou* **šťastni**.
> *ty šťastné ženy—ty ženy jsou* **šťastny**.
> *ta šťastná děvčátka—ta děvčátka jsou* **šťastna**.

Similarly: *hotový*, etc.—*hotov*, etc., *smutný—smuten*,
*zdravý—zdráv*, *nemocný—nemocen*, *živý—živ*, *mrtvý* dead—
*mrtev*, *laskavý* kind—*laskav*, *spokojený* contented—*spokojen*,
*svobodný* free, single—*svoboden*, *starý—stár*, *zvědavý* in-
quisitive—*zvědav*, *ženatý* married (to a woman)—*ženat*,
*vdaná* married (to a man)—*vdána*.

These forms are used mainly in the nominative, and to a
greater extent in literary than in conversational style. The
latter prefers the attributive endings (-*ý*, -*á*, etc.).

(*Rád* and *sám* have only the predicative endings:
> *Děvčátko si rádo hraje s panenkami.*
> *Helena a Jana byly samy doma.*)

Adjectives ending in -*rý* (except *starý*), -*cký*, *ský*, and -*ký*,
and certain others (e.g. *nový*, *bílý*, *černý*, *malý*), have no
predicative forms.

2. Attributive adjectives can be formed from many past
passive participles, e.g. *kryt—krytý vchod* a covered entrance,

*kreslen—kreslený film* cartoon (lit. drawn) film, *pozván—
pozvané* (note short vowel) *dámy* the ladies who have been
(had been, were) invited, *pečen—pečený chléb, zavřen—zavřená
škola, otevřen—otevřené okno, napsán—napsaný dopis,
přečtené knihy* the books which have been read through.

3.  —*Které předměty jste měli včera ve škole, Jiřino?*
     (*předmět*, m., subject)
     —*Včera jsme měli* **čtení, psaní** *a* **kreslení.**
     —*Máš dnes moc* **učení**? (homework)
     —*Ne, nemám.*

    —*Pomůžeš mi při* **uklízení** *a* **vaření?** Will you help me
       with the cleaning and cooking? (*ukliditi*)
    —*S radostí, maminko.* With pleasure, mother. *Máš také
       něco na* **praní?**
    —*Ne, prala jsem včera. Je zde jen pár kousků na* **žehlení**
       (a few things for ironing).

    **Kouření** *zakázáno*—Smoking prohibited.

The verbal noun, which is always neuter, is made by
adding *-í* to the past passive participle: *kreslen—kreslení,
čten—čtení, psán—psaní* (vowel shortening), *kouřen—
kouření* smoking, *pit—pití.*
Verbal nouns of intransitive verbs, which have no past
passive participles, may be formed by analogy: *spaní*
sleeping, *bolení* aching (*boleti* to ache, hurt), *ježdění* riding,
etc.

4.  —*Kdy pojedete do Prahy?*
     —*V* **pondělí** *ráno. Musím být na* **nádraží** *v osm hodin.*
     —*Kde budete bydlet?*
     —*Budu bydlet u sestry. Má pěkný byt* (flat) *ve druhém*
       **poschodí** (on the second floor) *v moderním domě
       na Václavském* **náměstí.**

    —*Které je nejoblíbenější české jídlo?* (*oblíbený—
       popular).
    —*Husa s knedlíkem a se* **zelím.**

—*Trpím* **bolením** *hlavy a nemohu dobře spát* (*trpěti* +
instr.—to suffer from).

—*Předepíšu* (I shall prescribe) *vám tabletky proti* **bolení**
*hlavy a lék* (medicine) *pro* **spaní**.

—*V jak velkém domě bydlíte?* In what size of house do
you live?

—*Bydlíme v domě o šesti* **poschodích**. We live in a
house of six storeys.

There are many other neuter nouns ending in -*í*, such as
*nádraží* station, *náměstí, poschodí, počasí* weather, *pondělí*
and *září*. Some of these are collectives, like *uhlí* coal, *dříví*
wood, *obilí* corn, *kamení* stones, *zboží* goods, *nádobí* dishes,
and *umění* art. Neuter nouns ending in -*ství*, such as
*přátelství* friendship, *království* kingdom, *cukrářství* sweet-
shop, *knihkupectví* bookshop, and *řeznictví* butcher's, may
be included here; the ending often denotes the place where
a trade is carried on. Neuter nouns in -*í* are alike in all cases
of the singular, except for the instrumental (-*ím*). In the
plural the dative, locative, and instrumental endings are as
for soft adjectives (-*ím, ích, ími*); otherwise the ending is -*í*.

5. *Paní* lady, Mrs, is declined in the same way, except that
the singular is invariable.

*Setkala jsem se včera s paní Pekárkovou.*
*Slyšeli jsme o těch pánech a paních mnoho zajímavého.*
*Pan Stránský tancoval se všemi přítomnými paními*
(with all the ladies present).

6. Masculine nouns ending in -*ý*, such as *hostinský* innkeeper
and *Novotný*, are declined like -*ý, -á, -é* adjectives, and
those ending in -*í*, such as *krejčí* tailor, *vrchní* waiter,
*průvodčí* guard (of a train), and *Jiří*, like -*í* adjectives.

*Ptal jsem se hostinského na cestu do města.*
*Odnesl jsem látku ke krejčímu.*
*Viděl jsi včera odpoledne Jiřího?*
*Půjdu za průvodčím* (I'm going to look for the guard)
*a zeptám se ho, kdy vlak přijede do Prahy.*

7. *Exercises.* A. Complete, using the predicative form of the adjective. 1. Moje teta je vážně nemocn–. 2. Karel je ještě svobod–. 3. Je vaše starší dcera (vdaná)? 4. Můj dědeček už není živ; je mrt–. 5. Jak je to děvčátko star–? 6. Moji dva bratři jsou už pět roků ženat–. 7. Buďte tak lask–, a podejte mi cukr! 8. Proč jsi tak smutn–, má milá Mařenko? 9. Nejsem na to vůbec zvědav–. 10. Chodím nerada do divadla sam–.

B. Complete the following. 1. Česk–kreslen– filmy jsou znám– po cel– svět– (all over the world). 2. Anglick– domy mívají kryt– vchody (mívati to have [usually]). 3. Nenahýbej se z toho otevřen– okn–! (nahýbati se z—to lean out of.) 4. Dopis bratrovi do Amerik– už mám naps– a zalep– (zalepiti—to seal; lepidlo—glue). 5. Máš už přečten– všechn– knihy, kter– jsem ti půjčil? 6. Ten dvoupatrový (two-storeyed) dům u park– je už dávno prod– (dávno— long ago). 7. Vstup do park– po desát– hodin– večerní je zakáz– (vstup—entry; vstoupiti). 8. Koupené zboží byl– zabalen– a odeslán– (zabaliti—to wrap up; balíček— parcel; odeslati—to send off). 9. Zapomenut– dílo Svato-pluk– Čech– byl– znovu vydán– (znovu—again; vydati—to issue, publish). 10. Pane vrchn–, platit, prosím!

C. Complete the following. 1. Za nádraž– stojí několik vysok– strom–. 2. Mohu vám doporučiti (recommend) velmi dobr– cukrářství. 3. Naše město se může pochlubit (boast of, take pride in having) dvěma modern– řeznictv–. 4. Koupili jsme pěkný dům o čtyř– poschod–. 5. Můj bratr má obchod obil–. 6. Umyji nádobí a pak půjdu na procházk– do les–. 7. V knihkupectv– na náměst– jsem dnes koupil několik knih. 8. Všem pán– a slečn–, které nám pomáhaly, srdečně děkujeme (srdečně—heartily, sincerely). 9. V naš– obchod– prodáváme jen dobr– zboží. 10. Holandsk– malířsk– umění (painting) je světoznámé (malovati—to paint; svět—world).

D. Put into Czech. 1. Miss Květa Černý is still single, but her elder sister is married. 2. When are you going to get married, Karel? 3. Which subjects do you like best, Jitka?

Drawing and writing. 4. What is your son's job (lit. What kind of job has your son)? (job—zaměstnání). 5. Is smoking forbidden here? 6. Ask that lady what the time is. 7. Be so kind as to (lit. Be so kind and) tell me the time, please. 8. Are you ready? No, but I shall be ready in five minutes.

# LESSON XXXII

Present and Past Conditional. Relative Pronouns. *Tentýž.*

1.  —*Kam pojedeš na dovolenou?* Where are you going for your holiday?

    —*Rád* **bych jel** *na Slovensko.* I would like to go to Slovakia.

    —**Jel bys** *sám nebo* **byste jeli** *všichni?* Would you go alone or would you all go?

    —**Jeli bychom** *všichni.* We would all go.

    —*Jak dlouho* **byste** *tam* **zůstali?**

    —**Zůstali bychom** *tam čtrnáct dní a má žena a Jiřina* **by** *potom* **jely** *na týden k matce. Já* **bych nemohl** *jet s nimi, protože nemám delší dovolenou.*

    —*Co* **bys dělal, kdybys byl** *bohat?* What would you do if you were rich?

    —**Kdybych byl** *bohat,* **koupil bych si** *krásné auto a velký dům se zahradou.*

    —*To je krásný obraz.* **Kéž bych mohl** *také takový mít.* I would like to have (Would that I had, I wish that I had) one like that too.

    —*Mám dva takové obrazy.* **Kdybyste si přál, prodal bych** *vám jeden.*

    —*Skutečně?* Really? *A co* **byste** *za něj* **chtěl?** And what would you want for it?

    —**Chtěl bych** *za něj sto korun.*

The present conditional is made up of the past participle and the auxiliary *bych* (*bys, by, bychom, byste, by*).

*Kéž* can be used with the conditional to express a wish.

An "if"-clause expressing an unreal condition is introduced by *kdybych* (*kdybys, kdyby, kdybychom, kdybyste, kdyby*). Where the condition may be fulfilled, the clause is introduced by *jestliže, -li,* or (colloquially) *když*: *Chceš-li ráno brzy vstávat, musíš jít večer brzy spat.* If you want, etc. *Jestliže mi nevěříš, zeptej se své matky!* If you don't believe me, etc. *Když půjdeš ven, nezapomeň svůj deštník.*

2. *Je čas,* **abych** *už* **šel** *domů.* It is time for me to go home.

   **Říkal** *jsem ti,* **abys** *tu knihu* **vrátil.** I told you to return this book.

   *Učitelka* **řekla** *žákům,* **aby** *pozorně* **poslouchali.** The teacher told the pupils to listen carefully.

   *Není možné,* **abychom se vídali** *každý den.* It isn't possible for us to see each other every day.

   **Prosila** *jsem vás,* **abyste** *mi to* **odpustili.** I begged you to excuse me.

   **Přál** *bych si,* **aby se** *ti hoši lépe* **učili.** I would like the boys to study harder.

Subordinate clauses expressing a desire, entreaty, command, request, fear, etc., are introduced by *abych* (*abys, aby, abychom, abyste, aby*), used with the past participle, especially after *říci, přáti si, prositi, žádati, chtíti,* and similar verbs in the main clause. In English an infinitive construction is normal. *Abych,* etc., is also used to express purpose:

   *Přišel jsem, abych vám řekl smutnou novinu.* I have come to tell you a sad piece of news.

   *Karel jel do Ruska, aby se naučil* (in order to learn) *perfektně rusky.*

   *Sestra mi telefonovala, abych za ní přijela.*

   *Psala nám teta, abychom jí poslali adresu své dcery.* Our aunt wrote to us that we should send her the address of our daughter.

   *Volala jsem vás, abyste šel k obědu.* I called you to come to lunch.

3.      *Prosil mne, abych odešel.*

  BUT: *Prosil mne, abych* **neodcházel.**

       *Matka poručila Vlastě, aby nakoupila zeleninu*
       (*poručiti* + dat. to order).

  BUT: *Matka varovala Vlastu, aby toho tolik* **nekupovala.**
       Mother warned Vl. not to buy so much of it.

       *Žádám vás, abyste opustil tuto místnost.* I request
       you to leave this room.

  BUT: *Žádal mne, abych nemocného* **neopouštěl.** He asked
       me not to leave the sick man.

When the verb in the subordinate clause is negative, the
imperfective aspect is often used instead of the perfective,
as with the negative imperative (Ch. XIX, 2).

4.  **Byla bych koupila** *chléb, ale pekařství už bylo zavřeno.*
   I would have bought bread but the baker's was shut.
   **Byli byste přišli,** *kdybychom vás byli pozvali?* Would
   you have come if we had invited you?
   **Byl bych** *rád* **jel** *do Prahy, ale nemohl jsem.* I would
   have liked to go to Prague, but I couldn't.

The past conditional is formed by adding *byl* (*byla, bylo,
byli, byly, byla*) to the present conditional, as in the above
examples. This *byl,* etc., precedes *bych,* etc., unless the
sentence begins with another word, e.g. a personal pronoun,
as in: *Já bych byla přišla, ale nebylo mi dobře.*

The past conditional of *býti* is *byl bych* **býval,** etc.:

   *Kdyby nebyla* **bývala** *válka, byli bychom* **bývali** *zůstali
   v Africe.* If there had not been a war, we would have
   remained in Africa.

5.  —*Vidíš tu černovlasou dívku,* **která** *sedí naproti nám?*
    Do you see that black-haired girl who is sitting
    opposite us?
    —*Myslíš tu,* **která** *sedí vedle té starší dámy?* Do you
    mean the one who is sitting next to the old lady?

—*Ano. Je to tatáž dívka*, **kterou** *jsme viděli před týdnem v divadle.* It's the same girl we saw a week ago at the theatre.

—*Toho mladíka,* **který** *s ní mluví, dobře znám. Zeptám se ho, kdo ta dívka je.* I know that youth talking to her well. I shall ask him who the girl is.

The relative pronoun *který* is declined like a hard adjective. It agrees in number and gender with the noun or pronoun to which it refers, but its case depends on the function it has in the subordinate clause, which is always marked off by commas.

*Potkal jsem dva hochy, s* **kterými** *jsem chodil do školy.*
*Koupil jsi ty knihy, o* **kterých** *jsme včera mluvili?*

6. **Ten, kdo** *je hluchý* (deaf) *a němý* (dumb), *jmenuje se hluchoněmý.*

    **Těm, kdo** *přijdou pozdě, nedáme nic k jídlu.* To those who arrive late we shall not give anything to eat.

    **Ti** *žáci,* **co** *sedí vzadu, nevidí na tabuli.*

    *Kdo* and *co* may also be used as relative pronouns.

7. *To je důstojník,* **jehož** *dceru jsme nedávno potkali v divadle. Vzpomínáš si?* (*důstojník*—officer).

    *Cizinci,* **jimž** *nebyl prodloužen pobyt, musili se vystěhovat* (*prodloužiti*—to prolong; *pobyt*—residence permit).

    *První obyvatelé Čech,* **o nichž** *máme zprávy, byli Keltové.* The first inhabitants of Bohemia of whom we have news were Celts.

The relative pronoun *jenž* (fem. and neut. sg. nom. *jež*; masc. plur. nom. *již*; fem. and neut. plur. nom. *jež*) is declined like *on, ona, ono,* except for the addition of *-ž,* in cases other than the nominative. After prepositions the initial *j-* becomes *ň-*.

Except in the genitive ("whose" in relative clauses) *jenž* is never used in the spoken language. It means the same as *který* but is a literary word.

8. **Touž** *knihu jsem dostal na vánoce od sestry.*
   **Tentýž (Týž)** *kůn vyhrál závod vloni.* The same horse won a race last year.
   *Ptal jsem se tě na* **totéž** *včera.* I asked you about the same thing yesterday.
   *Je to* **tatáž (táž)** *dívka, kterou jsme viděli.* . . .

The pronoun *týž* (m.), *táž* (f.), the same, is declined like an adjective ending in *-ý, -á, -é*. In addition, there are compound forms in some cases: Nom. sg. *tentýž, tatáž, totéž*; Acc. sg. *tentýž* (m. inanim.), *totéž* (*totéž* is the only neuter form.). Nom. plur. *tytéž* (m. inanim.), *titíž* (m. anim.), *tytéž* (f.), *tatáž* (n.), Acc. plur. *tytéž* (m. and f.), *tatáž* (n.).

9. Note the following colloquial contractions: *tys=ty jsi*, *žes=že jsi, aby ses=abys se. Jsi* is sometimes combined with a preceding participle, as in *mluvils=mluvil jsi.*

10. *Exercises.* A. Change the following sentences as in the model: *Co za něj* **chceš?**—*Co* **bys** *za něj chtěl?*
1. Zůstaneme tam celý týden. 2. Jedu ihned domů. 3. Potřebuješ zimní nebo letní kabát? 4. Co chtějí k obědu? 5. Zahraj nám tu skladbu ještě jednou, prosím! (Change into a question. skladba—composition). 6. Mohu si tu knihu odnést domů? 7. Ta váza má stát na stole.

B. Complete the following. 1. Kdyby nebyl tak časně odešel, – – – – ji potk–. 2. Jel tam jen proto, – – se s ní setk–. 3. Doktor mi řekl, – – – méně pracov– a – – – chod–na procházku každý den. 4. Kéž bych – – uděl–, co mi bratr řekl! – – – – ho – – poslechl, ne– – bych ted nemocen. 5. Moje matka chtěla, – – – šla nakoupit místo n–. 6. Kdybych ne– – zapomn– svou peněženku, – – – – – si koup– zmrzlinu. 7. Chcete– – býti šťastni, musíte pilně pracov–. 8. Kdybys – – více pracov–, byl – – býv– bohatší. 9. Ne– – bychom tam jel–, kdybychom – – – – věděl–, že je to tak daleko. 10. Strážník (policeman) jim řekl, – – zahnul–doprava, pak šli rovně (straight on), potom zahnul– **doleva**

a pak zase doprava. 11. Ta děvčata – – nám třeba mohla
ukázat cestu, – – – – se jich zeptal–. 12. Neříkal– vám paní
učitelka, – – – se tu násobilku naučil– doma? (násobilka—
multiplication table; násobiti—to multiply).

C. Put into Czech. 1. If she studied Czech she would soon
learn it. 2. You would have to go by train for nearly two
days in order to reach Czechoslovakia. 3. Is it necessary
(nutný) for the whole family to go to China? (Čína).
4. Mother told us not to go through the wood. 5. If we go
through the wood, we may lose our way (zablouditi—to
lose one's way). 6. If we had not done what she said, we
would have lost our way. 7. If I had known (uměti) Czech,
I would have asked the policeman where the station was (je).
8. Tell him to come to our place (to us) this evening. 9. It
would be nice if we were to go to the mountains this year.
10. Wouldn't you prefer to hang that picture on this wall
instead of that one? (pověsiti).

# LESSON XXXIII

Singular of Masculine and Neuter "Soft"
Nouns. Conjunctions. Sequence of Tenses.

1. —*Vlasto, zavolej* **otce** (father) *k obědu, prosím!*
   —*Hned to bude, maminko.* I'll do it at once, mother.
   *Co máme dnes k obědu?*
   —*Bramborovou polévku,* **vejce** (egg) *se špenátem a
   knedlíky s* **ovocem** (with fruit).
   —*Neříkala jsi ráno něco o* **koláči** *se švestkami?*
   —*Ten upeču až zítra.* I shan't bake that until tomorrow.
   *Dnes jsem neměla čas.*
   —*Už se těším na* **talíř** *horké polévky.* I'm already
   looking forward to a plate of hot soup. *Mám velký hlad.*
   —*Potkal jsi* **listonoše** (the postman), **Tomáši?**
   —*Ano. Dal mi dva dopisy. Jeden je pro tebe,* **otče,** *druhý
   je pro mne.*
   —*Pro* **strýce** *nemáš nic? Čeká na dopis od svého* **přítele**
   *z Hradce* (from his friend in Hradec).
   —*Myslíš od toho, který je tam* **lékařem?**
   —*Ne, myslím od toho, který je* **učitelem.**
   —*Bohužel,* **listonoš** *říkal, že* **strýci** *nic nenese.*

The main classes of noun which we have introduced have
"hard" endings, added to a stem which ends with a "hard"
consonant (see p. xv). There are also the "soft" endings,
added to stems which end in a "soft" consonant. Some
nouns the stems of which end in a "neutral" consonant
(especially *-l, -s, -z*) take "soft" endings, but the majority
take "hard" endings.

Among masculine animate nouns with "soft" endings
are *muž* man, *strýc* uncle, *bratranec*[1] cousin (male). *otec*[1]
father, *chlapec*[1] boy, *lékař* doctor (practitioner), *pekař* baker,

---

[1] Note the elision of *e* in other cases.

*holič* barber (*holiti se* to shave), *herec*[1] actor, *listonoš* postman, *učitel* teacher, *přítel* friend, and such names as *Tomáš* and *Ondřej* Andrew.

Among inanimate masculines with "soft" endings are *koláč, talíř, klíč* key, *nůž* knife, *límec*[1] collar, *olej* oil, and *míč* ball.

Among neuters with such endings are *vejce* egg, *ovoce*[2] fruit, *slunce* sun, *moře* sea, *srdce* heart, and *pole* field.

Except for the instrumental (*-em*), the case ending in the masculine and neuter singular of the "soft"-stem nouns is either *-e* or *-i*. The neuters and the inanimate masculines have the nominative, vocative, and accusative alike in the singular, while the genitive, dative and locative singular endings of both neuters and masculines are *-e, -i, -í*. The animate masculines have vocatives in *-i* and accusatives in *-e*.

2. *Dcera nebyla podobna* **ani** *matce* **ani** *otci.* The daughter was not like either the mother or the father (*podobný* similar to—with dative.).

   *Žák byl* **nejen** *líný,* **nýbrž i** *neposlušný.* The pupil was not only lazy but also disobedient.

   *Byl bych včera večer dočetl tu knihu, byl jsem* **však** *tak unaven; že jsem šel brzy spát.* I would have read this book yesterday evening, but I was so tired that I went to bed early.

   *Karel studoval* **jednak** *v Brně,* **jednak** *v Praze* (partly).

   *Otec byl vážně nemocen,* **ale přece** *se uzdravil* (but nevertheless he got better).

   *Rád bych se podíval do Severní* **i** *Jižní Ameriky.* I would like to have a look at North and also South America.

Some of these **co-ordinating conjunctions** have already been introduced in passing. *Ani* has negative force: notice the double negative (*nebyla . . . ani*). Note also *i . . . i* both

---

[1] Note the elision of *e* in other cases.
[2] Used in the singular only.

. . . and, *buď* . . . *anebo* either . . . or, *neboť* for, *a přesto* nevertheless. *Avšak*, but, can begin a sentence, *však* cannot.

3. Most of the common **subordinating conjunctions** have already been used incidentally, but note also the following:

*ačkoliv* although—*Jezdím v zimě často na hory, ačkoliv nelyžuji* (*lyžovati*—to ski.).

*protože* because—*Protože jsme nedostali lístky, nemohli jsme jít do divadla.*

*poněvadž* because—*Budu se stěhovat do Prahy, poněvadž jsem tam teď zaměstnán* (*stěhovati se*—to move.).

*až*—*Půjdu domů až odpoledne.*
*Až budeš vojákem, budeš nosit uniformu.*

*jakmile* as soon as—*Jakmile nás uviděl, otočil se a utekl* (*utéci*, pf., to run away; *uteku, utečeš*, etc.).

*dříve než* before—*Dříve než odjedete, řekněte nám svoje jméno!*

*zatím co* while—*Zatím co jsme poslouchali radio, lupiči vlezli oknem do našeho bytu* (*lupič*, m., thief; *vlézti* to get in.).

*sotva(že)* no sooner . . . than—*Sotvaže jsem udělal několik kroků, začalo pršet.* No sooner had I taken a few steps than it began to rain.

*kdykoliv* whenever—*Kdykoliv jdu večer na procházku, vezmu s sebou svého psa.* Whenever I go for a walk in the evening, I take my dog with me.

*jako by* as if—*Zdá se mi, jako by někdo klepal* (*klepati* to knock).

*pokud* as far as—*Pokud se pamatuji, má pan Cerný jenom dvě dcery a ne tři.*

*kdežto* whereas—*Moje žena jezdí ráda v létě k moři, kdežto já jezdím raději na hory.*

*zda(li)* whether—*Ptám se tě, zdali jsi nezapomněl koupit noviny* (a newspaper).

*takže* so that—*Přede mnou seděl vysoký muž, takže jsem nemohl dobře vidět na jeviště* (*jeviště*, n., stage.).

*čím ... tím* the more ... the...—*Čím déle se na ni díval, tím více se mu líbila.* The longer he looked at her the more she pleased him (= the more he liked her).

4. *Řekl jsem mu, že tu knihu nemám, ale že mu ji koupím.*
   *Pan učitel řekl, že budeme mít čtrnáct dní*[1] *prázdno* (free).
   *Jiří mi psal, že babička byla vážně nemocna, ale že se úplně uzdravila.*
   *Helena mi telefonovala, že se budou brzy stěhovat do nového bytu.*
   *Slíbila jsem matce, že to už nikdy neudělám* (*slíbiti* to promise.).

In English there is a change of tense when direct speech is reported indirectly (He said, "I am coming"—He said that he **was** coming; He said, "She has been ill"—He said she **had been** ill; He said, "I shall come"—He said he **would** come). In Czech there is no change: the tense used in the subordinate clause is the same as that of the direct speech.

5. *Nezapomeň na* **to, co** *jsem ti řekl!* Don't forget what I told you.
   *Slyšeli jsme* **o tom, co** *se vám stalo.* We heard about what happened to you.

A noun clause beginning with *co* is often preceded by the demonstrative pronoun.

6. *Exercises.* A. Complete the following. 1. Viděl jsi listonoš–, Tomáš–? 2. Listonoš–, máte něco pro mne nebo pro Tomáš–? 3. Nemám nic pro vás, ale mám dv– dopisy a jeden lístek (postcard) pro vaš– – ot– –. 4. Půjdu dnes odpoledne k holič–. 5. Běž k pekař–, Mikuláš–, a kup šest rohlík–! 6. Zeptej se pekař–, má-li dnes nějak– koláč. 7. Přines mi talíř a nůž, Miloš–! 8. Chci nakrájet nož– tento koláč. 9. Mám ti uvařit vejc– k svačin–? 10. Co budeme dělat

[1] Or: *dnů.*

s tím ovoc–, Ondřej–? 11. Popros svat– – Mikuláš–, aby ti dal nov– míč (poprositi, pf., to ask, beg). 12. Nehraj si s tím ostr– – nož–!

B. Complete the following. 1. Chtěl bych se naučit (both) polsky (and) maďarsky (Hungarian). 2. Navštívili jsme nejen Švédsko (Sweden), – – – – – – Norsko. 3. Tomu hochovi je skoro osm let, a – – – neumí ani pořádně číst, – – – psát. 4. Přijedu domů – – – odpoledne, anebo večer. 5. Volal jsem tě, tys mě – – – neslyšel. (tys – ty jsi). 6. Moje sestra je mi velice podobna, – – – – je mnohem větší. 7. – –, co jsi slyšel, není pravda. 8. O tom, – – jste mi teď řekl, jsem četl v novin– –. 9. Karel mi psal, že přij– – – příští týden. 10. Řekla jim, že ne– – – moci zpívat na koncertě. 11. Karel psal svému otci, že se– – – ženit. 12. Řekl mu, že – – už dlouho zasnouben (engaged).

C. Put into Czech. 1. I've lost my key. Either I left it at the office or I forgot it (zapomenouti) this morning. 2. My uncle has gone to see the doctor. 3. We rode in the procession (průvod, m.) on a decorated (ozdobený) waggon. 4. I like sardines in oil (sardinka). 5. Tomáš and Ondřej are playing with a ball on the playing-field. 6. Give me that ball, Ondřej! 7. Ask the teacher whether we can take a new ball. 8. No sooner had I gone out than it began to rain. 9. My friend's Christian name is Bořivoj. 10. Did your uncle tell you what happened to him when he was a small boy? 11. What have you got on your collar?

F

# LESSON XXXIV

Singular of "Soft" Feminine Nouns. Possessive
Adjectives. Comparative and Superlative of
Adverbs.

I. —*Co budeme dělat v* **neděli?**
—*Pojedeme do zoologické zahrady.* *Řekneme* **sestřenici**
*Marii, aby jela s námi a vzala také malou* **Julii.**
—*Půjdeme na oběd do* **restaurace?**
—*Ano, ale* **večeři** *budeme mít doma.*

*Otec sedí v* **kuchyni** *na* **židli** *a čte knihu. Matka žehlí*
*bílou* **košili.**
*Učitel píše bílou křídou na* **tabuli.**
*Byl jsem, minulý rok měsíc ve* **Francii.**
*Dej pozor, když přechází* **ulici!**

Among feminine nouns with "soft" endings are *sestřenice*
cousin (female), *neděle* Sunday, *restaurace, večeře* evening
meal, *kuchyně* kitchen, *židle* chair, *košile* shirt, *tabule* black-
board, *ulice* street, *země* land, country, *lavice* bench, *růže*
rose, *cibule* onion, *Francie* France, and such Christian
names as *Marie* and *Julie,*

Again, as with the "soft" masculines and neuters, the
case-ending in the singular is either -*e* or -*i*. The nominative
and vocative endings are alike, -*e*, and the accusative has -*i*.
The genitive, dative, and locative singular endings are -*e*
-*i*, -*i*, as with the masculines and neuters.

Comparison of neuter, masculine, and feminine "soft"
nouns in the singular:

|        | Neuter | Masculine | Feminine | |
|--------|--------|-----------|----------|---|
| Nom.   | *moře* | *Tomáš*   | *Marie*  | *růže* |
| Voc.   | *moře* | *Tomáši*  | *Marie*  | *růže* |
| Acc.   | *moře* | *Tomáše*  | *Marii*  | *růži* |
| Gen.   | *moře* | *Tomáše*  | *Marie*  | *růže* |
| Dat.   | *moři* | *Tomáši(-ovi)* | *Marii* | *růži* |
| Loc.   | *moři* | *Tomáši(-ovi)* | *Marii* | *růži* |
| Instr. | *moř***em** | *Tomáš***em** | *Marii* | *růží* |

It is not suggested that this paradigm should be learnt by heart; but the similarities and dissimilarities between the declension may be usefully observed.

2. **Karlův** *most v Praze je znám svými sochami* (*most*, m., bridge; *socha* statue).

**Tylova** *píseň ,,Kde domov můj'' se stala českou národní hymnou.* Tyl's song "Where is my homeland" became the Czech national anthem (*státi se* + instr.).

**Smetanovu** *operu "Prodaná nevěsta" hrají po celém světě.*

*Marie našla* **bratrovu** *čepici.*

**Novákovo** *auto se mi vůbec nelíbí.*

*Zastavili jsme se před* **Františkovým** *domem.*

*U* **otcova** *kabátu se utrhl knoflík.* A button came off father's coat. ·

Possessive adjectives can be formed from masculine animate nouns, if they denote particular persons, by adding *ův* (*-ova*, *-ovo*), sometimes with vowel elision: *Karel—Karlův, Tyl—Tylův, Jirásek—Jiráskův, Smetana—Smetanův, bratr—bratrův, otec—otcův*, etc. They are declined in the singular like "hard" nouns, except that the instrumental has the adjective ending *-ým* (fem. *-ou*). In the plural the endings are adjectival except for the nominative and accusative.

Example:

| | Masc. Anim. | Masc. Inanim. | Neuter. | Feminine |
|---|---|---|---|---|

**Singular**

Nom. and
Voc.  *Jiráskův*   *Jiráskův*   *Jiráskovo*   *Jiráskova*
Acc.  ———ova   ————   ————   ———u

Gen.   *Jiráskova*   ———y
Dat.   ———u   ———ě
Loc.  o  ———ě  o  ———ě
Instr.   ———ým   ———ou

**Plural**

Nom. and
Voc.  *Jiráskovi*   *Jiráskovy*   *Jiráskova*   *Jiráskovy*
Acc.  ———y   ————   ————   ————

Gen.   *Jiráskových*
Dat.   ———ým
Loc.  o  ———ých
Instr.   ———ými

3. *Potkal jsem dnes ráno* **sestřina** *manžela* (my sister's husband).
   **Matčino** *zdraví se v poslední době zlepšilo.* Mother's health has improved recently.
   *Přečti si* **dceřin** *dopis!* Read our daughter's letter.
   *Našla jsem* **Heleninu** *kabelku na stole.*

Possessive adjectives can be formed from feminine animate nouns by adding -*in* (-*ina*, -*ino*): *sestra—sestřin, matka—matčin, dcera—dceřin, Helena—Helenin,* etc. Note that a "hard" consonant is "softened" before the ending. Such adjectives are declined in the same way as *Jiráskův,* etc.

If the possessor is qualified in some way the genitive case must be used: *otcovo kolo,* but: *kolo mého otce.*

Proper names ending in -*ý,* e.g. *Novotný,* have no special

possessive form, but are declined like *-ý, -á, -é* adjectives:
e.g. *Dům pana Novotn***ého.**

4. *Nemohl bys jít* **rychleji?** *Je pozdě a začíná být*
   **chladněji.**
   *Čím* **dříve** *budeme doma, tím* **lépe.** *Doma si rychle*
   *uvaříme horký čaj a bude nám hned* **tepleji.**

—*Kdy mám pro vás přijít?* When should I call for you?
—**Nejpozději** *v sedm hodin, ale ne* **dříve** *než o půl sedmé.*

Some adverbs form their comparative by adding *-eji*
(*-ěji*): *rychle* quickly—*rychleji* more quickly, *teplo* or *teple*
warmly—*tepleji, chladno* or *chladně—chladněji, šťastně—*
*šťastněji, hlasitě—hlasitěji, tiše* quietly—*tišeji, pozdě—*
*později,* etc.

Adverbs ending in *-ko, -oko,* and *-eko* drop this ending and
add *-e* to a "softened" consonant: *nízko* low—*níže* lower,
*vysoko* high—*výše* (note vowel lengthening), *blízko* near—
*blíže, daleko* far off—*dále* (vowel lengthening), etc.

A number of common adverbs are compared irregularly:
*dobře—lépe* better, *špatně—hůře* worse, *málo* little—*méně*
less, *mnoho* much—*více* more, *dlouho—déle* longer, *brzy*
(*brzo*)—*dříve* sooner.

The superlative is formed by prefixing *nej-* to the com-
parative: *rychleji—nejrychleji* most quickly, *později—nej-*
*později, blíže—nejblíže, lépe—nejlépe* best, etc.

5. *Exercises.* A. Complete the following. 1. Půjdeš v
neděl– na výlet (on an excursion) se sestřenic– Mari–?
2. Ano, půjdeme na dlouh– procházk– a budeme večeřet v
restaurac–. 3. Co jsi říkala o Mari–? 4. Říkala, že pojede
letos do Franci–. 5. Myslela jsem, že už byla ve Franci–
a že chce letos jet do Itali– nebo do Angli–. 6. Dostal jsem
od Libuš– krásn– bíl– růž–. 7. Běž do kuchyn– a přines
ještě jedn– židl–, Juli–! 8. Mám si obléci bíl– nebo barevn–
košil–? 9. Žijete v této zem– dlouho? 10. Nemohu se naučit
t– dlouh– básn– (dat.).

B. Complete the following. 1. Bratr– dům je na prodej.
2. Sestra Danuše žehlí otc– – košili. 3. Víte něco o Dvořák– –
opeř– ,,Rusalka''? 4. Četl jsi mnoho Jirásk– – – románů?
Ne, pouze dv–. 5. Dnes večer půjdeme s Novotn– – (pl.)
do kin– na ruský film. 6. Neviděla jsi někde Jiřin– – čepic–,
Mari–? 7. Myslíš Jiřin– – nov– čepic– nebo star–? 8. Josef
byl tetin– – (plur.) slov– velice potěšen (potěšiti se, býti
potěšen čím—to be pleased by). 9. Oblékli jsme se tepl– –,
protože noc byla chladn– – (comp.). 10. Jedna strana
obraz– je níže než druh–. 11. Můj strýc přijel o den pozd– –,
než jsme ho čekali. 12. Kdo se směje naposled, ten se směje
nej– –. 13. Hraju tennis špatně, můj bratr– –, a moje sestra
nej– –.

C. Put into Czech. 1. Can't you speak louder? 2. Marie
is ill in the train, but on a ship she is worse. 3. The little girl
looked forward most to the ice cream. 4. We won't stand any
longer; let's sit on the bench. 5. Jan writes on the board
more quickly than Hana. 6. Aunt's chair stands by the
window. 7. Who can throw a ball the highest (vyhoditi).
8. How do you like sister's doll? 9. To-morrow I shall go to
visit my cousin (fem.) in hospital. 10. Every Sunday we go
to a restaurant for dinner. 11. I waited for you at least
half an hour.

## LESSON XXXV

Plurals of "Soft" Nouns. Diminutives,
Augmentatives, etc.

1. —*Kolik máš* **bratranců**?
—*Šest.*
—*Čím jsou všichni ti* **bratranci**?
—*Dva jsou* **lékaři**, *dva* **učiteli** *a dva* **holiči.**

—*Mám šest* **talířů**, *dva* **nože** *a tři vidličky.*
—*Kolik* **talířů**, **nožů** *a vidliček mám ještě přinést?*
—*Přines ještě dva* **talíře**, *šest* **nožů** *a pět vidliček, prosím.*

Inanimate and animate "soft" masculine nouns (as well
as the "hard" masculines) are alike in all cases of the plural
except the nominative and vocative, as is plain from the
following comparison:

|          |   | Animate |   | Inanimate |
|----------|---|---------|---|-----------|
| Nom. and |   |         |   |           |
| Voc.     |   | *muži*  |   | *talíře*  |
| Acc:     |   | *muže*  |   | *talíře*  |
| Gen.     |   | *mužů*  |   | *talířů*  |
| Dat.     |   | *mužům* |   | *talířům* |
| Loc.     | o | *mužích* | o | *talířích* |
| Instr.   |   | *muži*  |   | *talíři*  |

The genitive and dative endings are the same as those of
the "hard" masculines (e.g. *les*, gen. *lesů*, dat. *lesům*); the
locative and instrumental endings are *-ích* and *-i* instead of
*-ech* and *-y.*

Many "soft" animate masculines may have *-ové* in the
nominative plural, e.g. *mužové*, *otcové* (*otec*). A few, such as
*učitel*, have the nominative plural in *-é*: *učitelé*. *Přítel*—nom.
plur. *přátelé*, gen. plur. *přátel*, dat. plur. *přátelům*, etc.

2. —*Svezli jste všechno žito s* **polí***?* Have you brought in
all the rye from the fields? (*svézti*).

—*Ne, jen se dvou* **polí***, na ostatních* **polích** *ještě zůstalo.*

—*To je krásná* **kytice** (bunch) **růží***. Jsou z vaší zahrady?*

—*Ano. Miluji* **růže***. Mám je ze všech květin nejraději.*

*V pražských* **ulicích** *je vždy velice živo.*

*V naší třídě je dvacet pět* **lavic***.* In our classroom there
are 25 benches.

*Četl jsem o těch vzdálených* **zemích** *a* **mořích***, když
jsem byl mlád.*

"Soft" neuter and feminine nouns are alike in the plural
except for the instrumental case:

|  | Neuter | Feminine |
|---|---|---|
| Nom. and Voc. | *pole* | *růže* |
| Acc. | *pole* | *růže* |
| Gen. | *polí* | *růží* |
| Dat. | *polím* | *růžim* |
| Loc. | *polích* | *růžích* |
| Instr. | *poli* | *růž*emi |

In the "hard" neuters the dative and locative endings
are *-ům*, *-ech* (e.g. *městům, městech*); in the "hard" feminines
*-ám*, *-ách* (e.g. *tetám, tetách*)—but the soft nouns, both
genders, have *-ím*, *-ích*.

3. Diminutives of Nouns:—

Various suffixes are used to form diminutives, which may
often express affection or admiration rather than indicate
the smallness of the person or object.

(1) *-ek*, *-ka*, *-ko*: *dům—domek* small house, *kus* piece—
*kousek* small piece, *kabát—kabátek* small coat, *strýc—
strýček*, *syn—synek*, *ruka—ručka* small hand, *panna* doll—
*panenka*, *cibule* onion—*cibulka*, *Božena—Boženka*, *klec*
cage—*klícka*.

(2) *-ík* (in many masculines): *nůž—nožík* small knife,
*koš* basket—*košík* small basket.

(3) *-eček* or *-íček*, *-ečka* or *-íčka*, *-ečko* or *íčko* (often suggesting that the person or thing is very small, or expressing greater affection): *kůň* horse—*koníček* small horse, *dům—domeček* very small house, *kus—kousíček* very small piece, *ruka—ručička* small hand (e.g. of a watch), *teta—tetička*, *bába—babička* grandmother, *pivo—pivečko*, *vejce—vajíčko*, *slunce—slunečko*, *sluníčko*.

(4) *-átko*, *-uška*, *-oušek*, *-áček*, *-inka*, *-inek*, etc.: *děvče* (n.) girl—*děvčátko* small girl, *zrcadlo* mirror—*zrcátko* pocket-mirror, *dcera—dceruška* little daughter, *syn—synáček* little son, *děd* old man—*dědeček*, *dědoušek* grandfather, *táta* Daddy—*tatínek* Daddy, *matka* mother—*maminka* mummy.

Diminutive forms are very frequently used in Czech. They have the same gender always as the nouns from which they are derived, and may be just as common as these: hence some of them have been introduced early in this book (e.g. *děvčátko*). Note the mutation or shortening of the stem in many of the above examples, and the "softening" of the final consonant of the stem.

4. Augmentatives of Nouns:—

The suffixes *-isko*, *-án*, *-ák*, *-áč*, and *-oun* often have a bad sense. *Hlupák* (m.) a stupid chap (*hloupý*), *světák* (m.) man of the world, *břicháč* (m.) a pot-bellied man (*břicho* belly), *bručoun* (m.) grumbler, *dlouhán* (m.) a tall fellow, *psisko* cur, ugly dog.

These are not nearly so often used as the diminutives.

5. Adjective Intensifiers: Various suffixes are used in place of *-ý* or *-ký* to indicate a greater degree of the quality concerned: e.g. *-ičký* (*maličký* very small, *mladičký* very young), *-oučký* (*slaboučký* very weak or thin), *-inký* (*malinký* very small), *-ounký* (*sladký* sweet *slad'ounký* very sweet, *hezký* pretty *hezounký* very pretty).

(The suffix *-avý* often denotes on the other hand only a certain degree of the quality indicated, as in *modravý* bluish, *bělavý* whitish).

F*

6. *Exercises.* A. Complete the following. 1. Co víš o jeho přátel–? (plural). 2. Zdeněk má mnoho př–tel, ale já je všechn– neznám. 3. Naš– dva přátel– k nám přijdou zítra na večeř–. 4. Dones t– šest talíř– na stůl! 5. Zeptej se t– muž– (plur.) na ulic–! 6. Naš– otc– – chodí každý den do parku na procházk–. 7. Dnes odpoledne jsem potkal dva znám– učitel–. 8. Prošli jsme několika restaurac– –, ale nemohli jsme nikde najít volný stůl (projíti—to go through, +instr.). 9. Ve všech ulic– – visely prapory. 10. Koupili jsme si do kuchyn– čtyři nov– židl–. 11. Psala jsem oběma sestřenic– před několik– měsíc–, ale ještě mi neodpověděl–.

B. Complete the following. 1. Malý stůl je – –. 2. Malé děvče je – – –. 3. Malá ruka je – –. 4. Malý kus je – –. 5. Malý nůž je – –. 6. Malé město je – – –. 7. Malá klec je – –. 8. Malý kůň je – –. 9. Malé zrcadlo je – –. 10. Malá židle je – – –. 11. Malá lžíce (spoon) je – –.

C. Use a diminutive or intensified form in place of the words underlined. 1. Dívka podala ruku mladému hochovi. 2. Vidíš toho mladíka s dlouhými vlasy? 3. To je hezký kapesník. 4. Dostali jsme košík sladkých jablek. 5. Chlapec si hrál se dvěma malými kočkami.

D. Put into Czech. 1. Don't forget to buy a dozen (tucet+gen.) eggs. 2. Take no notice of that old grumbler (všímati si). 3. The little girl had a small bluish hat on her head. 4. Give me a small piece of bread, please. 5. The earth and the moon (měsíc) revolve round the sun (obíhati okolo+gen.). 6. To (get to) the neighbouring village (vesnice, f.) you must go across the fields. 7. Haven't you any friends, Thomas? 8. In this play there are some very good actors. 9. Grandfather, be careful when you cross the street! (přecházeti). 10. We called the doctor at once. 11. I took auntie a bunch of white, red, and yellow roses.

## LESSON XXXVI

Present Participle. Adjectives formed from
Present Participle. Past Adverb Participle.
Nouns used in the Plural only.

1. *Otec se brzo vrátil,* **nesa** *kytici růží.*
   *Chlapec běžel,* **volaje** *na psa.*
   *Přecházeli jsme most,* **jdouce** *jeden za druhým* (*pře-
       cházeti*—to cross).
   **Vida** *přicházeti matku, chlapeček přestal plakat* (stopped
       crying).
   *Dívka* **vstávajíc** *podávala mi ruku.*

The present participle is a literary form, not used in
conversation. It is formed from the 3rd person plural of the
present tense by dropping the final vowel. This is either *-ou*
or *-í*, and there are thus two series of endings:

|                      | (*-ou*) | (*-í*)  |
|----------------------|---------|---------|
| Masc.                | *-a*    | *-e, -ě* |
| Fem. and Neut.       | *-ouc*  | *-íc*   |
| Plural (all genders) | *-ouce* | *-íce*  |

Examples: (*volají*) *volaje, volajíc, volajíce;* (*vstávají*)
*vstávaje, vstávajíc, vstávajíce;* (*nesou*) *nesa, nesouc, nesouce;*
(*blednou*) *bledna, blednouc, blednouce;* (*bojí se*) *boje se, bojíc
se, bojíce se;* (*jdou*) *jda, jdouc, jdouce.*

The action expressed by the present participle occurs,
whether in the past, present, or future, at the same time as
that of the verb in the main clause. We are concerned here
with **imperfective** verbs.

Present participles can also be made from the 3rd person
plural of perfective verbs, e.g. (*podepíší*) *podepíše, podepíšíc,
podepíšíce;* (*přečtou*) *přečta, přečtouc, přečtouce;* (*potkají*)
*potkaje, potkajíc, potkajíce;* (*přejdou*) *přejda, přejdouc,*

*přejdouce.* These participles express futurity only, and are mostly used to express an action which precedes that in the main clause.

Exceptional forms: (*vidí*) *vida, vidouc, vidouce*; (*vědí*) *věda,* etc.; (*jedí*) *jeda,* etc., eating (also "riding").

Note that when the 3rd person plural has the alternative endings *-ou* (colloquial) and *-í* (formal) the present participle is formed from the latter; (*píšou* or *píší*), *píše.*

2. *Z* **jedoucího** *auta vypadl balík* (*vypadnouti,* pf., to fall out).

*Viděl jsem mnoho* **padajících** *hvězd.* (*hvězda*—star. *padati,* impf., to fall).

*Žena* **šijící** *u okna zvedla hlavu* (*zvednouti,* pf., to lift).

*Hluk* **létajících** *letadel byl velice nepříjemný* (*hluk*—noise; *letěti*—to fly).

Adjectives may be formed by adding *-í* to the feminine neuter form of the present participle: *volající, vstávající, nesoucí, zpívající, šijící, jdoucí, padající, létající,* etc.

3. **Dokončiv** *dopis, zalepil jej* (*zalepiti,* pf., to seal). Having finished the letter, he sealed it.

**Přiblíživši** *se k oknu, slyšela, že někdo uvnitř mluví.* Having gone close to the window, she heard that someone was talking inside.

**Dozpívavše** *koledy, chlapci odešli k sousedům* (*koleda*—carol).

The past adverbial participle is also a literary usage, never heard in conversation. It is formed from the infinitive stem of perfective verbs. If this stem ends in a vowel the additions are *-v* (masc. sing.), *-vši* (fem. and neut. sing.), and *-vše* (plur.). If it ends in a consonant the additions are *-ši* (fem. and neut. sing.) and *-še* (plur.): there is no addition for the masculine singular. This participle is used with perfective verbs to express an action preceding that in the main clause.

4. —*Kolik je hodin, maminko?*
—*Nevím, nemám* **hodinky**. *Podívej se na* **hodiny** *v.*
*kuchyni.*
—*Je pět hodin. Mohu jít pro* **noviny?**
—*Ano, tady máš* **peníze**. *Nezapomeň zavřít* **dveře.**

—*Kdy máš* **narozeniny,** *Ivane?*
—**Narozeniny** *mám až po* **prázdninách,** *ale* **jmeniny**
*mám hned po* **velikonocích.**
—*Co si přeješ k* **narozeninám?**
—*Chtěl bych nové* **šaty** *a boty a hodně* **peněz,** *abych si za*
*ně mohl koupit něco pěkného. Od* **rodičů** *mám*
*slíbeny* **housle** *(hodně peněz*—plenty of money).

*V Československu je mnoho nízkých i vysokých hor.*
*V* **Čechách** *jsou nejznámější* **Krkonoše,** *Krušné hory*
*a* **Šumava,** *na Moravě* **Beskydy** *a* **Jeseníky,** *a na*
*Slovensku Nízké a Vysoké* **Tatry.**

Certain nouns are used in the plural only or have a mean-
ing in the plural quite different from that of the singular.
Among them are the masculines *peníze* money (gen. *peněz*),
*rodiče* parents (gen. *rodičů*), *šaty* a suit (a dress) gen. *šatů,*
*varhany* organ (musical instrument), and *lidé* people;[1] the
feminines *nůžky* scissors (gen. *nůžek*), *hodiny* clock,[2] *hodinky*
watch, *noviny* newspaper, *dveře* door (gen. *dveří*), *prázdniny*
holidays, *narozeniny* birthday, *kalhoty* trousers, *jmeniny*
name-day, *vánoce* Christmas (gen. *vánoc*), *velikonoce* Easter,
*housle* violin, *plíce* lungs, *Čechy* Bohemia, *Tatry* the Tatra
Mountains, *Beskydy* and *Jeseníky* (mountains in Moravia)
and *Krkonoše* the Giant Mountains; and the neuters *kamna*
stove, *vrata* gate, *ústa* mouth, *prsa* chest, *záda* back, and
*játra* liver. Some of these words, all plural in form, have a
singular meaning, but all are used with a verb in the plural:
*Noviny* **jsou** *na stole; Moji rodiče* **byli** *chudí,* etc.

[1] Acc. *lidi,* gen. *lidí,* dat. *lidem,* loc. *lidech,* instr. *lidmi.* Sing. *člověk.*
[2] *Hodina* hour.

5. *Exercises.* A. Complete the following, using the correct present participle form. 1. Chlapci běželi ze školy, volaj– – a křič– – jeden na druhého (křičeti—to shout). 2. Dívka smutně odcházela věd– –, že se už nikdy nevrátí. 3. Sed– – v pohodlných křeslech, páni pili černou kávu a kouřili. 4. Vid– – spící děvčátko v postýlce, zastavila jsem se a dlouho jsem se na ně dívala (postýlka—cot). 5. Jed– – do města, potkali jsme svého strýce. 6. Podepíš– – tuto listinu, paní Nováková se stane majitelkou obchodu (státi se—to become; majitel—owner). 7. Věd– –, že se blíží bouře, běželi jsme rychle domů (bouře, f., storm). 8. Přicház* – domů, viděl jsem policejní auto stát před domem. 9. Muž se opřel o stůl, bledn– ještě více (opříti se o+Acc.—to lean against).

B. Use the appropriate form of the adjective. 1. Přistoupil jsem k ženě mluv– – rusky (přistoupiti—to go up to). 2. Lidé zdravili pochoduj– – vojsko (zdraviti—to greet). 3. Zavolal na syna, běhaj– – – po zahradě. 4. Viděl jsem muže pomalu zavíraj– – – dveře a ohlížej– – – se na všechny strany (ohlížeti se, impf., to look round). 5. Učitel, ukazuj– – žákům mapu Evropy, se ptal, kde leží Rakousko. 6. Potkal jsem ženu, nes– – – košík na hlavě. 7. Zavolala jsem na dceru, oblék– – – se ve vedlejším pokoji. 8. Viděli jsme mnoho lidí, máv– – – – kapesníky a praporečky.

C. Put into Czech. 1. Is the door open? 2. Please pass me the newspaper. 3. The scissors are on the floor, I think. 4. Where is my new watch? 5. My spectacles are on the table. 6. I received a lovely new dress for my birthday. 7. How much money should I take with me? 8. Don't put your knife in your mouth, eat with a fork. 9. I hope I shan't forget your name-day. 10. We wish you a happy and merry Easter. 11. Having opened the book, she began to read. 12. Our stove stands in the corner by the window (corner— ten roh). 13. What have you got on your back? 14. Having turned round once more, she waved her hand (zamávati— to wave). 15. Having said goodbye to his dear friends, he went away (rozloučiti se s+instr.).

## LESSON XXXVII

### Dual Declensions. Verbal Prefixes.

1. *Pes se na mne díval smutný***ma oči**ma.
   *Dívka měla na* **ramenou** *červený šátek* (*šátek*—scarf).
   *Dědeček rád houpal vnoučátka na* **kolenou** (*vnoučátko*—
   grandchild; *houpati*—to rock).
   *Bílá růže ležela princovi u* **nohou**. The white rose lay
   at the prince's feet.
   *Zvedl jsem balík* **oběma rukama** *a postavil ho na stůl*
   (*zvednouti*—to pick up).
   *Dotkni se* **oběma rukama** *prstů u* **nohou**! Touch your
   toes with both hands! (*dotknouti se* + gen.).
   *Několik much mi lítalo kolem* **uší** (*moucha*—fly).

A few nouns have traces of the old dual declension, e.g.
*oko* eye (nom. voc. and acc. **fem.** plur. *oči*, gen. *očí*, dat. *očím*,
loc. *očích*, instr. *očima*), and *ucho* ear (**masc. or fem.** plur. *uši*—
declined similarly), and *ruka* hand (nom. acc. plur. *ruce*, gen.
loc. *rukou*, dat. *rukám*, instr. *rukama*). *Koleno* knee and
*rameno* shoulder have a dual form in the gen. and loc. plur.
only (*kolenou, ramenou*) as well as regular plural forms in
these cases. Similarly *noha* leg (gen. loc. plur. *nohou*, instr.
*nohama*)[1] and *prsa* (neut. plur.) chest (gen. loc. plur. *prsou*).

*Dva* two, and *oba* both, also show traces of the dual. They
are declined alike.

|  | Masc. | Fem. | Neut. |
|---|---|---|---|
| Nom. | *oba* | *obě* | *obě* |
| Acc. | *oba* | *obě* | *obě* |
| Gen. Loc. | *ob***ou** | *ob***ou** | *ob***ou** |
| Dat. Instr. | *ob***ěma** | *ob***ěma** | *ob***ěma** |

Adjectives used with these dual nouns in the instrumental
case end in *-ýma* or *-íma*.

[1] Gen. plur. *noh*, loc. plur. *nohách*, if legs of, e.g. a table are meant.

## 2. **Verbal prefixes.**

DO- : There is often the idea of a goal reached.

*Došel jsem domů v deset hodin večer* (*dojíti* to reach).

*Až tu knihu dočtu, půjčím ti ji.* When I read (= have read) this book, I'll lend it to you (*dočísti* to finish reading, to read something through).

*Dověděl jsem se to dnes ráno* (*dověděti se* to learn, to get to know).

*Dopij kávu a potom zaplatíme* (*dopíti* to drink up).

*Když president domluvil, začali všichni tleskat* (*domluviti* to finish speaking).

OD-, ODE- : movement away from, separation.

*Můj bratr odjel do Ameriky před pěti lety* (*odjeti* to go to, leave for).

*Chlapec odešel do školy* (*odejíti* to leave for).

*Odnesu ty dopisy na poštu* (*odnésti* to take).

*Vlaštovky odlétají každý podzim na jih.* The swallows fly away to the south every autumn (*odlétati*).

*Odvaž toho koně a přiveď ho sem!* Untie that horse and lead him here! (*odvázati* to untie).

VY- : movement out of; sometimes the idea of using up or of accomplishment.

*Vyjdeme z domu v deset hodin* (*vyjíti* to go out, leave).

*Příští rok vyvezeme do Italie více skla* (*sklo* glass; *vyvézti* to export).

*Naši příbuzní se vystěhovali do Australie.* Our relatives have moved to Australia.

*Vylila jsi kávu na ubrus* (*vylíti* to spill, pour out).

*Vybral si ten nejdražší prsten* (*prsten* ring; *vybrati* to choose, pick out).

*Vyhledám jeho adresu, až budu mít čas* (*vyhledati* to look up).

*Pes vylezl z boudy.* The dog crawled out of the kennel.

POD-, PODE- : under.

*Podejdeme ten most.*

*Musil jsem podepsati několik listin.* I had to sign some papers.

NAD-, NADE- : over, above.
*Jak nadepíšeš tento článek?* What title will you give to this article?

O-, OB- : round.
*Objedu pole ještě jednou (objeti* to ride round).
*V nemocnici mi obvázali prst (obvázati* to bandage).

V-, VE- : into.
*Muž odemkl dveře a vešel do domu (odemknouti* to unlock; *vejíti* to go in).
*Vojsko vpadlo do země (vpadnouti* to invade).

PRO- : often meaning "through".
*Projeli jsme Římem, ale nezastavili jsme se tam (Řím* Rome; *projeti* to go through).
*Pročetl jsme pozorně celou knihu (pročísti* to read through).
*Promysleli jsme důkladně celý plán.* We thought the whole plan over carefully.

PŘI- : motion towards, addition, additional action.
*Přijdu k vám zítra odpoledne.*
*Přinesl jsem ti slíbené knihy (přinésti* to bring).
*Přidej mi ještě omáčky, prosím! (omáčka* sauce; *přidati* to add, give more).

*Při* sometimes expresses a slight degree of action:
*Přivařím ještě trochu polévky.*
*Ráda bych tyto šaty trochu přibarvila.*

PŘE- : across; sometimes idea of excess, passing a limit.
*Přešli jsme řeku po mostě.* We crossed the stream by a bridge.
*Je mi špatně, asi jsem se přejedl (přejísti se* to overeat).
*Vojsko přemohlo nepřítele.* The army overcame the enemy *(přemoci).*
*Přeplatil jsem ten obraz.* I paid too much for this picture.

ROZ- : often an idea of spreading or breaking up.
*Majetek byl rozdělen mezi tři syny.* The property was divided between the three sons *(rozděliti).*

*Sklenice spadla na zem a rozbila se* (*rozbíti se* to break in pieces).

*Dítě v kočárku se rozplakalo*. The child in the pram burst into tears.

VZ- : often an idea of motion upwards.

*Letadlo se vzneslo do výše*. The aeroplane soared up into the height.

*Vzbudila se v sedm hodin*. She woke up at seven.

S-, SE- : idea of motion off or down (sometimes only of perfectivity).

*Hodinky spadly do vody* (*spadnouti*—to fall).

*Dítě strhlo ubrus se stolu*. The child pulled the cloth from the table.

Sometimes *s* indicates only perfectivity:

*Snědl jsem plný talíř polévky*.

PO- : sometimes indicates less intensive action of some kind:

*Chtěl bys teď něco pojíst?* (*pojísti*—to eat a little).

*Popojdi trochu, abys lépe viděl!* (*popojíti*—to move a little).

*Zítra se podíváme do zoologické zahrady*. (We shall have a look at . . . ).

*Chlapec poskočil radostí*. The lad jumped for joy.

*Pokropil jsem záhon jahod*. I watered the bed of strawberries (*pokropiti*—to sprinkle).

Z-, ZE- : *Dívka zbledla jako stěna*. The girl went as pale as a sheet (lit. wall) (*zblednouti*).

*Za války bylo v Praze zničeno mnoho domů* (*zničiti*—to destroy).

*Zvuk zesílil a blížil se víc a více* (*zesíliti*—to grow louder, strengthen).

ZA- : short duration of action.

*Počkej chvilku, zajdu jen do tohoto knihkupectví pro objednanou knihu* (*zajíti*—to go to, call at; *objednati*—to order).

*Telefon zazvonil*. The telephone rang.

*Srdečně jsme se tomu zasmáli*. We laughed at it heartily.

*Zapsal jsem všechno podrobně do zápisníku.* I wrote down everything in detail in my notebook.

NA- : often an idea of completion.

*Najíme se teď nebo později?* (*najísti se*—to eat one's fill).

*Naplnili jsme košík ovocem* (*naplniti*—to fill).

*Matka odešla nakoupit.* Mother went out shopping.

U- :

*Maminka nám uvařila chutnou večeři.*

*Co můžeš udělati hned, neodkládej na zítřek!* What you can do at once, don't put off until tomorrow.

3. *Exercises.* A. Complete the following. 1. Děvčátko drželo otce ob- - ruk- - kolem krku (držeti—to hold). 2. Žena měla na oč- - zelené brýle (spectacles). 3. Generál měl na prs- několik vyznamenání (decorations). 4. Všiml jsem si jeho širokých ramen-. 5. Ob- dívky měly tmavé vlasy a hnědé oč-. 6. Máme bílého králíka s červen- - oč- -. 7. Mám psa s dlouh- - uš- -.

B. Put into Czech. 1. Sign here in the right-hand corner, please (podepsati se; pravý—right-hand; roh, m., corner). 2. I came out of the house early in the morning (časně ráno). 3. The doctor bandaged the soldier's wound (rána). 4. I spilled a little milk on the ground. 5. In fourteen days we shall go into the country. 6. Go to the baker's for a loaf (bochník) of bread. 7. Wake me at seven o'clock in the morning, please. 8. This morning I broke a cut-glass (broušený) vase. 9. May I give you some more meat, please? (přidati). 10. I would like to swim across the river to the other side (přeplavati). 11. I shall now go for a walk for a short time in the park (projíti se). 12. My mother fell and broke her leg (zlomiti si nohu). 13. The woods were completely destroyed by fire (ohněm). 14. I shall do everything for you.

# LESSON XXXVIII

Feminine Nouns ending in a Consonant.
*Tele-telata*, etc.    Masculines in *-a* and *-e*.
Common Suffixes.

1.  —*Které* **nemoci** *měl váš chlapec, paní Kryštůfková?*
    —*Měl spalničky a černý kašel.*
    —*Byl průběh těchto* **nemocí** *mírný?*
    —*Spalničky byly mírné, ale když měl hoch černý kašel,
    nespala jsem s ním po mnoho* **nocí.** *Velice zhubl a byl
    jen* **kost** *a kůže. Rychle se však zotavil a je teď
    zdravější, než býval před tou* **nemocí.**

    (*spalničky*—measles; *černý kašel*—whooping cough;
    *průběh*, m., course, development; *mírný*—mild,
    peaceful; *nespala jsem s ním*—because of him I was
    unable to sleep; *zhubnouti*—to get thin; *kost a kůže*
    —skin and bone, lit. bone and skin; *zotaviti se* to
    recover one's health).

    *Hloupých* **řečí** *si nemáme všímat.* We should take no
    notice of silly talk (*všímati si* + gen.).
    *Co budeme dělat se všemi těmi starými* **věcmi?** (*věc*—
    thing).
    *Pojedete do jižní Afriky* **lodí** *nebo poletíte letadlem?*
    (*letěti*—to fly; *loď*—ship).
    *Za války položilo tisíce vojáků své životy za* **vlast**
    (*položiti*, pf., to lay down; *vlast*—country).

Certain feminine nouns, ending for the most part in soft
consonants, have the ending *-i* (instr. *í*) in the singular in
all cases except nominative and accusative, where there is
no ending. The declension is set out side by side with *růže*
for comparison.

|        | Sing. |       | Plur.  |        |
|--------|-------|-------|--------|--------|
| Nom.   | *věc*  | *růže* | *věci*  | *růže*  |
| Voc.   | *věci* | *růže* | *věci*  | *růže*  |
| Acc.   | *věc*  | *růži* | *věci*  | *růže*  |
| Gen.   | *věci* | *růže* | *věcí*  | *růží*  |
| Dar.   | *věci* | *růži* | *věcem* | *růžím* |
| Loc.   | *věci* | *růži* | *věcech*| *růžích*|
| Instr. | *věcí* | *růží* | *věcmi* | *růžemi*|

Among nouns thus declined are *kost* bone, *noc* night, *moc* power, *nemoc* illness, *vlast* homeland, *zeď* wall, *loď* ship, *věc* thing, affair, *řeč* language, *ves* village, *labuť* swan, *myš* mouse.

Many of the nouns of this group have some forms with the endings of *růže*.

There is a group of feminine nouns declined exactly like *růže* except that the vocative singular has -*i* not -*e* and the accusative is the same as the nominative. They include *postel* bed, *věž* tower, *láhev* bottle, *píseň* song, *báseň* poem, *žízeň* thirst, *síň* hall, *mrkev* carrot, and *větev* branch.

2. *Naše dvě **děvčata** byla o prázdninách u strýce na venkově. Strýc a teta mají malé hospodářství. Děvčata jim pomáhala krmit slepice a **kuřata**. Někdy pásla husu s deseti **housaty**, někdy krávu s **teletem**. Nejraději si hrála se dvěma **koťaty**, černým a strakatým. Nejvíc se jim líbilo statné **hříbě**, které rádo pobíhalo po dvoře a žralo jim z ruky. Tři velkých **prasat** se však trochu bála. Děvčata se nerada loučila se všemi **zvířaty**. Těší se však, že je o příštích prázdninách strýc zase pozve na venkov* (*hospodářství*, n., small farm; *krmiti*—to feed, *slepice*, f., hen, *pásti*—to graze, *strakatý*—tabby, *statný*—sturdy, *pobíhati*—to run about, *žráti*—to feed, *báti se* + gen.—to be afraid of, *loučiti se* + instr.—to take leave of).

There is a class of neuter nouns, mainly denoting young animals, which is declined in the singular like *moře*, except for the insertion of -*et*- in genitive, dative, locative and instrumental, and in the plural like *kolo*, except for the insertion of -*at*-. These include *děvče* girl, *kuře* chick, *house* gosling, *tele* calf, *kotě* kitten, *hříbě* foal, *prase* young pig, *jehně* lamb, *štěně* puppy, *vnouče* grandchild, and also *zvíře* animal and *poupě* bud. Example:

|  | Sing. | Plur. |
|---|---|---|
| Nom. Voc. | tele | telata |
| Acc. | tele | telata |
| Gen. | telete | telat |
| Dat. | teleti | telatům |
| Loc. | teleti | telatech |
| Instr. | teletem | telaty |

Declined in the same way are the masculines *hrabě* count and *kníže* prince.

N.B. *dítě*, n., child, is declined like *tele* in the singular, but *děti*, f. pl., children, is declined like *věci*.

3. Notice a group of masculine nouns, chiefly denoting professions or callings, which end in -*a* and are declined in the singular somewhat like *žena*. Among these nouns are *sluha* servant, *houslista* violinist, *pianista* pianist, and *hrdina* hero, as well as proper names like *Svoboda*. Example:

|  | Sing. | Plur. |
|---|---|---|
| Nom. | sluha | sluhové |
| Voc. | sluho | sluhové |
| Acc. | sluhu | sluhy |
| Gen. | sluhy | sluhů |
| Dat. | sluhovi | sluhům |
| Loc. | sluhovi | sluzích |
| Instr. | sluhou | sluhy |

There is also a group of masculines ending in -*e* and declined similarly to *muž*. These include *soudce* judge, *vůdce* leader, *správce* manager, and *zástupce* representative.

Example:

|      | Sing.    | Plur.             |
|------|----------|-------------------|
| Nom. | *soudce* | *soudcové (soudci)* |
| Voc. | *soudce* | *soudcové (soudci)* |
| Acc. | *soudce* | *soudce*          |
| Gen. | *soudce* | *soudců*          |
| Dat. | *soudci* | *soudcům*         |
| Loc. | *soudci* | *soudcích*        |
| Instr. | *soudcem* | *soudci*        |

## 4. Common suffixes:—

(a) indicating feminine gender:

*-a*: *Jan—Jana, Pavel—Pavla, Karel—Karla, František —Františka.*

*-ka*: *soused—sousedka, učitel—učitelka, Angličan— Angličanka, Čech—Češka, Francouz—Francouzka, doktor—doktorka, cizinec* foreigner—*cizinka, hrabě* count—*hraběnka.*

*-yně, -kyně*: *žák—žákyně* (also *žačka*), *bůh—bohyně* goddess, *přítel—přítelkyně, průvodce* guide—*průvod- kyně.*

*-ová*: *Novák—Nováková, Němec—Němcová,* etc.

*-na*: *šlechtic* nobleman—*šlechtična, kníže* prince— *kněžna.*

(b) indicating agent or doer:

*-ař, -ář*: *rybář* fisherman (*ryba* fish), *lékař* doctor (*lék* medicine), *pekař* baker (*péci* to bake), *hodinář* watch- maker, *mlékař* milkman, *lyžař* skier (*lyže*, f. a ski), *hrobař* grave-digger (*hrob* grave).

*-č*: *hráč* player (*hráti*), *nosič* porter (*nositi*), *topič* stoker (*topiti* to heat).

*-ák*: *zpěvák* singer (*zpívati*), *školák* pupil, *pasák* shepherd-boy (*pásti* to graze).

*-tel*: *učitel* (*učiti* to teach), *kazatel* preacher (*kázati*).

*-ník*: *zedník* bricklayer (*zeď*, f., wall), *dělník* worker (*dělati*), *poplatník* taxpayer (*poplatiti*).

(c) indicating place:

-*nik*: *chodník* pavement (*choditi*), *rybník* fishpond, *trávník* lawn (*tráva* grass), *kurník* henhouse (*kuře* chicken).

-*nice*: *radnice* town hall (*rada* advice), *ložnice* bedroom, *lednice* ice-cellar (*led*—ice).

-*árna*: *kavárna* café (*káva*), *vinárna* wineshop (*víno*), *cukrárna* cakeshop (*cukr*), *tiskárna* printing works (*tisknouti*), *lékárna* chemist's shop, *pekárna* bakery (*péci* to bake), *čekárna* waiting-room (*čekati*).

-*iště*: *hřiště* playground, *letiště* airfield, *ohniště* fireplace, *jeviště* stage (*jeviti* to show).

-*in*: *kravín* cowshed (*kráva*).

-*ství* (sometimes): *uzenářství* smoked meat shop (*uzené maso* smoked meat), *pekařství* baker's shop, *řeznictví* butcher's shop, *knihkupectví* bookshop, *nakladatelství* publisher's.

(d) indicating origin:

-*an*: *Pražan* inhabitant of Prague, *Londýňan*, *dvořan* courtier (*dvůr*), *krajan* countryman.

(e) indicating an abstract idea:

-*ost*: *hloupost* stupidity (*hloupý*), *mladost* youth (*mladý*), *radost* joy, *chytrost* cleverness (*chytrý*), *moudrost* wisdom (*moudrý*), *rychlost* speed (*rychlý*), *pracovitost* industry (*pracovitý* industrious).

-*est*: *bolest* pain.

-*ota*: *čistota* cleanliness (*čistý*), *samota* solitude (*sám*), *teplota* warmth (*teplý*).

-*oba*: *chudoba* poverty (*chudý*), *choroba* illness, *zloba* malice.

-*ství*: *křesťanství* Christianity (*křesťan* a Christian), *množství* a great number (*mnoho*), *zoufalství* despair.

(f) forming nouns from verbs:

-*ba*: *honba* hunting (*honiti*), *střelba* shooting (*střeliti*), *služba* service (*sloužiti*).

-*ka*: *procházka* walk, *válka* war, *přihláška* application.

-*ot*: *šumot* rustle, *hukot* roar, *sykot* hissing.

-*a*: *výchova* education (*vychovati* to bring up), *zábava* amusement, *náhrada* compensation, *odměna* reward.

(g) denoting means, instrument, etc.:

-*dlo*: *mýdlo* soap (*mýti se* to wash oneself), *držadlo* handle (*držeti*), *divadlo* theatre (*dívati se* to look at).

-*tko*: *pravítko* ruler (*pravý* right), *kružítko* a pair of compasses (*kruh* circle).

-*ák*: *vrták* drill (*vrtati* to drill), *hořák* burner (*hořeti* to burn).

-*ka*: *zásuvka* drawer (*zasouvati* to push in), *hračka* toy (*hráti* to play), *vysílačka* transmitter (*vysílati* to transmit), *schránka* letter-box (*schraňovati* to collect together).

-*č*: *přijímač* wireless set (*přijímati* to receive), *zapalovač* cigarette-lighter (*zapáliti* to set fire to), *vařič* ring (for cooking) (*vařiti* to cook).

(h) for collective nouns:

-*stvo*, -*ctvo*: *loďstvo* fleet, navy (*loď* ship), *obyvatelstvo* population (*obyvatel* inhabitant), *ptactvo* birds (in general), *šatstvo* clothing (in general).

(i) denoting material:

-*ný*: *pšeničná mouka* wheaten flour (*pšenice*, f., wheat), *dřevený nábytek* wooden furniture (*dřevo* wood), *železná brána* iron gate (*železo* iron).

-*ový*: *betonový most* concrete bridge (*beton* concrete), *jahodový jam* [džem] strawberry jam (*jahoda*), *cukrová třtina* sugar cane.

(j) of referential adjectives in general:

-*ní*: *parní stroj* steam engine (*pára* steam), *obchodní spojení* business connection (*obchod*), *nádražní restaurace*, *hudební představení* musical performance (*hudba*).

-*ový*: *autobusová linka* bus route, *radiové vlny* radio waves, *pohádková kniha* fairy-story book.

(k) denoting quality or resemblance:

-*atý*: *hornatý* hilly (*hora*), *lesnatý* woody (*les*), *olejnatý* oily (*olej*),

- itý: *peněžitý* pecuniary (*peníze*), *kamenitý* stony (*kámen*).

-ivý: *blátivý* muddy (*bláto* mud), *vejčitý* egg-shaped (*vejce*).

(l) forming adjectives from verbs:

-(i)telný: *snesitelný* tolerable (*snésti* to bear, *carry*), *viditelný* visible ((*viděti*), *čitelný* legible (*čísti*), *neuvěřitelný* incredible (*věřiti*), *nepřemožitelný* unconquerable (*přemoci*), *pochopitelný* understandable (*pochopiti*).

5. *Exercises.* A. Complete the following. 1. Na řece plovaly dvě bíl– labut– (plovati—to swim). 2. Když král vstoupil do slavnostn– sín–, všichni přítomní povstali (přítomný—present; povstati—to stand up). 3. Za pobytu v Československu jsme se naučili mnoho česk– písn–. 4. Dostala jsem k narozeninám (for my birthday) krásn– kytic– žlut–růž–. 5. Nemůžeme se zbavit myš– (zbaviti se—to get rid of). 6. Co je za těmi vysok– zd–? 7. Ryba má mnoho kost–. 8. Týnský kostel v Praze má dvě věž–. 9. Kolik máte vnouč–? Mám čtyři vnouč–. 10. Prodali jsme všech pět štěn–. 11. Podal jsem sluh– navštívenku (visiting-card).

B. Put into Czech. 1. I am a representative (instr.) of a furniture factory (say: factory for furniture). 2. Look at those beautiful buds. 3. We do not forget our heroes of the last world war (zapomínati na+acc.). 4. Why don't you sell all these old things? 5. Over my bed hangs a picture in a gilt frame (gilt—pozlacený, frame—rám, m.). 6. The audience was enthusiastic about the playing of the young violinist (audience—obecenstvo, to be enthusiastic about—býti nadšený+instr., playing—hra). 7. This afternoon I spoke to our manager (mluviti s+instr.). 8. We had to sign several applications. 9. My mother is a Czech and my father is a Pole. 10. Parisian women know how to dress well. 11. My (lady-) teacher of French is a foreigner.

## LESSON XXXIX

### Reference tables.

## 1. Chief noun and adjective forms:—

| SINGULAR | Masculine Animate | Masculine Inanimate | Feminine | Neuter |
|---|---|---|---|---|
| Nominative | *ten dobrý student* | *ten dobrý kabát* | *ta dobrá škola* | *to dobré jídlo* |
| Accusative | *toho dobrého studenta* | *ten dobrý kabát* | *tu dobrou školu* | *to dobré jídlo* |
| Genitive | *toho dobrého studenta* | *toho dobrého kabátu* | *té dobré školy* | *toho dobrého jídla* |
| Dative | *tomu dobrému studentovi(-u)* | *tomu dobrému kabátu* | *té dobré škole* | *tomu dobrému jídlu* |
| Locative | *(o) tom dobrém studentovi(-u)* | *(o) tom dobrém kabátu(-ě)* | *(o) té dobré škole* | *(o) tom dobrém jídle* |
| Instrumental | *tím dobrým studentem* | *tím dobrým kabátem* | *tou dobrou školou* | *tím dobrým jídlem* |
| PLURAL Nominative | *ti dobří studenti* | *ty dobré kabáty* | *ty dobré školy* | *ta dobrá jídla* |
| Accusative | *ty dobré studenty* | *ty dobré kabáty* | *ty dobré školy* | *ta dobrá jídla* |
| Genitive | *těch dobrých studentů* | *těch dobrých kabátů* | *těch dobrých škol* | *těch dobrých jídel* |

163

| PLURAL | Masculine Animate | Masculine Inanimate | Feminine | Neuter |
|---|---|---|---|---|
| Dative | *těm dobrým studentům* | *těm dobrým kabátům* | *těm dobrým školám* | *těm dobrým jídlům* |
| Locative | *(o) těch dobrých studentech* | *(o) těch dobrých kabátech* | *(o) těch dobrých školách* | *(o) těch dobrých jídlech* |
| Instrumental | *těmi dobrými studenty* | *těmi dobrými kabáty* | *těmi dobrými školami* | *těmi dobrými jídly* |

See **XXIV**, 1. Notice that the endings of the instrumental singular and instrumental plural are parallel for the masculine and neuter, in which the genitive, dative, locative and instrumental adjectival endings, singular and plural, are also the same.

2. The following table shows the declension of an adjective ending in *-i* in the nominative and of "soft" masculine, feminine, and neuter nouns.

| SING. | | Masculine Animate | Masculine Inanimate | Feminine | Neuter |
|---|---|---|---|---|---|
| Nom. | *její* | *strýc* | *klíč* | *židle* | *pole* |
| Acc. | *její jejího* | *— strýce* | *klíč —* | *židli —* | *pole —* |
| Gen. | *jejího* | *strýce* | *klíče* | *její židle* | *pole* |
| Dat. | *jejímu* | *strýci (ovi)* | *klíči* | *její židli* | *poli* |
| Loc. | *o jejím* | *strýci (ovi)* | *klíči* | *její židli* | *poli* |
| Instr. | *jejím* | *strýcem* | *klíčem* | *její židli* | *polem* |
| PLUR. Nom. | *její* | *strýci* | *klíče* | *židle* | *pole* |
| Acc. | *její* | *strýce* | *klíče* | *židle* | *pole* |

| PLUR. | | Masculine Animate | Masculine Inanimate | Feminine | Neuter |
|---|---|---|---|---|---|
| Gen. | jejich | strýců | klíčů | židlí | polí |
| Dat. | jejím | strýcům | klíčům | židlím | polím |
| Loc. | o jejích | strýcích | klíčích | židlích | polích |
| Instr. | jejími | strýci | klíči | židlemi | poli |

3. In the following table the first and second person singular and plural possessive adjectives are declined with a masculine noun ending in -a, a feminine noun ending in a consonant, and a neuter noun ending in -i.

| (a) SING. | | | | | |
|---|---|---|---|---|---|
| Nom. | můj | tvůj | náš | váš | kolega |
| Acc. | mého | tvého | našeho | vašeho | kolegu |
| Gen. | mého | tvého | našeho | vašeho | kolegy |
| Dat. | mému | tvému | našemu | vašemu | kolegovi |
| Loc. | o mém | tvém | našem | vašem | kolegovi |
| Instr. | mým | tvým | našim | vašim | kolegou |
| PLUR. | | | | | |
| Nom. | moji, mí | tvoji, tví | naši | vaši | kolegové |
| Acc. | moje, mé | tvoje, tvé | naše | vaše | kolegy |
| Gen. | mých | tvých | našich | vašich | kolegů |
| Dat. | mým | tvým | našim | vašim | kolegům |
| Loc. | o mých | tvých | našich | vašich | kolezích |
| Instr. | mými | tvými | našimi | vašimi | kolegy |

| (b) SING | | | | | |
|---|---|---|---|---|---|
| Nom. | moje, má | tvoje, tvá | naše | vaše | řeč |
| Acc. | moji, mou | tvoji, tvou | naši | vaši | řeč |
| Gen. | mé | tvé | naší | vaší | řeči |
| Dat. | mé | tvé | naší | vaší | řeči |
| Loc. | o mé | tvé | naší | vaší | řeči |
| Instr. | mou | tvou | naší | vaší | řeči |

| PLUR. | | | | | |
|---|---|---|---|---|---|
| Nom. | moje mé | tvoje, tvé | naše | vaše | řeči |
| Acc. | moje, mé | tvoje, tvé | naše | vaše | řeči |
| Gen. | mých | tvých | našich | vašich | řečí |
| Dat. | mým | tvým | našim | vašim | řečem |
| Loc. | o mých | tvých | našich | vašich | řečech |
| Instr. | mými | tvými | našimi | vašimi | řečmi |

| (c) SING. | | | | | |
|---|---|---|---|---|---|
| Nom. | moje, mé | tvoje, tvé | naše | vaše | zaměstnání |
| Acc. | moje mé | tvoje, tvé | naše | vaše | zaměstnání |
| Gen. | mého | tvého | našeho | vašeho | zaměstnání |
| Dat. | mému | tvému | našemu | vašemu | zaměstnání |
| Loc. | o mém | tvém | našem | vašem | zaměstnání |
| Instr: | mým | tvým | našim | vašim | zaměstnáním |

| PLUR. | | | | | |
|---|---|---|---|---|---|
| Nom. | moje, má | tvoje, tvá | naše | vaše | zaměstnání |
| Acc. | moje, má | tvoje, tvá | naše | vaše | zaměstnání |
| Gen. | mých | tvých | našich | vašich | zaměstnání |
| Dat. | mým | tvým | našim | vašim | zaměstnáním |
| Loc. | mých | tvých | našich | vašich | zaměstnáních |
| Instr. | mými | tvými | našimi | vašimi | zaměstnáními |

4. *Jeden, jedna, jedno* and *dva, dvě, dvě,* are declined below with *člověk* and *lidé* (masculine animates), *zub* (masc. inanim.), *noha* (fem. with dual forms), and *oko* (neut. with dual forms).

| SING. | | | | |
|---|---|---|---|---|
| Nom. | jeden člověk | jeden zub | jedna noha | jedno oko |
| Acc. | jednoho člověka | jeden zub | jednu nohu | jedno oko |
| Gen. | jednoho člověka | jednoho zubu | jedné nohy | jednoho oka |
| Dat. | jednomu člověku | jednomu zubu | jedné noze | jednomu oku |

| SING. | | | | |
|---|---|---|---|---|
| Loc. | o jednom člověku | jednom zubu | jedné noze | jednom oku |
| Instr. | jedním člověkem | jedním zubem | jednou nohou | jedním okem |

(Voc. *člověče*).

| PLUR. | | | | |
|---|---|---|---|---|
| Nom. | dva lidé | dva zuby | dvě nohy | dvě oči |
| Acc. | dva lidi | dva zuby | dvě nohy | dvě oči |
| Gen. | dvou lidí | dvou zubů | dvou nohou (noh) | dvou očí |
| Dat. | dvěma lidem | dvěma zubům | dvěma nohám | dvěma očim |
| Loc. | o dvou lidech | dvou zubech | dvou nohou (nohách) | dvou očích |
| Instr. | dvěma lidmi | dvěma zuby | dvěma nohama | dvěma očima |

(Voc. *lidé*).

5. The numerals 3, 4, and 5 are declined with a neuter noun of the -*ata* class.

| Nom. | tři | čtyři | vnoučata | pět | vnoučat |
|---|---|---|---|---|---|
| Acc. | tři | čtyři | vnoučata | pět | vnoučat |
| Gen. | tří | čtyř | vnoučat | pěti | vnoučat |
| Dat. | třem | čtyřem | vnoučatům | pěti | vnoučatům |
| Loc. | třech | čtyřech | vnoučatech | pěti | vnoučatech |
| Instr. | třemi | čtyřmi | vnoučaty | pěti | vnoučaty |

6. *Všechen* (all, the whole of) is declined below in the singular with masculine, feminine, and neuter collective nouns, and in the plural with types of masculine, feminine, and neuter nouns used only in plural forms.

| SING. | Masc. | Fem. | Neut. |
|---|---|---|---|
| Nom. | všechen chléb | všechna zelenina | všechno máslo |
| Acc. | všechen chléb | všechnu zeleninu | všechno máslo |
| Gen. | všeho chleba | vší zeleniny | všeho másla |
| Dat. | všemu chlebu | vší zelenině | všemu máslu |
| Loc. | o všem chlebu (-ě) | o vší zelenině | o všem máslu (-e) |
| Instr. | vším chlebem | vší zeleninou | vším máslem |

| PLUR. | Masc. Anim. | Masc. Inanim. | Fem. | Neut. |
|---|---|---|---|---|
| Nom. | všichni rodiče | všechny šaty | všechny noviny | všechna kamna |
| Acc. | všechny rodiče | všechny šaty | všechny noviny | všechna kamna |
| Gen. | všech rodičů | všech šatů | všech novin | všech kamen |
| Dat. | všem rodičům | všem šatům | všem novinám | všem kamnům |
| Loc. | o všech rodičích | všech šatech | všech novinách | všech kamnech |
| Instr. | všemi rodiči | všemi šaty | všemi novinami | všemi kamny |

7. The next two tables show the personal pronouns, singular and plural, in all cases.

1st and 2nd person:

| | Singular | | Plural | |
|---|---|---|---|---|
| Nominative | já | ty | my | vy |
| Accusative | mě, mne | tě, tebe | nás | vás |
| Genitive | mne (mě) | tebe (tě) | nás | vás |
| Dative | mi, mně | ti, tobě | nám | vám |
| Locative | o mně | tobě | nás | vás |
| Instrumental | mnou | tebou | námi | vámi |

3rd person:

| | | Masculine animate | Masculine Inanimate | Feminine | Neuter |
|---|---|---|---|---|---|
| Nom. | sing. | on | on | ona | ono |
| | plur. | oni | ony | ony | ona |
| Acc. | sing. | ho, jej, jeho | ho, jej | ji | je |
| | plur. | je | je | je | je |
| Gen. | sing. | ho, jeho | ho, jeho | ji | ho, jeho |
| | plur. | jich | jich | jich | jich |
| Dat. | sing. | mu, jemu | mu, jemu | ji | mu, jemu |
| | plur. | jim | jim | jim | jim |
| Loc. | sing. | o něm | něm | ní | něm |
| | plur. | nich | nich | nich | nich |
| Instr. | sing. | jím | jím | jí | jím |
| | plur. | jimi | jimi | jimi | jimi |

8. *Kdo* is declined like *ten*, but for convenience is here set out separately, together with *co*.

| | | | |
|---|---|---|---|
| Nom. | | *kdo* | *co* |
| Acc. | | *koho* | *co* |
| Gen. | | *koho* | *čeho* |
| Dat. | | *komu* | *čemu* |
| Loc. | *o* | *kom* | *o* *čem* |
| Instr. | | *kým* | *čím* |

Like *kdo* is declined *nikdo* no-one, like *co* *nic* nothing (gen. *ničeho*, etc.).

N.B. It must be emphasized once more that tables such as the above are only for reference.

G

# READING PASSAGES

1. Náš soused, pan Novák, má nové auto. Není velké, ale je pěkné. Je zelené a má žlutou střechu. Sedadla vpředu i vzadu jsou velice pohodlná. Okna jsou vždycky čistá a auto vyleštěné. Na to pan Novák velice dbá.[1] Také motor udržuje v pořádku.[2] Když je auto špinavé, hned je myje. Paní Nováková neumí řídit auto, ale slečna Nováková umí. Někdy řídí ona, nědky její tatínek. Když nás vidí, mávají na nás.[3]

1. Jaké auto má pan Novák? 2. Je velké? 3. Jakou má barvu? 4. Jakou barvu má střecha? 5. Jsou sedadla velice pohodlná? 6. Jsou okna špinavá? 7. Proč ne? 8. Kdo řídí auto? 9. Řídí auto paní Nováková? 10. Proč je neřídí? 11. Co dělají Novákovi, když nás vidí?

[1] *dbáti na něco*—to take care of something. [2] He also keeps the engine in order (*udržovati*). [3] *mávati na*+acc.—to wave to.

2. ,,Vaříš dnes dobrý oběd, maminko?'' ptá se malý Karlík. ,,Ano, vařím tvé oblíbené jídlo,'' odpovídá maminka, ,,hrachovou polévku, párky,[1] nové brambory a kapustu[2] a teď' dělám švestkové knedlíky.''[3] ,,To jem ůj oblíbený moučník,'' říká Karlík. ,,Knedlíky ještě nejsou hotové a tatínek tady ještě není.'' ,,To je škoda. Já už mám veliký hlad.[4] Proč ještě není tatínek doma?'' ,,Nevím.'' ,,Teď', slyším venku kroky, to je jistě tatínek!'' volá Karlík. ,,Ano, také je slyším. Právě dělám poslední knedlík a voda už se také vaří. Za chvilku můžeme jíst.''

1. Co dnes vaří maminka? 2. Co má Karlík rád? 3. Který moučník má Karlík velice rád? 4. Koho čeká Karlík a jeho maminka? 5. Co slyší venku malý Karlík?

[1] *horké párky*—a typical Czech dish: Frankfurters. [2] *kapusta*, f.—cabbage. [3] Plum dumplings, also characteristically Czech. [4] I am already very hungry.

**3.** —Dobrý den, pane Černý, jak se máte?

—Děkuji, dobře. Jak se máte vy a vaše rodina?

—Ne moc dobře. Já jsem měl nedávno chřipku,[1] ale už jsem zase zdráv. U vás neměl nikdo[2] letos chřipku?

—Ó ano, měli jsme ji všichni. Jsem rád,[3] že už je zima pryč[4] a že už máme jaro. Kam jdete?

—Jdu jen pro cigarety, nemám doma ani jednu.[5] Spěcháte domů?

—Ano. Opozdil jsem se[6] a manželka už jistě doma netrpělivě čeká.[7] Musím už jít. Na shledanou, pane Veselý!

—Na shledanou! Pozdravujte[8] paní Černou.

1. Koho potkal pan Černý? 2. Měl pan Veselý chřipku?
3. Kdo ještě měl chřipku? 4. Kam jde pan Veselý, a proč?
4. Proč spěchá pan Černý?

[1] influenza.  [2] Notice the double negative. Has nobody had influenza this year in your house?  [3] Notice the comma before the subordinate clause.  [4] . . . that the winter is now over.  [5] Note double negative again: *ne . . . ani*.  [6] *opozditi se*—to be late.  [7] Note word-order.  [8] Give my greetings to.

**4.**              *První vlaštovička.*

Začíná jaro. Z dalekého světa přes hory doly[1] letí vlaštovička. Vidí pod sebou veliká města, stříbrné řeky, hluboké lesy a zoraná pole. Letí tři dny a noci a křídla ji už bolí.[2] Musí si odpočinout. ,,Ještě nejsem doma,'' říká si smutně. Znovu se vydá na cestu[3] přes hory doly, nad městy a řekami. Letí a letí, cosi ji pohání dnem i nocí.[4] Najednou vidí pod sebou vesničku mezi lesy a slyší zpěv. V sadě tančí děti, drží se za ruce[5] a zpívají. ,,Teď jsem doma,'' volá vlaštovička, a hned začíná šveholit.[6] Snáší se[7] rychle dolů, letí nad sadem a krouží nad tančícími dětmi. ,,Podívejte se, první vlaštovička,'' volají děti. ,,Už brzy bude jaro.'' Za malou chvilku letí vlaštovička k chalupě,[8] kde se narodila a kde na ni čeká neporušené vlastní hnízdo.

1. Odkud letí ta vlaštovička a kam? 2. Co vidí pod sebou?
3. Proč si chce odpočinout? 4. Proč se znovu vydává na

cestu? 5. Co vidí najednou pod sebou, a co slyší? 6. Co
dělají ty děti? 7. Co dělá ta vlaštovička? 8. Co volají děti?
9. Kam letí vlaštovička za malou chvilku?

[1] *přes hory doly*—across hill and vale.   [2] And now her wings hurt
her. *ji*, dat.   [3] *vydati se na cestu*—to set out on one's way.   [4] Some-
thing drives her on day and night.   [5] They join hands.   [6] *šveholiti*—
to twitter.   [7] *snášeti se*—to descend, swoop.   [8] Note the comma
before the subordinate clause.

5,                              *Náš dům.*

Náš dům stojí uprostřed[1] velké zahrady. Má jedno patro,
červenou střechu a dva komíny. Stěny jsou bílé a hlavní
vchod je hnědý. K němu vede několik schodů. Okna jsou
v létě ozdobena[2] květinami. Hlavním vchodem se vstupuje
do haly. V přízemí[3] jsou dva obývací pokoje, studovna,
kuchyň a veranda. V prvním patře jsou tři velké ložnice a
jeden menší pokoj, koupelna a záchod. V některých pokojích
je moderní nábytek, v některých je starší nábytek. Některé
pokoje mají koberce, některé jen linoleum. Obrazy mají
pěkné rámy. Ve studovně je mnoho knih českých a
cizojazyčných. V kuchyni je plynový sporák, elektrická
pračka a lednička. V obývacím pokoji máme radio a
televisi. V celém domě je ústřední topení. Vedle domu stojí
garáž, ve které máme čtyřsedadlové auto.

1. Kde stojí náš dům? 2. Kolik má pater a jakou má střechu?
3. Jakou barvu mají stěny domu a hlavní vchod? 4. Jsou
okna v létě něčím ozdobena? 5. Jaké místnosti jsou v
přízemí? 6. Co je v prvním patře? 7. Jaký nábytek je v
pokojích? 8. Jsou ve všech pokojích koberce? 9. Jaké knihy
jsou ve studovně? 10. Jaké zařízení je v kuchyni? 11. Co je
v obývacím pokoji? 12. Jaké topení je v domě? 12. Je u
domu garáž?

[1] *uprostřed*+gen.—in the middle of.   [2] *ozdobiti*—to decorate.
[3] On the ground floor.

6.                         *Byl jednou jeden král. . . .*

Byl jednou jeden král, a ten král měl dva syny a byl už
velmi starý. Jednou povolal k sobě ty dva syny a řekl jim:

„Vidíte, milí synové, že jsem už velmi starý a už nemohu královat. Rád bych to království mezi vás oba rovným dílem rozdělil, protože vás jednoho mám tak rád jako druhého[1], ale pak byste oba měli málo,[2] a bude lépe, když království zůstane celé. Abych vám ale nikomu neublížil,[3] chci vám jistou práci uložit. Víte, že mám u jezera krásnou zelenou louku. Na tu louku mi každou noc chodí nějaký bílý kůň a všecku trávu mi tam pošlape.[4] Kdo mi z vás toho koně chytí a přivede, ten bude králem." (K. J. Erben, České pohádky, 1869).

1. Kolik synů měl ten král? 2. Proč už nemohl královat? 3. Měl rád své syny? 4. Proč nechtěl to království mezi ně rovným dílem rozdělit? 5. Co měl ten král u jezera? 6. Co se stalo každou noc? 7. Co uložil král svým synům, že mají dělat? 8. Kdo se měl stát králem po něm?

[1] I like one of you just as much as the other. [2] but then you would both have little. [3] Note word-order and double negative. *ublížiti*—to wrong. [4] *pošlapati*—to trample down . . . lit. all the grass to me there tramples down, i.e. tramples down all my grass there.

### 7. *Čeští poslové u anglického krále.*

Město Londýn jsme si dobře prohlédli, zvláště jeho krásné a bohaté kostely. Pak nás vedl pan Lev do hradu královského, jenž slul[1] Tower, kde nás přijal král, Eduard se jmenoval. Byl k nám velmi přívětiv a laskav a pan Lev u něho dobře pochodil. Také jsme byli na královské hostině,[2] kdež jsme viděli mnoho paní hrubě[3] sličných. Ale to se nám na nich nelíbilo, že měly nadobyčej[4] dlouhé šaty, takže je za sebou vlekly. Ale zato se nám při té hostině hudba líbila, šedesát zpěváků zpívalo, což bylo to nejhezčí.

Pak nám dal král ukázat všechen ten svůj hrad, komnaty a síně i veliký svůj poklad, krásné zahrady a obory, v nichž bylo mnoho divných rostlin a také mnoho dívé zvěře, až z mouřenínské[5] země. Tu nevídanou zvěř měli v klecích. (A. Jirásek: Z Čech až na konec světa, 1890).

1. Kam vedl pan Lev české posly? 2. Kdo je tam přijal? 3. Co se jim nelíbilo na královské hostině? 4. Co se jim

moc líbilo? 5. Co viděli čeští poslové v královských oborách a zahradách? 6. Byla ta zvěř volná?

[1] *slouti*—to be called (archaic).  [2] *hostina*, f., banquet.  [3] *hrubě* (lit.)—*velmi*.  [4] *nadobyčej*—uncommonly (lit.).  [5] *mourenínský*—Moorish (lit.).

## 8.                               *Sedlák a liška.*

Jeden sedlák pásl u lesa krávy. Najednou slyší, že v lese něco praská a křičí. Jde se podívat a vidí, že medvěd chytil králíka. Sedlák se smál, ale medvěd povídá: ,,Jen počkej, až budu hotov s králíkem! Sežeru tebe i s krávami.''[1] Sedlák měl strach a nevěděl, co má dělat. Ale na kraji lesa seděla liška a povídá: ,,Neboj se, já ti poradím. Ale musíš mi za radu dát kohouta.'' ,,S radostí ti ho dám,'' odpověděl sedlák. ,,Dobře. Ted zatrub, jako myslivci troubívají a uvidíš, co se stane.'' Sedlák zatroubil. Medvěd vyšel z lesa a ptá se sedláka: ,,Co to bylo?'' ,,Ale myslivci! Jedou prý lovit medvědy.''[2] ,,Musím si pospíšit,'' povídá medvěd rychle, ,,chci při tom být.'' A utíkal do lesa. Liška se smála sedlákovi: ,,Vidíš, jak jsi hloupý, a jak jsem ti dobře poradila! Nezapomeň zítra na kohouta!'' Druhý den ráno někdo klepe sedlákovi na okno. Sedlák poznal lišku, ale nechtěl jí kohouta dát. Zaštěkal jako pes. Liška se ptá: ,,Co je to?'' ,,Ale psi! Jdou prý honit lišky.'' ,,Musím si pospíšit,'' povídá rychle liška, ,,chci při tom také být.'' A utíkala pryč, jak nejrychleji mohla.

1. Co viděl sedlák v lese? 2. Proč měl sedlák strach? 3. Co chtěla liška za svou radu? 4. Co řekla sedlákovi, že má udělat? 5. Co řekl sedlák medvědovi? 6. Co udělal medvěd? 7. Co udělal sedlák, když liška přišla a chtěla kohouta? 8. Co udělala liška?

[1] I shall eat you up and the cows too.  [2] They say they are going to hunt bears (*prý*—it is said, people say).

9.   —Dobrý den, paní Klubalová!
     —Dobrý den, paní Hlaváčková Už jste se vrátili z dovolené?

—Ano, přijeli jsme včera. Nechtěli jsme jet domů, ale museli jsme, protože zítra začíná škola.

—Jaké jste měli počasí?

—První týden nebylo moc pěkně, ale druhý týden svítilo slunce skoro každý den a bylo nám někdy až příliš horko.[1] Koupali jsme se denně v jezeru. Zdeněk se naučil trochu plavat a malá Věruška si hrála celý den v písku. Všichni jsme se pěkně opálili. Moc se nám tam líbilo.[2]

—Kde jste bydleli?

—Bydleli jsme v malém hotelu přímo u jezera.[3] Kolem byly krásné lesy. Chodili jsme často po lesích a sbírali houby nebo jahody a maliny. A ty kouzelné večery u jezera!

—To muselo být opravdu krásné.

—Ano, budeme na naši dovolenou dlouho vzpomínat. Bude to nějaký čas trvat, než si zase zvykneme na život ve městě. Ale teď už musím jít, mám naspěch.[4]

—Já také. Jsem ráda, že se vám dovolená tak líbila. Pozdravujte pana Hlaváčka! Na shledanou!

—Děkuji. Sbohem!

[1] was sometimes even too hot for us. [2] We liked it very much there, lit. much to us there is pleased. [3] right on the lake. [4] But now I must be off, I am in a hurry.

**10.**

Praha, 2. března 19—

Milý Karle,

děkuji[1] Ti za Tvůj poslední dopis. Velice jsi mě potěšil. Nevěděl jsem, že jsi byl v zimě týden v horách. Letos bylo všude hodně[2] sněhu a lyžování muselo být[3] skutečně krásné. Škoda, že jsem také nemohl jet. Musil jsem však pilně studovat ke zkouškám,[4] které jsem dělal na jaře. Teď mám trochu víc času a proto jsem se rozhodl, že ztrávím asi deset dní cestováním po Moravě.[5] Navštívím také Vaše město a těším se, že Tě také uvidím. Napiš mi, kdy se Ti to bude hodit a kdy se mi můžeš trochu věnovat.[6]

Doufám, že mi brzy odpovíš.

Srdečně Tě zdraví

Tvůj

Ladislav.

Kyjov, 5. března 19—.

Milý Ladislave,

byl[1] jsem velice mile překvapen zprávou, že se nás chystáš navštívit.[7] Nejlépe se mi hodí velikonoční týden. Budu mít víc volného času a mohu Ti ukázat naše město. Můžeme také zajet autem do okolních vesnic, kde jistě uvidíme nějaké pěkné místní kroje. To Tě jistě bude zajímat. Můžeš bydlet u nás.[8] Matka říká, že máme místa dost[9] a že budeš mít u nás víc pohodlí než v hotelu. Napiš mi, který den přijedeš a kterým vlakem. Budu Tě čekat na nádraží.

Zatím Tě srdečně zdravím a těším se na shledanou.[10]

Tvůj

Karel.

[1] Note that the first word of the text begins with a small letter. Note also the use of capitals for *Ti*, *Tě*, *Tvůj*, etc.—in letters only. [2] a lot of. [3] must have been. [4] *studovati* k+dat.—to study for. [5] about Moravia. [6] *věnovati* se+dat.—to devote; when you can spare me a little time. [7] *chystati se*—to prepare to. [8] *u nás*—at our house. [9] *místo*—space, room (*dost*+gen.); normally *dost místa*, but *dost* is here emphasized. [10] I look forward to seeing you.

## 11. *O českém národě*

Považte si[1], jak vzrušující jsou naše dějiny; vemte si[2] Přemyslovce[3] a jejich celou politiku k Německu, jak správně pochopili naši mezinárodní situaci; vemte si potom reformaci, protireformaci, obrození[4]—jak je ten celý zápas neobyčejně dramatický; a pak si vemte mapu a naši polohu na ní a považte, že jsme se udrželi! To samo už stojí za to.[5] Jen si pořádně uvědomit naše dějiny: já nevím, které na světě jsou větší.

My vždycky budeme maličká minorita ve světě, ale když něco pořídí malý národ se svými malými prostředky, má to zvláštní a nesmírnou mravní cenu, jako ten vdoví groš.[6] My nejsme horší než kterýkoli národ na světě, a v některých věcech jsme i lepší; i v cizině to už začínají vidět. To nevadí, že jsme národ malý; má to své přednosti, můžeme se líp znát a žít intimněji; můžeme se víc cítit doma. Ale je veliká věc, když malý národ mezi velkými nezůstane pozadu a má podíl na práci k vyšší lidskosti. I my chceme zvonit na zvonici světa, jako ti podvorovští na té čejkovské.[7] To je problém malého národa: my musíme dělat víc než jiní a být šikovní[8]; ale kdyby na nás někdo šel s násilím, tož, se nedat[9] . . . Nedat se, to je všechno. (K. Čapek: Hovory s Masarykem, 1928–35).

1. Za jaké považoval Masaryk české dějiny? 2. Co řekl o Přemyslovcích a jejich politice k Německu? 3. Co řekl o zeměpisné poloze českých zemí? 4. Myslel Masaryk, že to má své přednosti, když je národ malý? 5. Co považoval Masaryk za problém malého národa?

[1] Just fancy, imagine. [2] =*vezměte si.* [3] *Přemyslovci*—the first Czech ruling dynasty. [4] The awakening of Czech national feeling in the 19th century. [5] That alone is worth while. [6] the widow's mite. [7] *Podvorovští*, the people of the village of Podvorov, who wanted to ring the bells at Čejkov. [8] *šikovní*—clever (colloq.). [9] *nedati se*—not to give in.

## 12.  *Broučci vstávají.*

Slunko[1] bylo u samého západu[2] a svatojanští broučci[3] vstávali. Maminka už byla v kuchyni a vařila snídani. Tatínek už také nespal. Ležel ještě v posteli a hezky si hověl. Brouček pak přelezl ze své postýlky na maminčinu—ono se to tak pěkněji spalo[4]—lehl si pěkně na zádečka, zdvihl všecky nožičky do povětří a počal se houpat: houp, houp, houpy, houp. Ale najednou se to jaksi trochu moc rozhouplo, houpy, houp, a už ležel Brouček na zemi a křičel, co mu jen hrdlo stačilo.[5]

Tatínkem to trhlo,[6] takže byl celý polekaný. Zatrápený Broučku, copak tak musíš křičet![7]—Ale, tatínku, když

G*

jsem se tak udeřil!—A jakpak?[8]—I já jsem spadl s postele.—
Tak sis[9] měl dát pozor!—Ale, když ono mě to přece bolí![10]—
Maminka měla už zatím snídani hotovu a šla je budit.
Vstávejte, vstávejte, slunko již[11] zapadá, budeme snídat!
A copak ty, Broučku, už pláčeš? Sotvas[12] oči proloupl![13]
—Ale, když já jsem se tak udeřil, a tatínek chce, abych
nekřičel.–Ijen pojď! Dřív než kočička vejce snese,[14]
všecko se ti to zahojí. Zatím se pěkně umyjeme a budeme
snídat. Pojď.
    A šli.       (J. Karafiát: Broučci, 1906).

1. Kdy vstávali svatojánští broučci? 2. Co dělala maminka?
3. Co dělal tatínek? 4. Co udělal Brouček? 5. Co se mu stalo?
6. Co udělala maminka, když uvařila snídani? 7. Co se ptala
Broučka? 8. Co odpověděl Brouček?

[1] i.e. *slunce.*  [2] just setting; *samý*—the very.  [3] "midsummer
night beetles"—glow-worms.  [4] it was nicer to sleep there.  [5] shouted
as loudly as he could (*hrdlo*—throat).  [6] *trhnouti něčím*—to make
someone start.  [7] Why must you shout like that?  [8] =*Jak.*  [9] *sis*=
*jsi si.*  [10] It does hurt me all the same!  [11] =*už.*  [12] =*sotva jsi.*
[13] *proloupnouti oči* (colloq.)—to open one's eyes.  [14] i.e. before you
can say Jack Robinson.

## 13.                 *V Brně.*

Když jsem tam přišel do sekundy gymnasia,[1] musel jsem
se už sám živit; naši mi nemohli dávat pravidelné příspěvky,
jen matka, bůhví odkud,[2] vždycky mně něco seškrabala.[3]
Bydlel jsem nejdřív u ševce v Nové ulici—bylo nás tam asi
šest kluků; za dva zlaté[4] měsíčně jsem měl byt, snídaní aji[5]
prádlo; jaké to kafe[6] bylo, to si můžete představit, ale bylo
to aspoň teplé. Tož[7] jsem si musel sehnat nějaké kondice.[8]
Učil jsem kluka jednoho nádražního úředníka, tam mi
dávali dvě zlatky[9] měsíčně a v neděli oběd—já bych byl
snědl takové obědy tři. Potom jsem pekařovi učil dcerku;
neplatil mi, ale zato jsem si mohl vzít chleba, co jsem snědl.
Ale byli to moc hodní lidé, spřátelili jsme se. Já jsem byl ve
třídě primus,[10] a proto jsem dostal doporučení za pre-
ceptora[11] do rodiny policejního direktora Le Monniera, to

byl skoro ten největší pán v Brně. Tam jsem později
dostával jídlo denně, a tož jsem uživil[12] i svého bratra na
studiích; ale tomu nešlo učení do hlavy.[13] Veselo nám
hochům na bytě bylo až dost;[14] večer po práci jsme dělali
všelijaké špásy,[15] v létě jsme se chodili někam do Zábrdovic
koupat a večeřívali za šest nových[16] v pivovaře, chleba,
tvarůžek[17] a židlík[18] piva. Pane, to byly časy! (K. Čapek,
Hovory s T. G. Masarykem, 1928–35).

1. Dostával Masaryk peníze od rodičů, když studoval v Brně?
2: Kde bydlel Masaryk nejdřív a kolik platil za byt? 3. Co
udělal Masaryk, aby se uživil? 4. Koho učil a co za to
dostával? 5. Líbilo se Masarykovi na bytě? 6. Co dělávali
hoši v létě?

[1] *sekunda*—2nd form at the *gymnasium*—grammar school. [2] God
knows from where. [3] *seškrabati*—to scrape together. [4] for two gold
pieces. [5] *aji=a i* (dialect). [6] =*káva*. [7] Dialect=*tak*. [8] *kondice*,
f., coaching. [9] gold pieces. [10] top (of the class). [11] private tutor.
[12] supported. [13] i.e. he didn't take it in. [14] We had a merry enough
time in our lodging. [15] we got up to all sorts of mischief (*špás*, m.,
colloq. for *žert*, m., mischief). [16] dined for six new coins. [17] a kind
of cheese. [18] old liquid measure=glass, pint.

## 14. *Setkání v lese.*

Kolem bylo jako mrtvo. Chladný vítr skryl se v nejtmavěj-
ším lese. Haluze[1] stromů se ani nepohnuly, křoví ani
nezašumělo, bylo jen slyšeti tu a tam bzukot nějakého
čmeláka.[2] V horkém vzduchu míhaly se tisíce much
bělouše[3] obtěžujících. Marně hlavou pohazoval,[4] marně
ohonem se oháněl,[5] kníže měl bujné[6] zvíře co držeti.[7] Bylo
dusno a parno. Mrtvé ticho přerušil táhlý, dutý zvuk
lovecké trubky.

Po úzké, vyschlé[8] cestě kráčela chvatným krokem Lidka.
Její bosé nohy byly zaprášeny. Měla na sobě zelenou, ne
příliš dlouhou suknici[9] a černou šněrovačku[10], přes ruku jí
visela bílá plachetka[11] a přes hlavu stažený šátek stínil jí
tvář. Zarazila se jako laňka[12] překvapená lovcem, když
kníže z lesa vyjev před ní se zastavil. Mluvil k ní jazykem,
jemuž nerozuměla. Ve tváři její jevily se[13] úžas i leknutí,

nebyla by s to,[14] aby—kdyby i rozuměla—ihned odpověď
dala. Jezdec se snažil, aby porozuměla, ukazoval rukou na
ves a jmenoval vesnici, míse do otázky své[15] několik slov
českých. Dívka mu konečně porozuměla. Ptal se, přijede-li
lesem do vesnice P—. Ukázala mu směr. Prosil ji, aby ho do
lesa zavedla; po chvíli jako by se byla rozmyslila, obrátila
se a kráčela k lesu; jezdec jel zvolna za ní. (A. Jirásek:
Skaláci, 1875)

1. Kudy jel kníže na bílém koni? 2. Jaké bylo počasí?
3. Co obtěžovalo bělouše? 4. Kdo kráčel rychle po úzké
cestě? 5. Co měla na sobě? 6. Co udělal kníže? 7. Jak k ní
mluvil? 8. Na co se kníže Lidky ptal? 9. Co chtěl, aby Lidka
udělala?

[1] *haluz*, f., branch (literary word). [2] *bzukot*, m., buzz; *čmelák*, m.,
bumblebee. [3] *bělouš*, m., white horse. [4] *pohazovati*+instr.—to toss.
[5] *oháněti se*—to flick oneself; *ohon*, m., tail. [6] frisky. [7] *míti co držeti*—
to have a job to control. [8] dry; *vyschnouti*, pf., to dry up. [9] *sukně*,
*suknice*, f., skirt. [10] bodice. [11] linen scarf. [12] young hind. [13] *jeviti*
*se*=*ukazovati se*. [14] *býti s to*—to be capable of. [15] *do své otázky*.

## 15.    *Na venkovské škole.*

Nebylo horlivější a nadšenější školačky nad[1] Hanýžku
Královou. Naučila se brzy dokonale počítat, ač to právě
její koníček[2] nebyl, ale ve škole neměli stále počty,[3] také
měli čtení a při něm se pan učitel rozpovídal tak, že i ti
nejnezbednější kluci seděli jako přimražení,[4] ticho v třídě
jako v kostele, všem, učiteli i žákům, hořely tváře a zářily
oči, a školou kráčely zářné postavy[5] našich dějin, počínaje
praotcem Čechem;[6] jindy pohádkový svět otevřel se před
nimi se všemi divy a zázraky, princové a princezny zakleté,
rytíři, draci, čarodějové naplnili školu úžasem, strachem i
radostí; housličky ozvaly se jako živé v rukou pana učitele,
někdy se zasmály vesele, někdy smutně zaplakaly a pod-
maňovaly si dětská srdce šmahem,[7] ale nejvíce srdéčko
Hanýžčino.

,,Ještě! Ještě!'' chtělo se jí zvolat[8] po každé, když ztichl
společný zpěv a pan učitel několikrát nakonec přejel struny

smyčcem. A ty housle také ji sblížily s panem učitelem, který si počal z hochů i dívek vybírat nadané zpěváčky. Chodil za zpěvu po třídě sem a tam a bystře naslouchal; pojednou naklonil[9] ke Králové svoji vlasatou hlavu a nepřestávaje hrát počal se radostně usmívat. Hanýžka viděla, že pan učitel naslouchá, vypjala se do výše, hlavičku pozdvihla, housličky jí zněly u samého ucha tak sladce, až jí srdéčko radostí přetéká, radost stoupá výš až do hrdélka a Hanýžka zpívá. Jaktěživo[10] se jí tak pěkně nezpívalo, ani doma, ani na pastvě. (J. S. Baar: Paní komisarka, 1923).

1. Jak se jmenovala nejhorlivější školačka ve škole? 2. Jakým předmětům se učili ve škole? 3. O čem vypravoval učitel žákům? 4. Co ještě jim vypravoval? 5. Co se nejvíc líbilo Hanýžce? 6. Co si vybíral pan učitel z hochů a dívek? 7. Jak objevil, že Hanýžka umí dobře zpívat? 8. Co udělala Hanýžka, když viděla, že pan učitel poslouchá?

[1] *nad=než.* [2] hobby. [3] sums. [4] petrified; *mráz*, m., frost. [5] *zářný*—illustrious; *postava*—figure. [6] *Praotec Čech* is the legendary founder of the Czech nation. *praotec*—forefather, ancestor. [7] *šmahem* —instantly. [8] she felt like calling out. [9] *nakloniti*, pf., to bend, lean; he bent his head towards her. [10] *jaktěživo* (colloq.)=*nikdy.* *komisarka*—wife of a local official.

## 16.  *O medvědech.*

Když mi na Bystričce[1] lidi říkali, že se v horách potulují medvědi, že napadají dobytek a chodí na oves do polí, nevěřil jsem tomu; myslel jsem, že pasáci sami někdy zabijí nebo prodají ovci a pak to svedou na medvěda. Náš soused pan Markovický mě jednou zavedl se podívat, co takový medvěd dovede. V ovesném poli si sedne na zadní nohy a předními tlapami si zdrhuje oves do huby,[2] tak; pak se šoupá po řiti[3] dál, až přešoupá celé pole—takové pole pak vypadá jako zdupané. Tož takové pole mi ukázal, také medvědí ,,poklady",[4] tak veliké, s ovsem a jafurami (borůvkami). Nu dobrá,[5] když medvěd, tož na něho.[6] Půjčili mi takovou hrozitánskou[7] pušku, zadovku,[8] z turecké armády, a šli jsme večer za úplňku[9] na postřiežku (čekanou),[10] pan Markovický, horár (hajný)[11] a já. Čekáme u ovsa v mýtině na kraji lesa hodinu, dvě, a medvěd nešel. Blížila se půlnoc, svítily hvězdy a na holích[12] všude kolem ovčáci zažíhali vatry.[13] Tady, tam a zas jinde—to vám byla krása! Už jsme na medvěda nevzpomněli, dali jsme se do řeči,[14] pan Markovický fajčil,[15] horár usnul; a najednou vidím medvěda, jak vychází z lesa po čistině,[16] tak třicet, pětatřicet kroků od nás. To vám bylo obrovské, krásné zvíře! Zvedal jsem pušku, ale nemohl jsem střelit, třásl jsem se jako list. Zatím medvěd z nás dostal vítr, skočil do ovsa a z něho do lesa. Tož tak hanebně jsem se zachoval. Nebyl to strach, spíš takové překvapení, že medvědi opravdu jsou, když jsem v ně nevěřil; nebo snad rozčilení nad tím, že to bylo takové krásné a silné zvíře a že já měl do něho zákeřně[17] střelit. (Čapek, Hovory s Masarykem).

1. Co říkali lidé na Bystričce Masarykovi? 2. Co si o tom Masaryk myslel? 3. Co mu jednou ukázal pan Markovický? 4. Co podnikl Masaryk jednou večer za úplňku? 5. Jak dlouho čekali v mýtině na kraji lesa? 6. Co dělali ovčáci na horách? 7. Co najednou uviděl Masaryk? 8. Střelil Masaryk po medvědovi? 9. Měl Masaryk strach? 10. Proč nestřílel?

[1] at Bystřička. [2] stuffs the oats in his mouth (*zdrhovati si; huba*—mouth of an animal). [3] shuffles itself along on its bottom (*šoupati se*). [4] lit. treasures, i.e. droppings. [5] Well . . . [6] if there was a bear, after him! [7] enormous. [8] a breech-loader. [9] *úplněk*, m., full moon; at the full moon. [10] *jíti na čekanou*—to go to a place of waiting; *postriežka* is the Slovak equivalent of *čekaná*. [11] game-keeper. [12] on the hills. [13] were lighting fires. [14] we began to talk. [15] smoked. [16] =*mýtina*. [17] *zákeřný*—treacherous. (N.B. There are many Slovak expressions in this passage).

17.　　　　　　　　*Hruštička.*

Foukej, foukej, větříčku,
shoď mi jednu hruštičku,
shoď mi jednu nebo dvě,
budou dobré obě dvě.

(Folk rhyme from the Prácheň
district).

**18.**                   *Jabloňka*

To bude jabloňka,
já na ni vlezu,
jen jednou zatřesu,
hned zase slezu.
Bude mít jablíčka
pěkný červený,[1]
já si jich natrhám
pro potěšení.

(Folk rhyme from Čáslav).

[1] Dialectal for *pěkná červená.*

**19.**                   *Na trávu*

Já jsem malá, maličká,
na trávu mám jíti;
srpeček mám rozlámaný,
čímpak[1] budu žíti?
Mám milého kováříčka,
půjdu k němu zrána,
on mi ten srpeček spraví,
budu tomu ráda.

(Folk rhyme from S. Bohemia).

[1] = *čím.*

**20.**                   *Cestička do školy*

Cestičko do školy
přes louky, po poli,
cestičko do školy
ušlapaná.

Když jsem tě šlapával,[1]
často jsem plakával,
sněhem jsi bývala
zasypaná.

(From the Budějovice district).

[1] = *když jsem tudy chodíval.*

**21.** *Růžička*

Růžička se hněvá,
že lístečky nemá.
Počkej, počkej, růžičko,
až vysvitne sluníčko,
až zahučí hrom,
obalí se[1] strom
listím zeleným,
květem červeným.
                    (From the Čáslav district).

[1] *obaliti se.*, pf., to cover itself.

**22.** *Ach, není tu, není*

Ach, není tu, není, co by mě těšilo,
ach, není tu, není, co mě těší;
co mě těšívalo, vodou uplynulo,
ach, není tu, není, co mě těší.
                    (From the Beroun district).

**23.** *Hory, doly, černý les*

Hory, doly, černý les,
hory, doly, černý les,
neviděl jsem svou panenku
eště[1] dnes, eště dnes.
                    (From Libice).

[1] *ještě.*

**24.** *Kdybys měla, má panenko*

Kdybys měla, má panenko, sto ovec,
a já jenom za kloboukem jalovec,[1]
nebudeš má, není možná,
ani ti to, má panenko, Pán Bůh nedá.
                    (From the Bydžov district).

[1] *jalovec*, m., juniper.

**25.**                    *Loučení, loučení*

Loučení, loučení,
což je to těžká věc,
když se musí rozloučiti,
když se musí rozloučiti
s panenkou mládenec.

(From the Beroun district)

**26.**                    *Na tý louce zelený*

Na tý louce zelený[1]
pasou se tam jeleni,
pase je tam mysliveček[2]
v kamizolce zelený.[3]

(From the Chodsko district)

[1] Dialectal for *na té louce zelené.*          [3] Dialectal for *zelené.*
[2] *myslivec, mysliveček*, m., hunter.          [4] *kamizolka*, f., jacket.

*Teče voda proti vodě*

Te-če vo-da   pro-ti vo-dě,   ví-tr na ní   fou- ká,
Ne-kou-kej ty z o-ke-ne-čka, vy-jdi rad-ši   před dům,
Než bych já ti je-dnu da-la, ra-dši ti jich sto   dám,

má pa-nen-ka mo-dro-o- ká z o-ke-ne-čka   kou- ká,
dáš-li mně je- dnu hu-bi-čku, já ti jich dám se-   dum,
a- by li- dé ne-mlu-vi- li,   že tě rá-da   ne-   mám,

má pa-nen-ka mo-dro-o- ká  z o-ke ne- čka   kou-ká.
dáš- li mně je- dnu hu-bi-čku, já ti jich dám  se-dum.
a- by li- dé  ne-mlu-vi- li,  že tě rá- da   ne- mám.

*U panského dvora.*

**Andante**

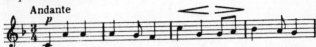

U pan-ské-ho dvo- ra náš Vi- tou- šek o- rá,
Dar-mo[3] ty, můj mi-lý, Vi- tou-šku roz- mi- lý,

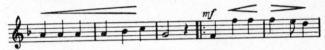

stra- ka- té[1] vo- le- čky[2] má.     Až po- le do- o- rá,
dar- mo ty na mě vo- láš.     Vo- lej ve dne v no-ci,

na mě si    za-vo- lá,    on mě už zda-le-ka   zná.
ne- ní ti    po- mo-ci,    mne se víc ne-do-vo- láš.

[1] *strakatý*, dappled.     [2] *vůl, voleček*, m., ox.     [3] = *nadarmo*, in vain.

*Červený šátečku.*

**Allegro moderato**

Čer- ve- ný    šá- te- čku[1], ko- lem se     toč,[2]
Můj mi- lý    se hně-vá,[3] já ne- vím    proč,

ko- lem se     toč,      ko- lem se toč.
já   ne- vím     proč,      já ne- vím proč.

[1] *šáteček*, m., scarf.     [2] *točiti se*, impf., to wind round.
[3] *hněvati se*, to become angry.

Tra- la- la- la    la- la- la,    la- la- la,    la- la- la

tra- la- la- la    la- la- la,    la- la- la,    la.

*Nešťastný šafářův¹ dvoreček²*

Ne-šťa-stný ša- fá- řův dvo-re-ček.  ne-šťa-stný
Můj vra-ný³ ko- ní- čku,ne-řeh- tej,⁴  ob- je- dem

ša- fá- řův   dvůr!  Když jsem jel  o-   ko- lo.
tři-krát ko-   lem.   Jest- li je  up- ří- mná,

sr- dce mě  bo- le- lo.  za- řeh- tal můj vra- ný kůň.
Na-nyn-ka roz-mi-lá,⁵ vy-jde k nám ze dvo-ra ven.

**27.**            *Rozhovor⁶ o smrti⁷*

Byli jsme spolu na procházce ve Strašnicích.⁸ Nedaleko krematoria jsme uviděli pohřební vůz.⁹

---

¹ *šafář*, m., steward (of an estate).   ² *dvůr, dvoreček*, m., farm.
³ *vraný*, jet-black.   ⁴ *řehtati* impf., to neigh.   ⁵ dear, charming.
⁶ *rozhovor*, m., conversation.   ⁷ *smrt*, m. death.   ⁸ *Strašnice*—a
suburb of Prague.   ⁹ *pohřební vůz*, m. hearse.   *pohřeb*, m., funeral.

Ve voze ležela rakev.[1]

„Tatí," povídá, „ten je rozvážkový[2], vid'?"

„Ano," pravím, „rozvážkový."

„A co rozváží?"

„Nebožtíky,"[3] odpovídám.

„A co je to nebožtík?"

„Mrtvý," říkám.

„To jako když zemře?"[4] ptá se.

„Tak jest, synu."

Zesmutněl.[5] Chvíli se na pohřební vůz dívá a říká:

„Tatí, a kde leží?"

„Kdo kde leží?"

„No, nebožtík," zašeptal.

„Vzadu," říkám.

Auto stálo černé a ponuré.[6] Človíček[7] dostal strach ze smrti. Podíval se po mně docela polekaně[8] a zeptal se:

„A každý musí zemřít?"

„Každy," říkám, „každý, synáčku. To už je lidský úděl."[9]

„Ty ale umřeš dřív než já," řekl s nadějí[10] v hlase.

Potěšíl jsem ho, že ano.

„Pojď'," řikám, půjdeme do leva, tam je louka a rostou tam kopretiny[11] a sedmikrásky."[12]

„Tatí," septal se, „a sedmikrásky také umírají?"

„Pojď'," říkám, „koupíme si zmrzlinu.[13] A už se na to auto nedívej . . ."

Ale on se díval a díval a pak již zoufale se zeptal:

„A musí nebožtík ležet vzadu?"

„Musí," pravím, "jakou bys chtěl zmrzlinu? Vanilkovou?"

Stojí a dívá se. Bylo mu do pláče.[14]

„Tatí," praví, „a nemohl bych já, až umřu, sedět vedle šoféra?"

„To můžeš," říkám, to by docela šlo. [15]Ale nesměl bys na něho mluvit, protože to je proti dopravním předpisům."[16]

(Ludvík Aškenazy: Dětské etudy, 1960).

---

[1] *rakev*, m., coffin.   [2] *rozvážkový (vůz)*, m., delivery van.   *rozvážeti*, to deliver.   [3] *nebožtík*, m., corpse.   [4] *zemříti*, to die.   [5] *zesmutněti*, to become sad.   [6] *ponurý*, sombre.   [7] *človíček*, the little chap.   [8] *polekaný*, scared.   [9] *úděl*, m., fate.   [10] *naděje*, f., hope.   [11] *kopretina*, f., marguerite.   [12] *sedmikráska*, f., daisy.   [13] *zmrzlina*, f., ice cream.   [14] *bylo mu do pláče*—he was on the verge of tears.   [15] *to, by docela šlo*—that would be quite possible.   [16] *dopravní předpisy*—traffic regulations.

# KEY TO EXERCISES

I. 7. A. Substitution table: Sentences may be made by using the adjectives in the left-hand column with any of the nouns appearing between the cross-lines opposite.

| To je teplé | jídlo | | | |
|---|---|---|---|---|
| studené | víno | | | |
| dobré | pivo | děvčátko | péro | kolo |
| špatné | mléko | | piano | křeslo |
| | maso | | zrcátko | auto |
| hezké | | | kino | |
| čisté | | | | |
| špinavé | | | | |
| malé | | | | |
| velké | | | | |
| nové | | | | |
| staré | | | | |
| pohodlné | | | | |
| nepohodlné | | | | |

B. 1. To je staré auto. 2. To maso je špatné. 3. Tvé kolo je špinavé. 4. To je mé zrcátko. 5. Křeslo je pohodlné. 6. To děvčátko je hezké. 7. To jídlo je studené. 8. To je nové slovo. 9. To je teplé mléko. 10. Mé nové zrcátko je malé. 11. Tvé péro je dobré. 12. To víno je tvé.

II. 8. A. See I, 7, A above. Sentences can be made with the help of this table, in which adjectives of opposite meaning are arranged in pairs (omitting hezké).

B. 1. On (ona), nové. 2. mám, má. 3. své. 4. máš, já. 5. má nové, mám staré. 6. je pohodlné, je nepohodlné. 7. Jeho, je nové. 8. mám, má. 9. své.

C. 1. On má dobré péro. 2. On má své péro. 3. Já mám kolo, ale ty máš auto. 4. To děvčátko má nové zrcátko.

5. Ona má své zrcátko. 6. On má jeho péro. 7. Její kolo je nové; ona má nové kolo. 8. To mléko je studené. 9. Mé auto je špinavé.

III. 9. A. Substitution table:

| Já mám | | mé (moje) | | |
|--------|--|-----------|--|--|
| Ty máš | | tvé (tvoje) | | |
| On má | staré auto; | jeho | | |
| Ona má | etc. | její | auto | staré. |
| My máme | (Use table | jeho | je | |
| Vy máte | in I, 7, A) | naše etc. | | etc. |
| Oni mají | | vaše | | |
| Ony mají | | jejich (Use table I, 7, A) | | |

B. 1. Naše, zavřené, ono, zavřené. 2. My, máte. 3. Nováková, má. 4. mají, naše, oni, naše. 5. Zelená, mají, ony. 6. Vy, své, mám. 7. mají, jejich. 8. hezké, ono, hezké. 9. Naše, je, čisté. 10. máte, nové.

C. 1. Ony. 2. Ona. 3. Oni. 4. Ono. 5. Oni.

D. 1. Tomáš má pohodlné křeslo. 2. Slečna Nováková má nové zrcátko; její zrcátko je nové. 3. Já mám studené mléko a ty máš teplé. 4. Paní Veselá má dobré radio. 5. Děvčátko má kolo. 6. Vlasta a Jan mají koťátko; oni mají koťátko. 7. Naše auto je nové. 8. My máme špatné radio, ale vy máte skvělé. 9. Děvčátko je velmi chytré; ono je velmi chytré. 10. Slečna Čapková má nové péro; ona má nové péro.

IV. 6. A. 1. Jeho (or: mé, tvé, vaše). 2. toto. 3. je, nepohodlné. 4. není. 5. prodávají, své (or: mé, tvé, naše, vaše, jejich). 6. hledají. 7. prodává, své (or: mé, tvé, její, etc.). 8. je, staré. 9. není. 10. nemá.

B. 1. Nemáme. 2. neznáte. 3. Neprodávám. 4. nezavíráš. 5. Neposlouchají. 6. Neznám. 7. neprodává. 8. není. 9. není.

C. 1. Co dělají? 2. Nemám piano. 3. Toto křeslo je velmi pohodlné. 4. Kdo poslouchá radio? 5. Proč otvíráš (otvíráte) okno? 6. Jeho jméno není Václav. 7. Vlasta trhá jablko.

8. Co prodáváš (prodáváte)? 9. Kde je Československo? 10. Paní Zelená tady není.


V. 7. A. 1. Many sentences may be read from the following substitution table:

| | | | |
|---|---|---|---|
| Já mám malý dům | | ty máš velký | |
| Ty máš velký klobouk | | já mám malý | |
| On má nový kabát | a | ona má starý | |
| Ona má starý deštník | | on má nový | |
| kapesník | | | |

2.

| | | | |
|---|---|---|---|
| | | můj dům | malý |
| Ditto | | tvůj klobouk | velký |
| | | jeho kabát | je starý |
| | | její deštník | nový |
| | | kapesník | |

B. 1. ten, můj. 2. ten, váš. 3. Ten, dlouhý, krátký (short). 4. nový, tento, není nový. 5. Ten, čistý, špinavý. 6. velký, náš, malý. 7. ráda. 8. Ten, teplý, to, studené. 9. mají, rádi. 10. pohodlný, nepohodlný.

C. 1. To. 2. Ten. 3. Ten. 4. Ten. 5. To. 6. Ten. 7. to. 8. ten.

D. 1, 5, 6, 7, 12. mé, tvé, své, naše, vaše. 2, 3, 4, 8, 9, 10, 11. můj, tvůj, svůj, náš, váš.

E. 1. Čí je ten kapesník? 2. Prodáváš (prodáváte) své piano. 3. Karel má žízeň. 4. Tento obraz je jejich. 5. Mám svůj deštník. 6. Je váš (tvůj) dům velký nebo malý? 7. Kdy vstáváš (vstáváte)? 8. Jeho dopis je příliš dlouhý. 9. Tvůj (váš) čaj je studený. 10. To je velmi starý nábytek. 11. Jaké kolo má Václav? 12. Koho hledá Jarmila? 13. Který klobouk je jeho?


VI. 6. A. 1. Je to mé kolo? 2. Má Vlasta zrcátko? 3. Mají Božena a Marie koťátko? 4. Je naše kino velké? 5. Je toto křeslo pohodlné? 6. Prodává pan Novák své piano? 7. Hledá Marie svůj kapesník? 8. Je to dobrý chléb? 9. Má Karel hlad?

10. Je ten dopis velmi dlouhý? Questions may also be made without inversion, by using a rising intonation finally.

B. 1. není, je. 2. není. 3. jsou. 4. nejsou. 5. jste, jsme.

C. 1. Hledáme velký a pohodlný byt. 2. Neznáte (neznáš) toto slovo? 3. Okno je otevřené. 4. Není toto křeslo pohodlné? 5. Ony hledají své (if somebody else's child: jejich) děvčátko. 6. Nejsem příliš starý. 7. Má jenom staré kolo. 8. Kde jsou? Tady jsou. 9. Jaký klobouk má Eva? 10. Máte (máš) rád(a) čaj? 11. Je to teplý kabát? 12. Prodává pan Kubíček váš (tvůj) obraz?

VII. 9. B. 1. jdete, my. 2. Svobodová, špinavé. 3. roste, ten starý. 4. krade. 5. rádi (rády), studené. 6. Paní Novotná obléká svou dceru Helenu. 7. starou babičku. 8. Ta, dlouhá, zajímavá. 9. Naše malá, novou panenku. 10. rádi (rády) teplou polévku. 11. pere (=does the washing). 12. Jakou zkoušku. 13. Jaký. 14. nese knihu. 15. svou matku. 16. svou červenou tužku. 17. svou pohovku. 18. nemáme rádi (rády) bílou kávu.

C. 1. Je to dobrá hruška? 2. Vaše (tvá) matka nemá ráda bílou kávu. 3. Hana je velmi hezká dívka. 4. Znáte slečnu Novákovou? 5. Mají velmi pohodlný nábytek. 6. Má matka vstává velmi brzo. 7. Její teta čeká Jarmilu. 8. Kam jde Jan? 9. Máte (máš) zápalku? 10. Eva nese svou panenku domů. 11. Nemám rád(a) hrušky. 12. Tato pohovka je nepohodlná. 13. Jaká škola je to? 14. Kdo dělá tu zkoušku? 15. Máme rádi (rády) svou babičku. 16. Má vaši (tvou) knihu? 17. Každý den stele postel. 18. Děláme tu zkoušku zítra. 19. Hledají tu starou ženu. 20. Kde je můj nový svetr? Tady je. Děkuji vám (ti).

(Note : The forms *moje* and *tvoje* may be used in place of *má* and *tvá;* and *moji, tvoji,* and *svoji* in place of *mou, tvou,* and *svou.*)

VIII. 7. A. 1. starého sedláka. 2. pana doktora Kubíčka. 3. pana Šťastného. 4. svého bratra. 5. Nemluví. 6. Jaký, kreslí. 7. našeho nového řezníka. 8. jejího bratra.

9. dobrého souseda. 10. nemluví. 11. vidí mladého námořníka.
12. dobrou tužku. 13. Jaký, nosí. 14. vaří dobrou polévku.
15. honí svého bratra Karla. 16. svého švagra. 17. hledá
snaživého dělníka. 18. pana presidenta. 19. Nový student
poslouchá starého profesora. 20. kreslí svého bratra.

B. 1. Máme velmi dobrého presidenta. 2. Hledám pana
Nováka. 3. Kde je tvůj (váš) pes? 4. Nemám psa. 5. Máme
malého psa. 6. Spí? 7. Vidíte tohoto malého ptáka? 8. Proč
nenosíš (nenosíte) klobouk? 9. Hledají jejího švagra? 10. Má
bohatého souseda? 11. Toto maso není dobré. 12. Nemám
rád toho řezníka. 13. Zná pana Černého? 14. Hledáte našeho
syna? 15. Ne, hledám svého malého bratra. 16. Kde je
Milada? Už leží. 17. (Ona) mluví anglicky, ale ne česky.
18. Petr a Vilém spí. 19. Máš (máte) rád pana doktora
Šťastného? 20. Vaříte každý den nebo ne?

X. 3. A. 1. kabáty. 2. matky. 3. stromy. 4. domy. 5. mé
tužky. 6. tyto deštníky. 7. které klobouky? 8. jaké knihy?
9. ty malé panenky. 10. tyto staré babičky. 11. Nemám
žádné čisté kapesníky. 12. Vaše kabáty nejsou nové.

B. 1. barva. 2. dům. 3. žena. 4. obraz. 5. pohodlná
pohovka. 6. Máte rád ten klobouk? 7. To je zajímavá
přednáška. 8. tato nezajímavá kniha. 9. Jakou zkoušku
dělá? 10. Vaše sestra není šťastná. 11. Znám nějakou hezkou
dívku? 12. Máte (máš) zápalku?

C. 1. Ty (tyto), dobré. 2. velké panenky. 3. jaký, nový,
starý. 4. černé klobouky. 5. bohatá, chudá. 6. ráda studenou
polévku. 7. žádné české obrazy. 8. Naše domy jsou stejné.
9. Jakou panenku, jaké panenky. 10. ty čisté kapesníky.
11. dobré hrušky.

XI. 5. A. 1. hladoví lvi. 2. staří námořníci. 3. malí ptáci.
4. krásné obrazy. 5. bohatí páni (pánové). 6. stateční vojáci.
7. mladí hoši. 8. tví (tvoji) bratři. 9. čeští sedláci. 10. ti
snaživí studenti. 11. mí (moji) malí psi. 12. moudré sovy.
13. hloupí žáci. 14. španělští vojáci. 15. francouzští presi-
denti.

B. 1. moudrý doktor. 2. můj nový soused. 3. Náš učitel je oblíbený. 4. Nový úředník je dobrý. 5. Tvůj syn je špatný žák. 6. Můj švagr je velký. 7. Ten nový řezník je velmi snaživý. 8. Matka volá svou dceru. 9. Velký pes honí malého hocha. 10. Mladý hoch hledá svou sestru.

C. 1. nové profesory. 2. Naši bratři nejsou veselí (cheerful). 3. Její bratr je velmi mladý. 4. vaši malí psi. 5. Vaši úředníci jsou velmi dobří. 6. české dívky. 7. ty malé kabátky. 8. volá své syny. 9. Naši noví učitelé mluví dobře anglicky. 10. Ti vojáci čekají pana presidenta. 11. Proč ti páni otvírají okna? 12. Nemáme rádi ty nové doktory.

D. 1. Proč hledá Jana naše sousedy? 2. Mí (moji) bratři jsou velmi snaživí. 3. Vidíte ty (tamty) sedláky? 4. Vlasta nemá ráda vojáky. 5. Řezníci prodávají maso a salámy. 6. Máš rád svého švagra? 7. Znáte nějaké Londýňany? 8. Lékaři nemají vždycky pravdu. 9. Novákovi prodávají svůj nábytek. 10. Češi a Slováci jsou Slované. 11. Bratři Mrštíkové jsou moravští autoři.

XII. 5. A. 1. Jejich jména. 2. dvě okna. 3. nepohodlná křesla. 4. svá (svoje) malá koťátka. 5. ta dvě děvčátka? 6. velká letadla. 7. Ta jablka jsou malá a nejsou dobrá. 8. jednu tužku. 9. ti tři synové? 10. Ty dva dopisy jsou zajímavé. 11. koťátka, dvě jsou černá a dvě jsou bílá. 12. anglická slova.

B. 1. Jsou ta dvě péra vaše (tvoje)? 2. Jaké je její jméno, Vlasta nebo Marie? 3. Tyto svetry jsou příliš veliké. 4. Česká slova jsou často dlouhá. 5. Nevidím ta dvě děvčátka, protože jsou velmi malá. 6. Pan Čapek už vstává. 7. Čapkovi vždycky brzo vstávají. 8. (Ona) zavírá (ta) okna. 9. Která okna jsou otevřená? 10. Jaká jablka máte? 11. Moje dvě dcery spí. 12. Vaše jablka jsou červená a velká. 13. Vidíte naše krásná nová křesla?

XIII. 8. A. 1. Znáte ho (jej)? 2. Ona je nemá ráda. 3. Vidíte ho (jej)? 4. Máte ho (jej)? 5. Otvírám ji. 6. Ono je poslouchá. 7. Ona je obléká. 8. Kdy on vstává? 9. Mám ji ráda. 10. Ona je pere. 11. Prodávají je. 12. Oni je trhají. 13. Ona nejsou pro ně. 14. Čekáte na ně? 15. Ona jde pro ni.

B. 1. syna, ho. 2. zkoušku, ji. 3. ho (jej). 4. studenty, je. 5. ho (jej). 6. je. 7. je. 8. slečnu Novotnou, ji. 9. malou Alenu, ji. 10. krásné žluté květiny, je. 11. krásné knihy, je. 12. hrušky, kvetou, je. 13. na. 14. na, ně. 15. pro, něho. 16. mimo.

C. 1. Zloděj krade vaše papíry. On je krade (krade je). 2. Ten stůl je nový. (On) je nový. 3. Máte (máš) rád tu knihu? Máte (máš) ji rád? 4. Otvírá okno? Otvírá je? 5. Prodává řezník maso? Prodává je? 6. (Ona) nalévá čaj. Ona ho (jej) nalévá. Or: Nalévá ho (jej). 7. Hledám svoji tetu. Hledám ji (Já ji hledám). 8. Volá nás učitel? 9. Můj pes honí kočku. Honí ji (On ji honí). 10. Nemám vaše dopisy. Nemám je. 11. Znáte pana Novotného? Znáte ho (jej)? 12. Vidím váš dům. Vidím ho (jej). 13. Pere pro vás paní Nováková? 14. Kupuji pro něho (něj) auto. 15. Strč prst skrz tu díru. 16. Proč se na ně díváš? 17. Ona na něho (něj) čeká.

XIV. 6. A. 1. poslouchali (poslouchaly). 2. vstávala. 3. Prodávali (Prodávaly). 4. nemělo. 5. rýmu. 6. žádné. 7. měla. 8. Četli (Četly), knihy. 9. měly. 19. jednu zápalku. 11. měli rádi. 12. Snídali (Snídaly). 13. Znali (Znaly), pána. 14. Petra, Jarmilu.

B. 1. Trhali (Trhaly). 2. Čekal (Čekala). 3. zavírala. 4. nalévala. 5. volala. 6. oblékalo. 7. Měli (měly). 8. počítali. 9. hledala. 10. měl. 11. znaly. 12. prodával. 13. neobědvali (neobědvaly, neobědval, neobědvala).

C. 1. Trhali (Trhaly) jablka. 2. Neměl (Neměla) jsem kapesník. 3. Snídali (Snídaly) jsme brzo. 4. Hledali (Hledaly) jste svého bratra? 5. Čekali (Čekaly) své sestry. 6. Znali (Znaly) jsme jeho švagra. 7. Dělal váš syn také zkoušku? 8. Paní Nováková neměla máslo. 9. Dvě koťátka pila mléko. 10. Měl hlad? 11. Měli (Měly, Měl, Měla) jste pravdu. Or: Měl(a) jsi pravdu. 12. Volala ji? 13. Co jsi dělal(a) [or: jste dělal(a)] včera odpoledne? 14. Poslouchali jsme zajímavou přednášku. 15. Proč jste tak dlouho čekali (čekaly, čekal, čekala)?


XV.   6. A. 1. rostl. 2. Šli (Šly). 3. kradl. 4. dovedla. 5. četl. 6. myla. 7. stlala. 8. šla. 9. Nemohl(a). 10. psal. 11. šla. 12. pekla. 13. Pletly. 14. Pil (pila), pila. 15. nežila.

   B. 1. Nemohl jsem. 2. pletla. 3. psal. 4. pekla. 5. Šel (šla) jsem. 6. Nemohli (nemohly, nemohl, nemohla) jste. 7. Kam jsi šel (šla)? 8. mohl(a). 9. nemohly. 10. Mohli (mohly) jsme. 11. nemohl(a) jsem. 12. Pil(a). 13. Trhal(a) jsem. 14. Četli (četly). 15. Psali (psaly, psal, psala) jste. 16. žil.

   C. 1. (Ona) pletla svetr. 2. (Ony) šly ven. 3. (Oni) pili celé odpoledne. 4. Četl jsem knihu. 5. Její matka ji dovedla domů. 6. (Ona) šila kabát. 7. (Ona) vyšila ubrus. 8. Pes kradl maso. 9. Často jsme ji viděli. 10. Mohl vidět presidenta. 11. Stlal jsi (jste) postel? 12. Můžeme to prodat. 13. Anna psala dopis. 14 Žil(a) jsem tam.


XVI.   6. A. 1. kreslila. 2. Bydlili (bydlily) jsme. 3. koupil. 4. Viděl(a) jsem. 5. nosil. 6. Nevěděl(a) jsem. 7. Rozuměl(a) jste? Or: Rozuměli (rozuměly) jste? 8. Měl(a) jsi. 9. Bolela. 10. slyšela. 11. nebydlili. 12. Musili (musily). 13. Nemusil(a) jsem. 14. byly. 15. Byla. 16. Spal(a) jste, or, Spali (spaly) jste.

   B. 1. vařila. 2. Mluvila. 3. Viděli (viděly) jsme. 4. Bolela. 5. mluvil. 6. byla. 7. Nebyl. 8. bylo. 9. Jak jsi to věděl (věděla)? 10. nemusila. 11. Měl(a) jsem. 12. Proč jsi prodával(a).

   C. 1. Musil(a) jsem jít ven. 2. Rozuměla dobře? Ano, rozuměla. 3. Mluvili (mluvily) dobře německy? 4. Rád(a) jsem poslouchal(a) radio. 5. Nebyli to američtí studenti, byli to angličtí studenti. 6. Oběd nebyl dobrý. 7. Měla modrý deštník. 8. Božena nesla jablka domů. 9. Bydlil(a) jsi [or: Bydlil(a) jste] tady? Ne, nebydlil(a) jsem tady. 10. Moudrá sova spí celý den. 11. Nemusili (nemusily) jsme brzo vstávat. 12. Žák nemohl psát úlohu. 13. Viděl(a) jsi [or: Viděl(a) jste] novou školu? 14. Karel honil svou sestru. 15. Můj bratr neznal jeho jméno.

XVII. 8. A. 1. Vlasta bude doma. 2. Budu trhat jablka. 3. Budeme hledat vašeho bratra. 4. Koho budeš volat? 5. Bude stláti (or: ustele) postel. She will be making (or: she will make) the bed. 6. Budeme hledat Alžbětu. 7. To bude pěkné. 8. Ivan bude kresiit každý den. 9. Kdy budete mít čas? 10. Budu mluvit česky. 11. Budeme poslouchat radio. 12. Slečna Nováková bude pilně studovat. 13. Kde bude bydlet ten doktor? 14. Co budete dělat? 15. Jaké auto budou kupovat?

B. 1. On podepíše ten dopis. 2. Oni (ony) tady ještě budou. 3. Přečtu tuto knihu. 4. Tomáš vyčistí svoje kolo. 5. Ona přijde zítra. 6. Studenti to napíší (napíšou). 7. Můj soused také pomůže. 8. Vojáci přejdou řeku hned. 9. Dám to máslo tam. 10. Budeme vstávat brzo každé ráno. 11. Zítra vstaneme (budeme vstávat) brzo. 12. Potkáváte mou sestru každý den? 13. Proč nemůžete přijít v sobotu? 14. Odpoledne otrháme hrušky a jablka. 15. Zítra budu pomáhat (pomohu) vařit oběd.

C. pracovali, ospalí, šli, jsme, posnídali, jsme, mléko, zeleninu, uvařila, odpočívali, psali, četli, vyčistili, připravili, posnídáme, pojedeme, celý.

D. Imperfectives: pracovati—pracoval—bude pracovat; býti—byl—bude; jíti—šel—půjde; vstávati—vstával—bude vstávat; nakupovati—nakupoval—bude nakupovat; odpočívati—odpočíval—bude odpočívat; psáti—psal—bude psát; čísti—četl—bude číst.

Perfectives: posnídati — posnídal — posnídá; koupiti — koupil—koupí; uvařiti—uvařil—uvaří; vyčistiti—vyčistil—vyčistí; připraviti—připravil—připraví; posnídati, etc.; zůstati—zůstal—zůstane.

E. 1. Pilně jsme pracovali. 2. Ano, byli jsme velice ospalí. 3. Ano, šli jsme brzo spat. 4. Ne, vstávali jsme pozdě. 5. Posnídali jsme a šli jsme nakupovat. 6. Koupili jsme maso, mléko, zeleninu a ovoce. 7. Naše matka vařila oběd.

8. Odpočívali jsme, psali jsme dopisy a četli jsme. 9. Čistili a připravili jsme svá kola. 10. Vstaneme brzo a pojedeme ven. 11. Celý den. (N.B. Alternatively, -y endings in 1–5, 8, 9.)

XVIII. 8. A. 1. Boženo. 2. pane doktore. 3. Jaroslave. 4. pane presidente. 5. Františku. 6. Václave. 7. Ivane. 8. Evo. 9. pane profesore. 10. slečno. 11. dcero. 12. milá maminko. 13. vážený pane. 14. milý tatínku. 15. malé koťátko. 16. malý Pavle. 17. dívky. 18. žáci. 19. synové. 20. studenti. 21. milá sestro. 22. pane Čapku. 23. soudruhu.

B. 1. -e. 2. -o. 3. -ře. 4. -e, -e. 5. -o. 6. -u. 7. -e. 8. -ej. 9. -o, -o. 10. -u -te. 11. -i -í. 12. -ej.

C. 1. Čti (Čtěte) to pozorně, Viléme! 2. Jděte, slečno Nováková! 3. Kde bydlíte, pane doktore? 4. Napište (napiš) svoji adresu, prosím! 5. Hledej (Hledejte) mou knihu, Petře! 6. Nejez špinavé jídlo! 7. Čekej (čekejte) tady! 8. Upec (Upecte)[1] dobrý koláč! 9. Umyj (Umyjte) to malé děvčátko! 10. Pracuj (Pracujte) celý den, potom odpočívej (odpočívejte)! 11. Nepiš (Nepište) takové dlouhé dopisy! 12. Kam jdeš, matko (maminko)? 13. Nalévej pivo, Jaroslave! 14. Nakresleme krásný obraz! 15. Pomozme péci buchty! 16. Kupme čaj a kávu! 17. Zavři okno, Jiří!

XIX. 6. A. 1. pohodlně. 2. špatně. 3. chudě. 4. hladově. 5. krásně. 6. rusky. 7. draze. 8. statečně. 9. hluboko (hluboce). 10. chytře. 11. tiše. 12. výborně. 13. dlouho. 14. světle. 15. hezky. 16. opatrně.

B. 1. Mluvíte rusky, slečno Pokorná? 2. Kam jde paní Syrová, Františku? (*jede* if she is not walking). 3. Zavolej ihned svou matku. 4. Nevolej ji! 5. Přejdi ulici teď, Pavle! 6. Přecházej ulici vždycky opatrně! 7. Teď nepřecházej ulici! 8. Mluv tiše, když tatínek poslouchá radio. 9. Neslyším radio; mluv potichu! 10. Petře, pomoz trhat hrušky! 11. Poslouchej vždycky, co učitel říká! 12. Řekni pravdu. (i.e. at this moment). 13. Říkejte, co chcete! (i.e. at any

[1] *Upeč*, *upečte* are also common.

time). 14. Kam jede pan president? (*jde*, if on foot). 15.
Zavřeme ty dveře! 16. Čí je ta zahrada, pane Kubíčku?
17. Nenalévej to víno, Jene! 18. Netrhej to jablko, Evo!
19. Je velmi teplo. 20. Čekali dlouho. 21. Viděl jsem ji
včera dopoledne. 22. Obědvali soukromě. 23. Přečtěte to
pozorně, hoši! 24. Pane Kvapile, zavolejte ihned svého
bratra, prosím! 25. Máte pravdu, oni všichni mluví
francouzsky.

XX. 7. A. 1. jeho starému klobouku. 2. tomu dlouhému
slovu. 3. její mladé sestře. 4. tomu velkému letadlu. 5. té
pohodlné pohovce. 6. tomu špinavému ubrusu. 7. mému
šedivému kabátu. 8. jeho anglickému jménu. 9. slečně
Novákové. 10. našemu malému Janovi. 11. paní Šťastné.
12. panu doktoru Čapkovi. 13. tvé krásné zahradě. 14. vaší
staré škole. 15. jejich novému domu.

B. 1. děkuje, děkovala. 2. se směje, se smálo. 3. rozumějí,
rozuměli. 4. pomáhá, pomáhal. 5. radí, radila. 6. se podobá,
se podobala. 7. se líbí, se líbila. 8. odpovídá, odpovídala.
9. slouží, sloužili. 10. věří, věřil. 11. rozumíme, jsme rozuměli.
12. se učí, se učil. 13. pomáhám, jsem pomáhala.

C. 1. svému švagrovi. 2. naší babičce. 3. mému bratru
(bratrovi). 4. svému pánovi (pánu). 5. Jarmile. 6. kabátu.
7. obědu. 8. ku. 9. oknu. 10. české knize. 11. uchu. 12.
dlouhému nosu.

D. 1. Patří tato kniha vašemu (tvému) bratrovi (bratru)?
2. Jděte (Jdi) k divadlu! 3. Kdo bydlí naproti té staré
škole? 4. Nedávej ty sirky jemu, dej je mně! 5. Máte (máš)
něco proti ní? 6. Dala panu Novákovi svou adresu. 7. Ten
veselý žák se mi líbí. 8. Nemohu jí věřit. 9. Nerozuměli mu.
10. Anna se moc podobá svému malému bratrovi. 11. Jdu
k řezníkovi koupit maso. 12. Nelíbí se mu červená barva.
(Nebo: Nemá rád červenou barvu). 13. Pomoz své malé
sestře, Viléme! 14. (Pan) doktor Černý mi ukázal svou
krásnou zahradu. 15. Proč se mu směješ (smějete)? 16. Poraď
mi, co mám dělat! 17. Řekl jsem to Františkovi, ale on mi
špatně rozuměl.

XXI. 4. A. 1. se. 2. si. 3. se. 4. se, si. 5. se. 6. si. 7. si, se.
8. se. 9. si. 10. se. 11. se, se. 12. se.

B. 1. si hráli spolu. 2. se jmenovalo. 3. se ženil. 4. se znali.
5. se velice líbila. 6. učil se. 7. umyl jsem se a oblékl. 8.
Starali jsme se. 9. si psali. 10. Dařilo se. 11. jsem se těšil(a),
or: těšil(a) jsem se. 12. se ženil, se vdávala.

C. 1. svým bratrům. 2. našim novým sousedům. 3. těm
dívkám. 4. našim synům. 5. k lesům. 6. domům. 7. nám.
8. těm žákům. 9. svým sousedům. 10. svým sestrám.
11. svým tetám. 12. svým strýčkům. 13. velkým stromům.
14. ke kabátům. 15. velkým letadlům. 16. krásným za-
hradám. 17. pohodlným křeslům.

D. 1. Je ti (vám) zima? 2. Zdá se mi, že zahrada je příliš
malá. 3. Patří tento kapesník tobě (vám)? 4. Nerozumíš
(nerozumíte) těmto knihám? 5. Mluví se tam francouzsky?
6. Myjeme a oblékáme se každé ráno. 7. Koupím si nové
kolo. 8. Jak se čte tato věta? 9. Jak se jmenuješ (jmenujete)?
10. Řekněte těm studentům, že budou dělat zkoušku
příští týden. 11. Žáci odpovídají svým učitelům. 12. Nesměj
(te) se těm dlouhým slovům! 13. Ten kabát vám sluší.
14. Neříkej těm dívkám, co jsem řekl. 15. Je mi líto, že
neznám vaše jméno.

XXII. 6. A. 1. černého piva. 2. mého nosu. 3. dobrého
salámu. 4. moudré sovy. 5. toho hravého koťátka. 6. toho
čistého ubrusu. 7. kterého pána. 8. takové bábovky. 9. mé
nové adresy. 10. našeho krásného města. 11. jejího bílého
psa. 12. jejich oblíbeného syna. 13. té dlouhé tužky.

B. 1. Československa. 2. vína. 3. papíru. 4. mého švagra.
5. malé Evy. 6. mé matky. 7. té zajímavé knihy. 8. tvého
nového kabátu. 9. jiného radia. 10. strýčka. 11. bílé kávy.
12. učitelky. 13. toho stromu. 14. Prahy. 15. škole. 16. školy.
17. města. 18. jedné hodiny. 19. vaší školy. 20. Novotné.

C. 1. do. 2. k. 3. do. 4. od. 5. od, do. 6. Vedle. 7. u. 8. k.
9. od. 10. ze. 11. u. 12. do.

D. 1. To je kabát vaší (tvé) matky. 2. Jaká je cena tohoto
zeleného svetru? 3. Dostal(a) jste (jsi) dopis od své tety?

4. Jaká je barva vašeho (tvého) nového kabátu? 5. Má ráda šálek horkého kakaa. 6. Tady je adresa naší dcery. 7. Zloděj vešel do mého domu. 8. Bydlíme u města. 9. Bydlí daleko od města. 10. Bolela mě hlava od rána do večera. 11. Jméno tohoto krásného města je Paříž. 12. Jaký je dům pana Palečka? 13. Hlavní město Slovenska je Bratislava. 14. Dej mi šálek bílé kávy, prosím! 15. Byla celé odpoledne u své sestry. 16. Vstal z křesla a šel ke stolu. 17. Pojďme dnes večer do divadla! 18. Zastavili jsme se u domu našeho strýčka. 19. Co to leží vedle té knihy? (or: Co leží . . .) 20. Podej mi ten malý kousek papíru, prosím!

XXIII. 6. A. 1. těch jablek. 2. těch pohovek. 3. těch Angličanů. 4. těch černých tužek. 5. těch hladových lvů. 6. těch bílých koťátek. 7. chutných buchet. 8. krásných pohádek. 9. mých krásných obrazů. 10. našich starých lesů. 11. jeho mladých dcer. 12. jejích nových klobouků. 13. těch otevřených oken. 14. vašich velkých skal.

B. 1. těch zelených jablek. 2. těch nových per. 3. synů. 4. domů. 5. vašich zásuvek. 6. lesů. 7. tvých dopisů. 8. svých sester. 9. hrušek. 10. slov. 11. hezkých dívek. 12. takových velkých psů. 13. jejích krásných světlých vlasů. 14. těch dobrých sousedů. 15. studentů, snaživých, líných.

C. 1. Málo sedláků je bohatých. 2. Nebojte se našich vojáků! 3. Sedm domů bylo včera prodáno. 4. Zeptali se svých profesorů, co mají dělat. 5. Všiml jsem si jich hned. 6. Tomáš seděl vedle ní. 7. Kde je maminka těchto malých děvčátek? 8. Užíváš (užíváte) těchto kapesníků? 9. Náš František se bojí těch velkých krav. 10. Máš doma dost sladkých jablek?

XXV. 7. A. 1. Národnímu. 2. Hlavní. 3. psací. 4. prací. 5. Letní (jarní), zimní (podzimní). 6. Zimní, letní. 7. Školní. 8. dnešní. 9. letošní. 10. domácí. 11. Sousední. 12. Poslední.

B. 1. starší, mladší. 2. pohodlnější. 3. studenější, nej-studenější. 4. horší, nejhorší. 5. težší. 6. nejmladší. 7. lepší,

H

nejlepší. 8. nejzajímavější. 9. vyšší, nejvyšší. 10. dražší, nejdražší. 11. větší, největší. 12. tenčí.

C. 1. půl třetí. 2. čtvrt na pět. 3. za deset minut devět. 4. za dvacet minut pět (odpoledne). 5. za jednu minutu půl druhé. 6. za dvě minuty čtvrt na deset (večer). 7. tři čtvrti na osm (večer). 8. za deset minut šest (odpoledne). 9. osm hodin (večer). 10. dvanáct hodin (poledne). 11. dvanáct hodin (půlnoc). 12. půl dvanácté. 13. půl dvanácté (v noci).

D. 1. Kolik je teď hodin? 2. Přesně sedm. 3. Skoro osm. 4. V kolik hodin začíná koncert? 5. V půl osmé večer. 6. V kolik hodin končí? 7. Ve čtvrt na jedenáct. 8. Půjdu za hodinu k sousedce. 9. Ve čtvrt na dvanáct půjdu domů. 10. V kolik hodin ráno vstáváš (vstáváte)? 11. Ve čtvrt na osm. 12. Chodíš do školy za dvacet minut devět? 13. Ne, o půl deváté. Škola začíná za pět minut devět. 14. Který je nejmenší z těch domů? 15. Tvé (vaše) kolo je novější než moje. 16. Tento salám je chutnější než tamten. 17. Mé nohy jsou delší než tvoje (vaše). 18. Dej mi čistší ubrus! 19. Mám raději krocaní maso než husí. 20. Tato psí bouda je příliš malá; tamta je větší. 21. Znáte několik cizích jazyků? 22. Nemám rád tmu; mám rád denní světlo. 23. Jarní květiny jsou nejhezčí a nejbarevnější. 24. Naše škola pořádá každý rok školní výlet. 25. Letošní úroda brambor byla lepší než loňská. 26. Poslední den mé dovolené byl nejlepší.

XXVI. 9. A. 1. v našem parku. 2. u divadla. 3. po obědě. 4. o našem mladším synovi (synu). 5. na piano. 6. na pianě. 7. o našem novém sousedovi (sousedu). 8. o něm. 9. ve stole. 10. po čtvrté. 11. zajímavou knihu o městě Praze. 12. roky, universitě. 13. ve svém zápisníku. 14. o své nové knize. 15. Při obědě, o své dovolené. (*dovolená* is treated as an adjective.) 16. Po koncertě, do kavárny, po dvanácté hodině. 17. na hlavu. 18. V Národním divadle, Jiráskovu hru. 19. V březnu. 20. Na řece.

B. 1. Čekala na mne trpělivě u hlavního vchodu. 2. Najdeš (Najdete) červenou tužku v mé zásuvce. 3. Po návštěvě u pana presidenta jsme o něm dlouho mluvili. 4. Šest minut po deváté jsem šel domů. 5. V naší zahradě je mnoho krásných květin. 6. Já jsem se narodil v Praze a moje sestra v Londýně. 7. Pojedeme na dovolenou v červenci nebo v srpnu. 8. Psací stroj je na stole a kniha leží vedle něho. 9. Nemohl jsem spát po tom napínavém filmu. 10. V listopadu pojedu na čtrnáct dní do Prahy. 11. Narodil jsem se v červenci. 12. Rád sedím v pohodlném křesle. 13. Při včerejší bouřce zničil vítr mnoho stromů. 14. Nechal jsem květiny v autě. 15. V úterý budu vědět výsledek své zkoušky. 16. Zeptej (Zeptejte) se jí na to! 17. Vdávala se na jaře v dubnu. 18. Pan Novotný rád zpíval o lásce. 19. Napsali mi o něm dlouhý dopis.

XXVII. 11. A. 1. o našich sousedech. 2. V těch knihách. 3. o prázdninách. 4. V některých domech. 5. Novákovým, o nich. 6. V londýnských kinech, pohodlná. 7. o amerických černoších. 8. Na našich školách. 9. Ve školních budovách. 10. Při letních bouřkách. 11. o zimních sportech. 12. o svých dlouhých cestách.

B. 1. třicet pět, pětatřicet. 2. čtyřicet devět, devětačtyřicet. 3. šedesát dvě, dvaašedesát. 4. osmdesát sedm, sedmaosmdesát. 5. padesát tři, třiapadesát. 6. sedmdesát šest, šestasedmdesát. 7. dvacet osm, osmadvacet. 8. devadesát čtyři, čtyřiadevadesát. 9. sto pět. 10. tři sta jedna. 11. osm set patnáct. 12. dvě stě. 13. šest set dvacet osm. 14. pět set osmnáct. 15. čtyři sta třicet šest. 16. devět set osmdesát devět. 17. sedm set sedmdesát sedm. 18. dvě stě dvacet šest. 19. dvě stě padesát čtyři. 20. dva tisíce (jedno) sto dvě. 21. šest tisíc dvě stě třicet osm. 22. čtyři tisíce pět set sedmnáct. 23. dvanáct tisíc devět set devatenáct. 24. sedmdesát pět tisíc čtyři sta třicet dvě. 25. dvacet jeden tisíc osm set padesát tři. 26. tři sta sedmdesát čtyři tisíce šest set třicet pět. 27. dva miliony dvě stě čtyřicet devět tisíc sedm set sedmdesát sedm. 28. pět milionů tři sta padesát dva tisíce tři sta třicet tři. 29. čtyři miliony osm set třicet šest tisíc dvě stě šestnáct. 30. deset milionů pět set šedesát osm tisíc (jedno) sto jedna.

C. 1. jedenadvacet aut; jedenadvacáté auto. 2. čtyři křesla; čtvrté křeslo. 3. devět dívek; devátá dívka. 4. padesát zápalek ; padesátá zápalka. 5. deset vět; desátá věta. 6. tři jména; její třetí jméno. 7. dvacet sedm kluků; sedmadvacátý kluk. 8. dvaatřicet děvčátek; dvaatřicáté děvčátko. 9. dvaačtyřicet tužek; dvaačtyřicátá tužka. 10. pětadevadesát knih; pětadevadesátá kniha. 11. sto osm slov; sté osmé slovo. 12. dvě stě jedno péro; dvousté první péro. 13. dvě stě. dvanáct kil; dvousté dvanácté kilo. 14. čtyřiadvacet hodin; čtyřiadvacátá hodina (referring to a timetable: dvacet čtyři hodin). 15. tři sta šedesát pět dnů (referring to the calendar); tři sta pětašedesátý den. 16. čtyři sta devětadevadesát studentů; čtyři sta devětadevadesátý student. 17. devět set dvaatřicet vojáků; devět set dvaatřicátý voják. 18. dva tisíce dvě stě šestačtyřicet korun; dva tisíce dvě stě šestačtyřicátá koruna. 19. pět tisíc pět set roků; pětitisící pětistý rok. 20. milion kol; milionté kolo.

D. 1. je, studentů. 2. V letadle je. 3. V našem domě jsou tři děvčátka. 4. V zásuvce je. 5. Na stole je, korun. 6. V lese je, stromů. 7. Je, dívek. 8. je. 9. Ve škole je. 10. je. 11. je.

E. 1. Dvě, hrály, na zahradě. 2. bylo, dvě stě žáků. 3. bylo, kluků. 4. vojáků, přešlo řeku. 5. Byli (Byly), osmi, desíti. 6. Zaplatili (Zaplatily), za. 7. koupila čokoládu našim dvěma děvčátkům. 8. Pozvali (Pozvaly), známých. 9. V našem domě spalo pět hochů a ve vedlejším domě tři hoši. 10. Nevěděli jsme o těch dvou nových obchodech.

F. 1. V roce tisíc devět set čtyřicet osm jsem žil v Praze. 2. Žil jsem v Praze od roku tisíc devět set čtyřicet devět do roku tisíc devět set padesát. 3. O čem mluvíš (mluvíte)? O černoších. 4. Víte (víš) o nich něco? Velmi málo. 5. Mluvme o nedávných změnách ve Spojených státech amerických! 6. U našeho domu je garáž. 7. Kam jdeš (jdete), Tomáši? Po tom ti (vám) nic není. 8. V Rusku je mnoho velkých měst. 9. V letadle bylo šestatřicet pasažérů. 10. Četl (četla) jsem knihu o Eskymácích. 11. Tolik studentů studuje na naší universitě! 12. Na stole je (leží) devět dopisů. 13. Můj

bratr nám vypravoval o mnoha cizích městech. 14. Vrátíme
se domů po několika letech. 15. Dal (dala) jsem oběma
hochům dobrou knihu.

XXVIII. 5. A. 1. tužkou, pérem. 2. pod stolem. 3. za
městem. 4. s panem profesorem. 5. s knedlíkem. 6. Vid-
ličkou. 7. s citronem. 8. před školou. 9. mezi zrcadlem a
oknem. 10. pod stůl. 11. kapesníkem. 12. Pod krásným
vánočním stromkem. 13. s tebou. 14. s tou velkou panenkou.
15. lžičkou. 16. s ním. 17. mýdlem. 18. nad umyvadlo.
19. Pod naším domem.

B. 1. Mezi řekou a lesem je louka. 2. Vaše kniha spadla
za pohovku. 3. Běž se umýt mýdlem a vodou! 4. Myjete se
studenou nebo teplou vodou? 5. Čím jíte zmrzlinu?
Vidličkou? Ne, lžičkou. 6. Proč jím paní Soukupová
pohrdá? 7. Kde visí ten obraz? Nad krbem. 8. Pověs ten
obraz nad krb! 9. Setkal(a) jsem se s ní v Londýně minulý
týden. 10. Nikdo s ním nechtěl jít. 11. Máš rád kávu se
smetanou? 12. Co je to tam pod stolem? Nevidím dobře.
13. Nečekejte na mne před kinem! 14. Dej ty čerstvé buchty
na stůl! 15. Pan Krátký si sedl mezi Ladislava a Evu.
16. Seděl jsem za svým psacím stolem a psal dopis. 17. Pod
mým oknem roste krásná červená pivoňka. 18. Matka
stála dlouho nad kolébkou svého děvčátka. 19. Měl před
sebou na stole několik starých knih.

XXIX. 6. A. 1. se svými dvěma sestrami. 2. Pod našimi
stromy. 3. s těmi novými hračkami. 4. před těmi starými
obrazy. 5. rameny. 6. těmi velkými křesly. 7. za těmi
velkými knihami. 8. dobrými vojáky. 9. kameny. 10. špat-
nými péry. 11. s knedlíky. 12. s brambory. 13. Před nimi
(námi). 14. nad našimi domy. 15. svými starými historickými
budovami. 16. se svými dvěma syny. 17. s těmi mladými
Angličany.

B. 1. Před čtyřmi roky, Prahou. 2. Před čtrnácti dny,
Karla, před Národním divadlem. 3. bezvýznamným
úředníkem. 4. advokátem. 5. za pohovkou. 6. s námi, do

Brna autem. 7. před ní stálo. 8. Před dvěma dny, od bratra z Kanady. 9. předsedou tennisového klubu. 10. rameny. 11. kameny, husách. 12. těmi velkými těžkými bednami. 13. hlavním městem.

C. 1. Před šesti roky jsem byl mladým a pilným studentem. 2. Moskva je hlavním městem Ruska. 3. Nekývej hlavou! Vysvětli to pořádně! 4. Ladislav byl tou dobou dělníkem v továrně. 5. Pojďte s námi na koncert! Pojedeme všichni autem. 6. Květa čeká se svými dvěma bratry před divadlem. 7. Finsko je nejznámější svými velkými a krásnými jezery. 8. Nemohu pohnout tím psacím stolem; je příliš velký a těžký. 9. Bydlí v horách za tím jezerem. 10. Setkali jsme se náhodou v divadle. 11. Byl jednou jeden král, který měl dva syny. 12. Pojď honem! Zmeškáme vlak! 13. S kým jste teď mluvili? Se dvěma advokáty. 14. Pod skalami se páslo pět hnědých krav a tři bílé kozy.

XXX. 6. A. 1. chodí. 2. chodívá. 3. jezdívá. 4. létával jsem. 5. zpívávala. 6. počítá. 7. počítávali jsme. 8. Voláte ho. 9. chodím. 10. Spáváš, spávám, jsem spával. 11. Čítával jsem. 12. Poslouchám, neposlouchám. 13. vídávat, vídat. 14. zpívávala, zpívá.

B. 1. slavným básníkem. 2. viděn. 3. poslán. 4. prodána, Jeníkem. 5. dvěma různými osobami. 6. zahájena presidentem. 7. státní tiskárnou. 8. doktorem, prohlédnut. 9. prodáno. 10. Nejvyšším soudem. 11. podepsána žadatelem a dvěma svědky.

C. 1. Noví žáci budou přijati v září. 2. Hoch sláblmvíc a více a doktor nad ním kroutil hlavou. 3. Čítáváte cestopisy? Čítával jsem je, ale ne často. 4. Až budu bydlet u tety Milady, budu moci psát domů? 5. Ano, můžeš psát každý den. 6. Jak se to vyslovuje? 7. Mluvili německy v tom hotelu, kde jste bydleli? 8. Zde se mluví česky, anglicky, francouzsky, rusky a španělsky. 9. Prodá se: pánský kabát, šedý. Cena: 250 kčs. 10. Pronajme se dům se zahradou. 11. Stříhávali jsme si naše stromy sami, ale teď k nám chodí zahradník a stříhá nám je. 12. Ten dopis byl psán mnou a ne jím.

**XXXI.** 6. **A.** 1. nemocna. 2. svoboden (colloq. svobodný). 3. vdána (colloq. vdaná). 4. mrtev. 5. staré. 6. ženati. 7. laskav. 8. smutna (colloq. smutná). 9. zvědava. 10. sama.

**B.** 1. České kreslené, známy, po celém světě. 2. Anglické, kryté. 3. z toho otevřeného okna. 4. do Ameriky, napsán a zalepen (colloq. napsaný a zalepený). 5. přečteny, všechny, které. 6. u parku, prodán. 7. do parku po desáté hodině zakázán. 8. bylo zabaleno a odesláno. 9. Zapomenuté dílo Svatopluka Čecha bylo znovu vydáno. 10. Pane vrchní.

**C.** 1. Za nádražím stojí několik vysokých stromů. 2. dobré. 3. moderními řeznictvími. 4. o čtyřech poschodích. 5. s obilím. 6. na procházku do lesa. 7. V knihkupectví na náměstí. 8. Všem paním a slečnám. 9. V našem obchodě, dobré zboží. 10. Holandské malířské.

**D.** 1. Slečna Květa Černá je ještě svobodná, ale její starší sestra je už vdaná. 2. Kdy se budeš ženit, Karle? 3. Které předměty máš nejraději, Jitko? Kreslení a psaní. 4. Jaké zaměstnaní má váš syn? 5. Je zde kouření zakázáno? 6. Zeptej se té paní, kolik je hodin. 7. Buďte tak laskav a řekněte mi, prosím, kolik je hodin! 8. Jste hotov? Ne, ale budu hotov za pět minut.

**XXXII.** 10. **A.** 1. Zůstali bychom tam celý týden. 2. Jel bych ihned domů. 3. Potřeboval(a) bys zimní nebo letní kabát? 4. Co by chtěli k obědu? 5. Zahrál bys nám. . . ? 6. Mohl bych si tu knihu odnést domů? 7. Ta váza by měla stát na stole.

**B.** 1. byl by ji potkal. 2. aby se s ní setkal. 3. abych méně pracoval a abych chodil. . . . 4. Kéž bych byl udělal . . ., Kdybych ho byl poslechl, nebyl bych. . . . 5. abych šla, místo ní. 6. Kdybych nebyl zapomněl, byl bych si koupil. 7. Chcete-li, pracovat. 8. Kdybys byl více pracoval, byl bys býval. 9. Nebyli bychom tam jeli, kdybychom byli věděli. 10. aby zahnuli, zahnuli. 11. by, kdybychom se jich zeptali. 12. Neříkala, abyste se . . . naučili.

**C.** 1. Kdyby studovala češtinu, brzy by se jí (dat.) naučila. 2. Museli byste jet vlakem skoro dva dny, abyste

se dostali do Československa. 3. Je nutné, aby celá rodina
jela do Číny? 4. Matka nám řekla, abychom nechodili lesem.
5. Půjdeme-li lesem, mohli bychom zabloudit. 6. Kdybychom
byli neudělali, co nám řekla, byli bychom zabloudili. 7.
Kdybych byl uměl česky, byl bych se zeptal strážníka, kde
je nádraží. 8. Řekni mu, aby k nám dnes večer přišel.
9. Bylo by pěkné, kdybychom letos mohli jet do hor.
10. Nechtěl bys raději pověsit ten obraz na tuto stěnu než
na tamtu?

XXXIII. 6. A. 1. listonoše, Tomáši. 2. Listonoši, pro
Tomáše. 3. dva dopisy, pro vašeho otce. 4. k holičovi
(holiči). 5. k pekařovi (pekaři), Mikuláši, rohlíků. 6. pekaře,
nějaký. 7. Miloši. 8. nožem. 9. vejce k svačině. 10. ovocem,
Ondřeji. 11. svatého Mikuláše, nový. 12. ostrým nožem.

B. 1. i . . . i . . . 2. nýbrž i (ale i). 3. přece, ani. 4. buď.
5. však. 6. avšak (ale). 7. To. 8. co, v novinách. 9. přijede
(přijde). 10. nebude. 11. bude. 12. je.

C. 1. Ztratil jsem svůj klíč. Buď jsem jej nechal v úřadě,
anebo jsem ho zapomněl dnes ráno doma. 2. Můj strýc šel k
lékaři. 3. Jeli jsme v průvodu na ozdobeném voze. 4. Mám
rád sardinky v oleji. 5. Tomáš a Ondřej si hrají na hřišti s
míčem. 6. Dej mi ten míč, Ondřeji! 7. Zeptej se učitele,
zda(li) si můžeme vzít nový míč. 8. Sotvaže (Sotva)
jsem vyšel ven, začalo pršet. 9. Křestní jméno mého přítele
je Bořivoj. 10. Řekl ti tvůj strýc, co se mu stalo, když
byl malým chlapcem? 11. Co to máš na límci?

XXXIV. 5. A. 1. v neděli, se sestřenicí Marií. 2. na dlouhou
procházku, v restauraci. 3. o Marii. 4. do Francie 5. ve
Francii, do Italie, do Anglie. 6. od Libuše krásnou bílou
růži. 7. do kuchyně, jednu židli, Julie. 8. bílou nebo barevnou
košili. 9. v této zemi. 10. té dlouhé básni.

B. 1. Bratrův dům. 2. otcovu košili. 3. o Dvořákově opeře.
4. mnoho Jiráskových románů, dva. 5. s Novotnými do
kina. 6. Jiřininu čepici, Marie. 7. Myslíš (do you mean)
Jiřininu novou čepici nebo starou? 8. tetinými slovy.

9. tepleji, chladnější. 10. obrazu, druhá. 11. později. 12. nejlépe. 13. hůře, nejhůře.

C. 1. Nemůžeš mluvit hlasitěji? 2. Marii bývá ve vlaku špatně, ale na lodi jí bývá hůře. 3. Děvčátko se nejvíce těšilo na zmrzlinu. 4. Nebudeme už déle státi; sedněme si na lavici! 5. Jan píše na tabuli rychleji než Hana. 6. Tetina židle stojí u okna. 7. Kdo dovede vyhodit míč nejvýše? 8. Jak se ti líbí sestřina panna (panenka)? 9. Zítra půjdu do nemocnice navštívit svou sestřenici. 10. Každou neděli chodíme na večeři do restaurace. 11. Čekal jsem na tebe nejméně půl hodiny.

XXXV. 6. A. 1. přátelích. 2. přátel, všechny. 3. Naši přátelé, na večeři. 4. těch, talířů. 5. těch mužů na ulici. 6. Naši otcové, na procházku. 7. známé učitele. 8. restauracemi. 9. ulicích. 10. do kuchyně, nové židle. 11. sestřenicím, před několika měsíci, neodpověděly.

B. 1. stolek, stoleček. 2. děvčátko. 3. ručka, ručička. 4. kousek, kousíček. 5. nožík, nožíček. 6. městečko. 7. klícka. 8. koník, koníček. 9. zrcátko. 10. židlička. 11. lžička.

C. 1. Dívenka, ručku (ručičku), mladičkému. 2. mladíčka. 3. hezounký (hezoučký), kapesníček. 4. košíček slaďounkých (slaďoučkých) jablíček. 5. Chlapeček, malinkými (maličkými) kočičkami.

D. 1. Nezapomeň koupit tucet vajec! 2. Nevšímej si toho starého bručouna! 3. Děvčátko mělo na hlavě modravý klobouček. 4. Dej mi kousek (kousíček) chleba, prosím! 5. Země a měsíc obíhají okolo slunce. 6. Do sousední vesnice musíte jít přes pole. 7. Nemáš žádné přátele, Tomáši? 8. V této hře je několik velmi dobrých herců. 9. Dědečku, dejte pozor, když přecházíte ulici! 10. Zavolali jsme ihned lékaře. 11. Donesl jsem tetičce kytici bílých, červených a žlutých růží.

XXXVI. 5. A. 1. volajíce, křičíce. 2. vědouc. 3. Sedíce. 4. Vidouc. 5. Jedouce. 6. Podepíšíc. 7. Vědouce. 8. Přicházeje. 9. bledna.

B. 1. mluvící. 2. pochodující. 3. běhajícího. 4. zavírajícího. ohlížejícího. 5. ukazující. 6. nesoucí. 7. oblékající. 8. mávajících.

C. 1. Jsou dveře otevřeny? 2. Prosím, podej mi noviny! 3. Myslím, že nůžky jsou na podlaze. 4. Kde jsou mé nové hodinky? 5. Mé brýle jsou na stole. 6. Dostala jsem k narozeninám krásné nové šaty. 7. Kolik peněz si mám vzít s sebou? 8. Nedávej nůž do úst, jez vidličkou! 9. Doufám, že nezapomenu na tvé jmeniny. 10. Přejeme vám šťastné a veselé velikonoce. 11. Otevřevši knihu, začala číst. 12. Naše kamna stojí v rohu u okna. 13. Co to máš na zádech? 14. Otočivši se ještě jednou, zamávala rukou. 15. Rozloučiv se s milými přáteli, odešel.

XXXVII.    3. A. 1. oběma rukama. 2. na očích. 3. na prsou 4. ramenou (or: ramen). 5. Obě, oči. 6. s červenýma očima. 7. s dlouhýma ušima.

B. 1. Podepište se sem do pravého rohu, prosím! 2. Vyšel jsem z domu časně ráno. 3. Lékař obvázal vojákovi ránu. 4. Vylil jsem trochu mléka na zem. 5. Za čtrnáct dní odjedeme na venkov. 6. Dojdi k pekařovi pro bochník chleba! 7. Vzbuďte mne v sedm hodin ráno, prosím! 8. Dnes ráno jsem rozbila broušenou vázu. 9. Mohu vám ještě přidat masa, prosím? 10. Rád bych přeplaval řeku na druhou stranu. 11. Půjdu se teď na chvilku projít do parku. 12. Moje matka upadla a zlomila si nohu. 13. Lesy byly úplně zničeny ohněm. 14. Udělám pro vás všechno.

XXXVIII.    5. A. 1. bílé labutě. 2. slavnostní síně. 3. českých písní. 4. krásnou kytici žlutých růží. 5. myší. 6. vysokými zdmi. 7. kostí. 8. věže. 9. vnoučat, vnoučata. 10. štěňat. 11. sluhovi.

B. 1. Jsem zástupcem továrny na nábytek. 2. Podívej se na ta krásná poupata! 3. Nezapomínáme na naše hrdiny z poslední světové války. 4. Proč neprodáš všechny ty staré věci? 5. Nad mou postelí visí obraz v pozlaceném rámu. 6. Obecenstvo bylo hrou mladého houslisty nadšeno.

7. Dnes odpoledne jsem mluvil s naším správcem. 8. Museli jsme podepsat několik přihlášek. 9. Moje matka je Češka a můj otec je Polák. 10. Pařížanky se umějí dobře oblékat. 11. Moje učitelka francouzštiny je cizinka.

# KEY TO QUESTIONS ON PASSAGES

(1)  1. Pan Novák má nové a pěkné auto. 2. Není velké, je malé. 3. Má zelenou barvu. 4. Střecha je žlutá. 5. Sedadla jsou velice pohodlná. 6. Okna nejsou špinavá. 7. Protože pan Novák je často myje. 8. Někdy pan Novák, někdy jeho dcera řídí auto. 9. Paní Nováková neřídí auto. 10. Protože neumí řídit. 11. Mávají na nás.

(2)  1. Maminka dnes vaří Karlíkovo oblíbené jídlo. 2. Karlík má rád hrachovou polévku, párky, nové brambory a kapustu. 3. Švestkové knedlíky. 4. Čekají tatínka. 5. Malý Karlík slyší venku kroky.

(3)  1. Potkal pana Veselého. 2. Ano, měl, ale už je zase zdráv. 3. Pan Černý a jeho rodina. 4. Pan Veselý jde pro cigarety, protože nemá doma ani jednu. 5. Protože se opozdil.

(4)  1. Letí z dalekého světa domů. 2. Vidí města, řeky, lesy a pole. 3. Protože ji bolí křídla. 4. Protože ještě není doma. 5. Najednou vidí vesničku a slyší zpěv. 6. Tancují a zpívají. 7. Snáší se a krouží nad dětmi. 8. Podívejte se, první vlaštovička! 9. Letí k chalupě, kde na ni čeká její vlastní hnízdo.

(5)  1. Náš dům stojí uprostřed velké zahrady. 2. Má jedno patro a má červenou střechu. 3. Stěny mají bílou barvu a hlavní vchod hnědou. 4. Ano, okna jsou v létě ozdobena květinami. 5. V přízemí je hala, dva obývací pokoje, studovna, kuchyň a veranda. 6. V prvním patře jsou tři ložnice, jeden menší pokoj, koupelna a záchod. 7. Některé pokoje mají moderní nábytek, některé mají starší nábytek.

8. Ne, ve všech pokojích nejsou koberce, v některých je jen linoleum. 9. Ve studovně jsou české a cizojazyčné knihy. 10. V kuchyni je plynový sporák, elektrická pračka a lednička. 11. V obývacím pokoji je radio a televise. 12. V domě je ústřední topení. 13. Ano, u domu je garáž.

(6) 1. Ten král měl dva syny. 2. Nemohl královat, protože byl velmi starý. 3. Ano, měl je rád jednoho jako druhého. 4. Protože by pak oba měli málo. 5. Měl u jezera krásnou zelenou louku. 6. Bílý kůň mu pošlapal všecku trávu. 7. Uložil jim, že jeden musí toho koně chytit, a mu přivést. 8. Ten, kdo chytí koně.

(7) 1. Pan Lev je vedl do hradu královského, jenž se jmenoval Tower. 2. Anglický král Eduard je přijal. 3. Nelíbily se jim paní v dlouhých šatech. 4. Líbila se jim moc hudba a šedesát zpěváků. 5. Viděli mnoho divných rostlin a zvěře. 6. Ne, byla v klecích.

(8) 1. Viděl medvěda, který chytil králíka. 2. Protože ten medvěd řekl, že ho sežere. 3. Chtěla za svou radu od sedláka kohouta. 4. Řekla, že má zatroubit jako myslivci troubívají. 5. Řekl, že myslivci jedou lovit medvědy. 6. Utíkal rychle do lesa. 7. Zaštěkal jako pes, a řekl, že psi jdou honit lišky. 8. Utíkala pryč, jak nejrychleji mohla.

(11) 1. Masaryk považoval české dějiny za vzrušující a dramatické. 2. Že správně pochopili naši mezinárodní situaci. 3. Řekl, že je zázrak, že se Češi udrželi po tak dramatickém zápase. 4. Masaryk myslel, že to má své přednosti, protože lidé se mohou lépe znát a žít intimněji. 5. Že malý národ musí více pracovat a být šikovnější a nesmí zůstat pozadu za velkými národy.

(12) 1. Broučci vstávali, když slunko zapadalo. 2. Byla v kuchyni a vařila snídani. 3. Tatínek ještě ležel v posteli a

I

hověl si. 4. Přelezl na maminčinu postel a počal se houpat. 5. Spadl na zem a udeřil se. 6. Šla budit tatínka a Broučka. 7. Ptala se Broučka, proč pláče. 8. Že se moc udeřil a že tatínek chce, aby nekřičel.

(13) 1. Dostával peníze jen někdy od matky. 2. Bydlel nejdřív v Nové ulici u ševce a platil dva zlaté měsíčně. 3. Sehnal si kondice. 4. Učil syna nádražního úředníka za dva zlaté měsíčně a nedělní oběd, pekařovu dcerku za chleba, co snědl, a pak se také dostal do rodiny policejního ředitele v Brně. 5. Ano, líbilo. 6. Chodili se koupat a pak večeřívali v pivovaře.

(14) 1. Kníže jel lesem. 2. Bylo velice horko a dusno a vše bylo jako mrtvo. Ani větev se nepohnula. 3. Bělouše obtěžovalo tisíce much. 4. Po úzké cestě kráčela rychle dívka jménem Lidka. 5. Měla zelenou suknici a černou šněrovačku a na hlavě měla šátek. Byla bosá. 6. Vyjel z lesa a zastavil se před ní. 7. Mluvil k ní jazykem, kterému nerozuměla. 8. Ptal se jí na cestu lesem do vesnice. 9. Chtěl, aby ho tam Lidka dovedla.

(15) 1. Jmenovala se Hanýžka Králová. 2. Ve škole se učili počtům a čtení. 3. Vypravoval jim o postavách českých dějin. 4. Vypravoval jim pohádky o princích a princeznách, o rytířích, dracích a čarodějích. 5. Nejvíc se jí líbilo, když pan učitel hrál na housle. 6. Vybíral si dobré zpěváčky. 7. Chodil po třídě a bystře poslouchal, až se zastavil u Hanýžky. 8. Vypjala se do výše, pozdvihla hlavu a zpívala, jak nejlépe uměla.

(16) 1. Říkali, že se v horách potulují medvědi, že napadají dobytek a chodí do polí. 2. Myslel, že to není pravda a nevěřil tomu. 3. Ukázal mu ovesné pole, které bylo medvědem celé zdupané. 4. Šel s panem Markovickým a hajným na čekanou. 5. Čekali několik hodin, až se blížila půlnoc. 6. Zažíhali všude kolem ohně, což vypadalo v noci velice

krásně. 7. Najednou uviděl medvěda, jak vychází z lesa asi třicet kroků od nich. 8. Ne, nestřelil, třásl se jako list. 9. Ne, neměl strach. 10. Byl překvapen, když medvěda opravdu uviděl a také nechtěl zákeřně do tak krásného a silného zvířete střelit.

# BIBLIOGRAPHY

*Grammar and syntax*: P. Selver, Czech Self-Taught, London 1927; E. Smetánka, Tschechische Grammatik, Leipzig 1914; B. Mikula, Progressive Czech, Chicago 1936; B. Trnka–F. Marchant, The English Visitor in Czechoslovakia, Prague 1937; J. Schwarz, Colloquial Czech London 1943; M. Sova, A Modern Czech Grammar, London 1944; V. Šmilauer, Novočeská skladba, Prague 1947; B. Havránek–A. Jedlička, Česká mluvnice, Prague 1960; A. Mazon, Grammaire de la Langue Tchèque, Paris 1952; W. Harkins, A Modern Czech Grammar, New York 1953; R. Fischer, Tschechische Grammatik, Halle 1954; M. Sova, Učebnice češtiny pro cizince, Prague 1958; F. Trávníček, Mluvnice spisovné čestiny, 2 vols, Prague 1947; Jelínek, Bečka, and Těšitelová, Frequence slov, slovních druhů a tvarů v českém jazyce, Prague 1961; F. Kopecný, Základy české skladby, Prague 1958; M. Dokulil, Tvoření slov v češtině, Prague 1962.

*Pronunciation*: A. Frinta, Novočeská výslovnost, Prague 1909; A. Frinta, A Czech Phonetic Reader, London 1925; F. Trávníček, Phonetik der tschechischen Schriftsprache, Halle 1954; B. Hála, Výslovnost spisovné češtiny, Prague 1955; B. Hála, Uvedení do fonetiky češtíny, Prague 1962; H. Kučera, The Phonology of Czech, 's-Gravenhage 1961.

*Spelling*: Československá akademie věd, Pravidla českého pravopisu, 1957.

*Dictionaries*: V. Jung, Slovník anglicko–český, Prague 1947 (3rd edition); A. Osička–I. Poldauf, Velký česko–anglický slovník Unikum, Prague 1947; A. Osička–I.

Poldauf, Velký anglicko–český slovník Unikum, Prague
1948; P. Váša–F. Trávníček, Slovník jazyka českého,
Prague 1952. Small dictionaries: A. Čermák, Anglicko–
český a česko–anglický slovník, Třebíč 1928; M. Sova,
Malý slovník česko–francouzský, Paris 1928; F. Kru-
pička–J. Hokeš--H. and J. Procházka, Anglicko–český,
česko–anglický slovník, London 1941; Junckers, Tschec-
hisch–Deutsch Deutsch–Tschechisch Wörterbuch, Berlin
1952; V. Buben–F. Pover, Slovník francouzsko–český a
česko–francouzský, Prague; Army and Air Force Tech-
nical Dictionary, English–Czech Czech–English, London;
Technický slovník anglicko–český a česko–anglický,
Prague 1950; Fotografický a filmový slovníček anglicko–
český a česko–anglický (F. Gürtler), Prague 1948;
Stručný česko–anglický a anglicko–český slovník
tělocvičných a sportovních výrazů (gymnastic and
sporting terms) (M. Prokš), Prague 1948; J. Novák,
Kapesní anglicko–český a česko–anglický technický
slovník, Prague 1958; K. Hais, Anglicko–český a
česko–anglický kapesní slovník, Prague 1960; D. Závada,
Anglicko–český obchodní slovník, Prague 1955. Also: J.
Bělič, B. Harvánek et al., Slovník spisovné čestiny,
Vol. 1 (A–M), Prague 1960; I. Poldauf, Česko–anglický
slovník, Prague 1959; J. Caha–J. Krámský, Anglicko–
český slovník, Prague 1960.

*Readers*: J. Mazon, Lectures Tchèques, Paris 1944; W. E.
Harkins, Anthology of Czech Literature, New York
1953; R. Fischer, Tschechisches Lesebuch, Halle 1954;
A. French, A Book of Czech Verse, London 1958.

*Historical Czech*: J. Gebauer, Historická mluvnice jazyka
českého, 2 vols., Prague; S. E. Mann, Historical Czech
Grammar, London 1957; F. Šimek, Slovníček staré
češtiny; F. Trávníček, Historická mluvnice česká, Prague
1935.

# CZECH–ENGLISH VOCABULARY

This consists of words used in the book, with the exception of those dealt with in footnotes to the reading passages. The genitive singular and nominative plural of nouns are given if there is any irregularity or if the declension is a minor one. If other cases are given they are named. Except for wholly regular verbs of the main classes, the first person singular of the present tense and the past participle are quoted. Abbreviations: m.–masculine, f.–feminine, n.–neuter, pf.–perfective, impf.–imperfective, adj.–adjective, adv.–adverb, dim.–diminutive, impers.–impersonal, compar.–comparative, sg.–singular, pl.–plural, nom.–nominative, acc.–accusative, gen.–genitive, dat.–dative, instr.–instrumental, conj.–conjunction.

*a*, and
*aby*, in order to
*ačkoliv*, although
*advokát* m., lawyer, barrister
*ale*, but
*Američan* m., American
*anebo=nebo*, or
*anglický*, English (adj.)
*Angličan* m., Englishman
*ani*, not even
*ani . . . ani*, neither . . . nor
*ano*, yes
*armáda* f., army
*asi*, about, probably
*aspoň*, at least
atd.=*a tak dále*, and so on, etc.
*auto* n., car
*autobus* m., bus
*autor* m., author
  *autora, autoři*
*avšak*, but, however
*až*, until

*bába* f., old woman
*babička* f., grandmother
*bábovka* f., Czech cake
*balík* m., parcel
  (dim. *balíček—balíčku, balíčky*)
*barevný*, coloured
*barva* f., colour
*báseň* f., poem
  *básně, básně*
*básník* m., poet
*báti se*+gen. (impf.), to be afraid of
  *bojím se, bál*
*bedna* f., case, box
*běhati* (impf.), to run
*Beskydy* f. pl., the Beskid mountains
  *Beskyd*
*běžeti* (impf.), to run
  *běžím, běžel*
*bez*+gen., without
*bílý*, white

*bíti* (impf.), to beat
  *biji (biju), bil*
*bíti se s*+instr. (impf.), to fight
  *biji se, bil*
*blednouti* (impf.), to grow pale
  *blednu, bledl*
  pf. *zblednouti*
*bledý*, pale
*blízko*, near (adv.)
  compar. *blíže*
*blízký*, near (adj.)
  compar. *bližší*
*blížiti se k*+dat. (impf.), to
  approach
  pf. *přiblížiti se*
*bohatý*, rich
  comp. *bohatší*
*bohužel*, unfortunately
  (interjec.)
*bohyně* f., goddess
  *bohyně, bohyně*
*bochník* m., round loaf
*bolení* n., pain
*bolest* f., pain
  *bolesti, bolesti*
*boleti* (impf.), to hurt, ache
*borůvka* f., bilberry
*bosý*, barefoot (adj.)
*bota* f., shoe
*bouda* f., hut, shed
*bouře* f., *bouřka* f., storm
—*brambor* m., potato
*bráti* (impf.), to take
  *beru, bral*
  pf. *vzíti—vezmu, vzal*
*bratr* m., brother
  *bratra, bratři*
*bratranec* m., male cousin
  *bratrance, bratranci*
*brouček* m., beetle
  *broučka, broučci*
*brýle* f. pl., spectacles
  gen. *brýlí*
*brzo, brzy*, soon
*břeh* m., shore, bank

*březen* m., March
  *března*
*břicho* n., belly
*buditi* (impf.), to awaken some-
  one
  *budím, budil*
  pf. *vzbuditi*
*budova* f., building
*buď . . . anebo*, either . . . or
*Bůh* m., God
  *Boha, bohové*
*buchta* f., Czech cake
*Bulharsko* n., Bulgaria
*bydleti, bydliti* (impf.), to live,
  dwell
  *bydlím, bydlil (bydlel)*
*bystrý*, quick, keen
*byt* m., flat
*býti*, to be
  *jsem, byl*

*celkem*, on the whole
*celý*, the whole (adj.)
*cena* f., price
*cesta* f., way, road, journey
*cestička* f., path
*cestování* n., travelling
*cibule* f., onion (dim. *cibulka*)
*cítiti* (impf.), to feel
  *cítím, cítil*
*cizí*, foreign, strange
*cizina* f., foreign country
*cizinec* m., foreigner
  *cizince, cizinci* (fem. *cizinka*)
*cizojazyčný*, foreign-language
  (adj.)
*co*, what
*cosi*, something or other
*cukr* m., sugar
*cukrárna* f., sweetshop
*cukroví* n., sweets
*čaj* m., tea
*čaroděj* m., magician
  *čaroděje, čarodějové*
*čas* m., time

*časem*, sometimes

*časně*, early

*často*, often

*Čech* m., a Czech
     gen. sg. *Čecha*, nom. pl. *Češi*,
     gen. pl. *Čechů*, loc. pl.
     *Češích*, instr. pl. *Čechy*

*Čechoslovák* m., a Czechoslovak

*Čechy* f. pl., Bohemia
     gen. *Čech*, dat. *Čechám*, loc.
     *Čechách*, instr. *Čechami*

*čekárna* f., waiting-room

*čekati na*+acc. (impf.), to wait
     for (someone)
     pf. *počkati na*+acc.

*čepice* f., cap

*černoch* m., negro
     *černocha, černoši*

*černovlasý*, black-haired

*černý*, black

*čerstvý*, fresh

*červen* m., June
     *června*

*červenec* m., July
     *července*

*červený*, red

*Československo* n.,
     Czechoslovakia

*český*, Czech (adj.)

*česky*, Czech (adv.)

*Češka* f., Czech woman

*čeština*, f., Czech, the Czech
     language

*četba* f., reading

*či, čili*, or

*čí*, whose

*Čína* f., China

*čísti* (impf.), to read *čtu, četl*
     pfs. *přečísti, dočísti*

*čistota* f., cleanliness

*člověk* m., man, human being
     *člověka*, pl. *lidé*

*čokoláda* f., chocolate

*čtení* n., reading

*čtrnáct*, fourteen

*čtvrt* f., quarter
     *čtvrtě, čtvrtě*

*čtvrtek* m., Thursday
     *čtvrtka*

*čtyři*, four

*čtyřicet*, forty

*dál, dále*, further, Come in!

*daleko*, far off

*daleký*, far, distant (adj.)

*další*, next (adj.)

*dáma* f., lady

*dárek* m., gift
     *dárku, dárky*

*dařiti se*+dat., to succeed
     (impers.)
     *Jak se vám daří*, How are you
     getting on?

*dáti* (pf.), to give, put
     *dáti pozor*, to pay attention,
     look out

*dávati* (impf.), to give, put

*dávno*, long ago

*dbáti na*+acc. (impf.), to take
     care of

*dcera, dcerka, dceruška*, f.,
     daughter

*dceřin*, daughter's

*děd* m., grandfather (dims.
     *dědeček—dědečka, dědečci ;*
     *dědoušek—dědouška, dě-*
     *doušci*)
     *děda, dědové*

*dějiny* f. pl., history
     *dějin*

*děkovati*+dat. (impf.), to thank

*dělati* (impf.), to do, make
     pf., *udělati*

*dělník* m., workman
     *dělníka, dělníci*

*den* m., day (See pp. 79, 97)
     *dne*

*denní*, daily

*deset*, ten
     *deseti*

*deštník* m., umbrella
*devatenáct*, nineteen
*děvčátko* n., little girl
*děvče* n., girl
  *děvčete, děvčata*
*devět*, nine
*díl* m., part, portion
*dítě* n., child
  *dítěte, děti* (f.)
*divadlo* n., theatre
*diviti se*+dat. (impf.), to wonder, be surprised at
*dívka* f., girl
*divný*, strange
*divý*, wild, fierce
*dlouhán* m., tall fellow
*dlouhý*, long
*dlouze*, at length (adv.)
*dnes, dneska*, today
*dnešní*, today's
*do*+gen., to, into, up to, until
*doba* f., time, period
*dobrý*, good (compar. *lepší*)
*dobře*, good, well (adv.) (compar. *lépe*)
*dobytek* m., cattle
  *dobytka*
*dočísti* (pf.), to finish reading
  *dočtu, dočetl*
*dojíti* (pf.), to go to, reach, get as far as
  *dojdu, došel*
*dokonalý*, perfect
*doktor* m., doctor
  *doktora, doktoři*
*dole*, below, downstairs (state)
*dolů*, down (motion)
*doma*, at home
*domek, domeček* m., small house
  *domku, domečku; domky, domečky*
*domluviti* (pf.), to finish speaking
*domov* m., homeland
  *domova*
*domů*, home (adv.)

*donésti* (pf.), to bring
*dopis* m., letter
*dopíti* (pf.), to drink up
  *dopiji (dopiju), dopil*
*dopoledne*, morning
*doporučení* n., recommendation
*doporučiti* (pf.), to recommend
*dorozuměti se* (pf.), to come to an understanding
*dost, dosti*, enough
*dostati* (pf.), to receive
  *dostanu, dostal*
*dotknouti se* + gen. (pf.), to touch
  *dotknu se, dotknul*
*doufati* (impf.), to hope
*dověděti se* (pf.), to get to know
  *dovím se, dověděl*
*dovésti* (pf.), to lead, take (some-one)
  *dovedu, dovedl*
*dovézti* (pf.), to bring, carry
  *dovezu, dovezl*
*dovolená* f., leave
  *dovolené, dovolené*
*dozpívati* (pf.), to sing through
*drahý*, dear
*drak* m., dragon
*druhý*, second
*držeti* (impf.), to hold
  *držím, držel*
*dřevo* n., wood
*dříve*, earlier, before (adv.)
*dříve než*, before (conj.)
*dříví* n., wood
*duben* m., April
  *dubna*
*důkladný*, solid, thorough
*důležitý*, important
*dům* m., house
  *domu, domy*
*dva, dvě*, two
*dvacet*, twenty
*dveře* f. pl., door
*dvoupatrový*, two-storeyed

I*

*dýmka* f., pipe
*džbán* m., jug

*elektrika* f., tram, electric light
*Eskymák* m., Eskimo

*fialka* f., violet
*Finsko* n., Finland
*fotografie* f., photography
*foukati* (impf.), to blow
*Francie* f., France
*francouzsky*, French (adv.)

*garáž* f., garage
*gymnasium* n., grammar school
   *gymnasia, gymnasia*

*hajný* m., gamekeeper
   *hajného, hajní*
*hanebný*, shameful
*házeti* (impf.), to throw
*herec* m., actor
   *herce, herci*
*hezký*, pretty
*hlad* m., hunger
*hladový*, hungry
*hlas* m., voice
*hlasitě*, loudly
*hlava* f., head
*hlavní*, chief (adj.)
*hledati* (impf.), to look for
*hloupost* f., stupidity
   *hlouposti, hlouposti*
*hloupý*, stupid, silly
*hluboký*, deep (compar. *hlubší*)
*hluchoněmý*, deaf and dumb
*hluchý*, deaf
*hluk* m., noise
*hlupák* m., stupid fellow
   *hlupáka, hlupáci*
*hned*, at once
*hnědý*, brown
*hněvati se* (impf.), to be angry
*hnízdo* n., nest
*hodina* f., hour
*hodinář* m., watch-maker

*hodinky* f. pl., watch
   *hodinek*
*hodiny* f. pl., clock
   *hodin*
*hoditi* (pf.), to throw
*hoditi se* (impf.), to suit (impers.)
*hodný*, good
*hoch* m., boy
   *hocha, hoši*
*holandsky*, Dutch (adv.)
*holič* m., barber
*honem*, quickly
*honiti* (impf.), to hunt, chase
*hora* f., mountain
*horký*, hot (compar. *horčejší*)
*horlivý*, enthusiastic
*horší*, worse
*hořeti* (impf.), to burn
*hospodářství* n., small farm
*hostinský* m., innkeeper
   *hostinského, hostinští*
*houba* f., mushroom
*houpati* (impf.), to swing
*house* n., gosling
   *housete, housata*
*housle* f. pl., violin
   *housli*
*houska* f., round bread roll
*houslista* m., violinist
   *houslisty, houslisti*
*hověti si* (impf.), to rest
   *hovím si, hověl*
*hra*, f., game
*hrabě* m., count
   *hraběte, hrabata*
*hraběnka* f., countess
*hráč* m., player
*hrách* m., pea
*hráti* (impf.), to play
   *hraji, hrál*
*hráti si s*+instr. (impf.), to play
   with
*hravý*, playful
*hrdina* m., hero
   *hrdiny, hrdinové*

*hrdlo* n., throat
*hrob* m., grave
*hrobař* m., gravedigger
*hrozný*, terrible
*hruška* f., pear
*hřeben* m., comb
*hříbě* n., foal
   *hříběte, hříbata*
*hřiště* n., playground
   *hřiště, hřiště*
*hudba* f., music
*hukot* m., roar, din
*hůře*, worse (adv.)
*husa* f., goose
*hvězda* f., star
*hymna* f., hymn, anthem


*chalupa* f., hut, cottage
*chladný*, cool
*chlapec* m., boy
   *chlapce, chlapci*
*chléb* m., bread
   *chleba*
*choditi* (impf.), to walk
*chodník* m., pavement
   *chodníku, chodníky*
*choroba* f., illness
*chřipka* f., influenza
*chtíti* (impf.), to want
   *chci, chceš, chtějí; chtěl*
*chudoba* f., poverty
*chudý*, poor (compar. *chudší*)
*chutný*, tasty
*chvatný*, hasty, speedy
*chvíle* f., while, moment
   *po chvíli*, after a while
*chvilka* f., little while, instant
   *za chvilku*, in a moment
*chyběti* (impf.), to be lacking
   *chybím, chyběl*
*chystati* (impf.), to prepare
   *chystám, chystal*
*chytrost* f., cleverness
*chytrý*, clever

*i*, and, and also
   *i . . . i*, both . . . and
*ihned* = *hned*
*inkoust* m., *ink*


*já*, I
*jablko*, apple
*jabloň* f., apple-tree
   *jabloně, jabloně*
   dim., *jabloňka* f.
*jahoda* f., strawberry
*jak, jakpak*, how
*jakmile*, as soon as
*jako by*, as if
*jaksi*, somehow
*jaký*, what kind of (adj.)
*jarní*, spring (adj.)
*jaro* n., spring
*játra* n. pl., liver
   *jater*
*jazyk* m., tongue, language
   *jazyka, jazyky*
*jeden*, one
*jednou*, once
*jednak . . . jednak*, on the one
   hand . . . on the other
   hand
*jehně* n., lamb
   *jehněte, jehňata*
*jeho*, his
*její*, her
*jejich*, their
*jelen* m., stag
   *jelena, jeleni*
*jelikož*, since, because
*jen, jenom*, only
*jenž, jež*, who, which
*jestliže*, if
*ještě*, still, yet
*jeti* (impf.), to ride
   *jedu, jel*
   pf. *objeti*, to ride round
*jeviště* n., stage (theatr.)
   *jeviště, jeviště*

*jeviti se* (impf.), to appear
*jezdec* m., rider
  *jezdce, jezdci*
*jezditi* (impf.), to ride
*jezero* n., lake
*ježdění* n., riding
*jídlo* n., food
*jídelna* f., dining-room
*jídelní lístek* m., menu
*jih* m., south
  *jihu*
*jinak*, otherwise
*jindy*, another time
*jinde*, elsewhere
*jiný*, another
*jistě*, certainly
*jísti* (impf.), to eat
  *jím, jedl*
*jistota* f., certainty
*jistý*, certain
*jíti* (impf.), to go
  *jdu, šel* (fut. *půjdu*)
*jízda* f., ride, drive
*jižní*, southern
*jmeniny* f. pl., name-day
  *jmenin*
*jméno* n., name
*jmenovati se* (impf.), to be called
  *jmenuji se, jmenoval*


*k, ke*+dat., to, towards
*kabát* m., coat (dim. *kabátek* m.)
*kabelka* f., handbag
*kachna* f., duck
*kakao* n., cocoa
*kalhoty* f. pl., trousers
  *kalhot*
*kam*, where, whither
*kamení* n., stones
*kamna* n. pl., stove
  *kamen*
*kapesník* m., handkerchief
*kapitola* f., chapter
*kapsa* f., pocket

*kapusta* f., cabbage
*Karel* m., Charles
  *Karla*
*kašel* m., cough
  *kašle, kašle*
*káva* f., coffee
*kavárna* f., café, coffee-house
*kazatel* m., preacher
  *kazatele, kazatelé*
*každý*, each
*kde*, where
*kdežto*, whereas
*kdo*, who
*kdy*, when
*kdybych*, if
*kdykoliv*, whenever
*když*, when
*kéž*, if only, would that
*kino* n., cinema
*klec* f., cage
  *klece, klece* (dim. *klícka*)
*klíč* m., key
  *klíče, klíče*
*klepati* (impf.), to knock
  *klepu, klepal*
*klobouk* m., hat
*kluk*, boy, lad
*knedlík* m., dumpling
  *knedlíka, knedlíky*
*kniha*, f., book
*knihovna* f., library
*knihkupectví* n., bookshop
*kníže* m., prince
  *knížete, knížata*
*kněžna* f., princess
*knoflík* m., button
*kočár* m., coach, carriage
*kočárek* m., perambulator
*kočka* f., cat
*koberec* m., carpet
  *koberce, koberce*
*kohout* m., cock
*koláč* m., cake
*kolébka* f., cradle
*koleda* f., carol

*kolega* m., colleague
*kolem*+gen., around
*koleno* n., knee
*kolik*, how much, how many
*kolo* n., wheel, bicycle
*komín* m., chimney
*komnata* f., room, chamber
*koncert* m., concert
*koníček* m., little horse, hobby
*koruna* f., crown
*kost* f., bone
  *kosti, kosti*
*kostel* m., church
*koš* m., basket (dim. *košík* m.)
*košile* f., shirt
*kotě* n., kitten
  *kotěte, koťata* (dim. *koťátko* n.)
*koupelna* f., bathroom
*koupiti* pf., to buy
*kouření* n., smoking
*kousek* m.,+gen., piece (of)
*kouzelný*, magic (adj.)
*kovář* m., blacksmith (dim. *kováříček*)
*kráčeti* (impf.), to march, go on
  *kráčím, kráčel*
*kraj* m., region (also: edge)
*krajan* m., fellow-countryman
*král* m., king
*králík* m., rabbit
*královna* f., queen
*království* n., kingdom
*krása* f., beauty
*krásný*, beautiful
*krásti* (impf.), to steal
  *kradu, kradl*
*krátký*, short (compar. *kratší*)
*kráva* f., cow
*kravín* m., cowshed
  *kravína, kravíny*
*krb* m., hearth, fireplace
*krčiti*+instr. (impf.), to shrug
  *krčiti rameny*, to shrug one's shoulders
  (pf. *pokrčiti*)

*krejčí* m., tailor
  *krejčího, krejčí*
*kresliti* (impf.), to draw
*kreslení* n., drawing
*krk* m., neck
*Krkonoše* f. pl., Giant Mountains
  *Krkonoš*
*krmiti* (impf.), to feed (animals)
*krocan* m., turkey
*kroj* m., costume (folk)
*krok* m., step
*kroutiti*+instr. (impf.), to twist, turn
  *kroutiti hlavou*, to turn one's head
*kroužek* m., circle
*kroužiti* (impf.), to revolve, turn round
*Krušné Hory* f. pl., Ore Mountains
  *Krušných Hor*
*krýti* (impf.), to cover
  *kryji (kryju), kryl*
*křeslo* n., armchair
*křesťan* m., Christian
  *křesťanství* n., Christianity
*křičeti* (impf.), to cry out, shriek
  *křičím, křičel*
*křídlo* n., wing
*který*, which
*kterýkoli*, whichever
*kuchyň, kuchyně* f., kitchen
  *kuchyně, kuchyně*
*kudy*, which way
*kufr* m., suitcase
*kůň* m., horse
  *koně, koně*
*kupovati* (impf.) to buy
  *kupuji, kupoval*
*kuře* n., chicken
  *kuřete, kuřata*
*kůže* f., skin
  *kůže, kůže*
*květ* m., flower

*květen* m., May
   *května*
*květina* f., flower
*kytice* f., bunch of flowers
   *kytice, kytice*
*kývati*+instr. (impf.)
   pf. *kývnouti*
   *kývnu, kývnul*

*labuť* f., swan
   *labutě, labutě*
*láhev* f., bottle
   *láhve, láhve*
*láska* f., love
*laskavý*, kind
*látka* f., material, cloth
*lavice* f., bench
*led* m., ice
*leden* m., January
   *ledna*
*lednička* f., refrigerator
*lehnouti si* (pf.), to lie down, go
     to bed
   *lehnu si, lehl*
*lék* m., medicine
*lékárna* f., chemist's shop
*lékař* m., doctor
*leknutí* n., fright, shock
*lépe*, better (adv.)
*lepidlo* n., glue
*les* m., wood, forest
   *lesa, lesy*
*letadlo* n., aeroplane
*létati* (*litati*) (iter. impf.), to fly
   *létám* (*litám*)*, létal* (*litál*)
*letěti* (dur. impf.), to fly
   *letím, letěl*
*letiště* n., airfield
   *letiště, letiště*
*letní*, summer (adj.)
*léto* n., summer
*letos*, this year
*letošní*, this year's (adj.)
*lev* m., lion
   *lva, lvi*

*lézti* (impf.) to crawl, creep
   *lezu, lezl*
*ležeti* (impf.), to lie, stay in bed
   *ležím, ležel*
*líbiti se* (impf.), to please
     (impers.)
   *líbí se mi*, I like it
*libra* f., pound (money)
*lidé* m., pl., people
   acc. *lidi*, gen. *lidí*, dat. *lidem*,
   loc. *lidech*, instr. *lidmi*
*lidskost* f., human nature
*límec* m., collar
   *límce, límce*
*líný*, lazy
*list* m., leaf, sheet
*lístek* m., leaflet, ticket, note
   *lístku, lístky*
*listina* f., document, certificate
*listonoš* m., postman
*listopad* m., November
   *listopadu*
*líti* (impf.), to pour
   *liji* (*liju*)*, lil*
*loď* f., ship
   *lodi, lodi*
*Londýn* m., London
   *Londýna*
*Londýňan* m., Londoner
   *Londýňana, Londýňané*
*londýnský*, London
     (adj.)
*loni*, last year
*loňský*, last year's (adj.)
*loučiti se*+instr. (impf.), to take
     leave of
*louka* f., meadow
*lovec* m., huntsman
   *lovce, lovci*
*lovecký*, hunting (adj.)
*loviti* (impf.), to hunt
*ložnice* f., bedroom
*lupič* m., bandit, robber
*lyžař* m., skier
*lyžování* n., skiing

*lyžovati* (impf.), to ski
   *lyžuji* (*lyžuju*), *lyžoval*
*lžíce* f., spoon
*lžička* f., teaspoon

*maďarsky*, Hungarian (adv).
*majitel* m., owner
   *majitele*, *majitelé*
*malina* f., raspberry
*málo*, few, little (adv.)
*malovati* (impf.), to paint
   *maluji* (*maluju*), *maloval*
*malý*, small (dim. *maličký*)
   compar. *menší*
*maminka* f., mother
*manžel* m., husband
   *manžela*, *manželové*
*manželé*, married couple
*manželka* f., wife
*marně*, in vain
*máslo* n., butter
*maso* n., meat
*matka* f., mother
*mávati*+instr. (impf.), to wave
   *mávati kapesníkem*, to wave
   one's handkerchief
   pf. *zamávati*
*mávnouti* (pf.), to wave
   *mávnu*, *mávnul*
*medvěd* m., bear
*měkký*, soft
*méně*, less (adv.)
*menší*, smaller
*meruňka* f., apricot
*mezi*+acc. or instr., between,
   among
*mezinárodní*, international
*měsíc* m., moon, month
*město* n., town
*míč* m., ball
*míhati se* (impf.), to sparkle
*Mikuláš* m., Nicholas
*mile*, pleasantly
*milovati* (impf.), to love
   *miluji* (*miluju*), *miloval*

*milý*, dear
*minulý*, past (adj.)
*mírný*, peaceful
*místní*, local
*místnost* f., room, apartment
   *místnosti*, *místnosti*
*míti* (impf.), to have
   *mám*, *měl*
*míti se* (impf.),
   *mám se*, *měl*
*míti rád* (impf.), to like
   *mám rád*, *měl*
*mládnouti* (impf.), to grow young
   *mládnu*, *mládl*
*mladost* f., youth
   *mladosti*, *mladosti*
*mladší*, younger
*mladý*, young (dim. *mladičký*)
   compar. *mladší*
*mléko* n., milk
*mluviti s* + instr. (impf.), to
   speak
*mnoho*, much, many
*množství* n., a great quantity
*moc* f., power, might
   *moci*, *moci*
*moci* (impf.), to be able
   *mohu*, *můžeš*, *mohou; mohl*
*mockrát*, many times
*modrý*, blue
*mokrý*, wet
*Morava* f., Moravia
*Moravan* m., a Moravian
   *Moravana*, *Moravané*
*moravský*, Moravian
*moře* n., sea
*Moskva* f., Moscow
*most*, m., bridge
*motor* m., engine
*motorka* f., motor-bicycle
*moučník* m., sweet
*moudrý*, wise
*moucha* f., fly
*možný*, possible
*mravní*, moral

*mrkev* f., carrot
  *mrkve, mrkve*
*mrtvý*, dead
*můj*, my
*musiti* (*museti*) (impf.), to be obliged to
  *musím, musil* (*musel*)
  *nemusím*, I need not
*muž* m., man
  *muže, muži* (*mužové*)
*mužstvo* n., team
*my*, we
*mýdlo* n., soap
*mysliti* (*mysleti*) (impf.), to think
*myš* f., mouse
  *myši, myši*
*mýti* (impf.), to wash
  *myji* (*myju*), *myl*
*mýti se* (impf.), to wash oneself
*mýtina* f., glade, clearing


*na*+acc. or loc., on, upon
*nábytek* m., furniture
  *nábytku*
*nad*+acc. or instr., over, above, on
*nadaný*, gifted
*nadepsati* (impf.), to write above, head
  *nadepíšu, nadepsal*
*nádobí* n., dishes
*nádraží* n., station
*nadšený*, enthusiastic
*náhrada* f., compensation
*nahýbati se* (impf.), to lean out
*najednou*, suddenly
*najísti se* gen. (pf.), to eat one's fill
  *najím se*, 3 pers. *najedí se, najedl*
*najíti* (pf.), to find
  *najdu, našel* (impf. *nacházeti*)
*nakladatelství* n., publishing-house

*nakonec*, in the end
*nakoupiti* (pf.), to buy, go shopping
*nakrájeti* (pf.), to cut up
  *nakrájím, nakrájel*
*nakupovati* (impf.), to buy
  *nakupuji* (*nakupuju*), *nakupoval*
*nálada* f., mood
*nalévati* (impf.), to pour out.
*nalézti* (pf.), to find
  *naleznu, nalezl*
*namalovati* (pf.)
  *namaluji, namaloval*
*náměstí* n., square
*námořník* m., sailor
  *námořníka, namořníci*
*nápad* m., idea
*napadati* (impf.), to attack
  *napadám, napadl*
*napínavý*, exciting
*naplniti* (pf.), to fill up, fulfil
*naposledy*, finally, for the last time
*naproti*, opposite
*napsati* (pf.), to write down
  *napíši* (*napíšu*), *napsal*
*národ* m., nation
  *národa, národy*
*národní*, national
*narozeniny* f. pl., birthday
  *narozenin*
*na shledanou*, goodbye, au revoir
*násilí* n., force
*naslouchati* (impf.), to listen to
*násobilka* f., multiplication table
*násobiti* (impf.), to multiply
*naspěch*:
  *míti naspěch*, to be in a hurry
*natrhati* (pf.), to pick (flowers, fruit, etc.)
*naučiti se* (pf.), to learn
*návštěva* f., visit
*navštívenka* f., visiting-card
*navštíviti* (pf.), to visit

*nazdar*, fam. greeting (Hullo) or
    farewell (Cheerio)
*ne*, no (opposite of 'yes')
*nebo*, or
*neboť*, because
*něco*, something
*nedati se* (pf.), not to give up
*nedávno*, not long ago
*neděle* f., Sunday
*nechutný*, unpalatable
*nějaký*, some, a kind of
*nejen . . . nýbrž i*, not only . . .
    but also
*někam*, somewhere (motion to)
*někdy*, sometimes
*několik*, some, a few
*některý*, some
*nemoc* f., illness, disease
    *nemoci, nemoci*
*nemocný*, ill
*Němec* m., a German
    *Němce, Němci*
*Německo* n., Germany
*německy*, German (adv.)
*němý*, dumb
*není*, is not
*neporušený*, safe and sound
*neposlušný*, disobedient
*nerad* (see *rád*)
*nesmírný*, immense, infinite
*nésti* (pf.), to carry
    *nesu, nesl*
*netrpělivě*, impatiently
*nevídaný*, uncommon
*nezbedný*, mischievous
*než*, than
*nikdo*, nobody
*nízko*, low (adv.)
*noc* f., night
    *noci, noci*
*noha* f., leg
    gen. sg. *nohy*, dat. sg. *noze*,
    n. pl. *nohy*
    (dim. *nožička*)
*Norsko* n., Norway

*nos* m., nose
*nosič* m., porter
*nositi* (impf.), to wear
*noviny* f. pl., newspaper
    *novin*
*nový*, new
*nožík* m., penknife
*nůž* m., knife
    *nože, nože*
*nůžky* f. pl. scissors
    *nůžek*

*o*+loc., about, of
*občas*, from time to time
*obdivovati se*+dat. (impf.), to
    admire
    *obdivuji se, obdivoval*
*obecenstvo* n., public, audience
*oběd* m., lunch
*obědvati* (impf.), to lunch
*obchod* m., business, trade, shop
*obíhati* (impf.), to go round,
    revolve
*obilí* n., corn
*objednati* (pf.), to give an order
    impf. *objednávati*
*objeti* (pf.), to ride round
    *objedu, objel*
*obléci se* (pf.), to dress oneself
    *obléknu se, oblékl*
*oblékati se* (impf.), to dress one-
    self
*oblíbený*, popular
*obor* m., branch, department
*obrátiti se* (pf.), to turn, turn
    round
*obraz* m., picture
*obrovský*, gigantic
*obrození* n., revival
*obtěžovati* (impf.), to trouble,
    worry
    *obtěžuji, obtěžoval*
*obvazovati* (impf.), to bandage
    *obvazuji, obvazoval*
*obvyklý*, usual, customary

*obyčejně*, usually
*obývací pokoj*, living room
*od*, *ode*+gen., from, out of, of
*odejíti* (pf.), to go away
  *odejdu*, *odešel*
*odemknouti* (pf.), to unlock
  *odemknu*, *odemkl*
*odesílati* (impf.), to send away
*odcházeti* (impf.), to go away
  *odcházím*, *odcházel*
  pf. *odejíti*
*odjeti* (pf.), to depart, leave
*odkládati* (impf.), to delay, postpone
*odkud*, from what place, whence
*odměna* f., reward
*odnášeti* (impf.), to carry away
  *odnáším*, *odnášel*
*odnésti* (pf.), to carry away
*odpočinouti si* (pf.), to rest
  *odpočinu si*, *odpočinul*
*odpočívati* (impf.), to rest
*odpoledne* n., afternoon
  *odpoledne*, *odpoledne*
*odpovídati* (impf.), to answer
*odpustiti* (pf.), to pardon, excuse
*odvázati* (impf.), to untie
  *odvazuji*, *odvázal*
*odvážný*, daring
*ohlédnouti se* (pf.), to look back
  *ohlédnu se*, *ohlédl*
*ohlížeti se* (impf.), to look back
  *ohlížím se*, *ohlížel*
*ohniště* n., fireplace, hearth
*oko* n., eye
  dual *oči* f.
*okolo*+gen., around
*okno* n., window
*olej* m., oil
*omáčka* f., sauce, gravy
*on*, *ona*, *ono*, he, she, it
*opáliti se* (pf.), to get sunburnt
*opatrně*, carefully
*opozditi se* (pf.), to be late
*opravdu*, really, indeed

*opravený*, corrected, mended
*opříti se* *o*+acc. (pf.), to lean against
  *opřu se*, *opřel*
*osm*, eight
*osoba* f., person
*ostříhati* (pf.), to cut
*otázka* f., question
*otec* m., father
  *otce*, *otcové*
*otevřený*, open
*otočiti se* (pf.), to turn round
*otvírati* (impf.), to open
*ovce* f., sheep
*ovčák* m., shepherd
  *ovčáka*, *ovčáci*
*oves* m., oats
  *ovsa*, *ovsy*
*ovoce* n., fruit
*ozdobený*, decorated, ornamented
*ozvati se* (pf.), to protest
  *ozvu se*, *ozval*

*padati* (impf.), to fall
*padnouti* (pf.), to fall, be killed
  *padnu*, *padl*
*pak*, then
*pamatovati si* (impf.), to remember
  *pamatuji si*, *pamatoval*
*pan* m., Mr.
*pán* m., master, gentleman
  *pána*, *páni* (*pánové*)
*panenka* f., doll
*paní* f., mistress, lady, Mrs.
*panna*, f., maiden, doll
*papír* m., paper
*pár* m., pair, a few
*párek* m., sausage
  *párku*, *párky*
*parno* n., heat
*Paříž* f., Paris
*pasák* m., shepherd
*pasažér* m., passenger

*pásti* (impf.), to graze (a herd)
  *pasu, pásl*
*pásti se* (impf.), to graze
  3rd pers. *pase se, pásl*
*pastva* f., pasture
*pátek* m., Friday
  *pátku*
*patro* n., floor
*patřiti* (impf.), to belong to
  3rd pers. *patří, patřil*
*péci* (impf.), to bake
  *peču (peku), pečeš, pekou;*
  *pekl*
*pečený*, baked
*pekárna* f., bakery
*pekař* m., baker
*pekařství* n., baker's shop
*pěkný*, nice
*peněženka* f., purse
*peníze* m., pl., money
  gen. *peněz*, dat. *penězům*, loc.
  *penězích*, instr. *penězy*
*péro* m., pen
*pes* m., dog
  *psa, psi*
*pěšky*, on foot
*pět*, five
*pianista* m., pianist
  *pianisty, pianisty*
*pilný*, busy, diligent
*písek* m., sand
*píseň* f., song
  *písně, písně*
*písnička* f., little song
*píti* (impf.), to drink
  *piji (piju), pil*
*pivo* n., beer
*pivoňka* f., peony
*pivovar* m., brewery
*plakati* (impf.), to cry, weep
  *pláču, plakal*
*plavati* (impf.), to swim
  *plavu, plaval*
*plésti* (impf.), to knit
  *pletu, pletl*

*plíce* f. pl., lungs
  gen. *plic*, dat. *plicím*, loc.
  *plicích*, instr. *plicemi*
*plot* m., fence
  *živý plot*, hedge
*plyn* m., gas
*po*+loc., after
*pobíhati* (impf.), to run about
*počasí* n., weather
*počítati* (impf.), to count
*počíti si* (pf.), to do
  *počnu si, počal*
*počkati* (pf.), to wait
*počty* m. pl., arithmetic
  gen. *počtů*, dat. *počtům*, loc.
  *počtech*, instr. *počty*
*pod*+instr., under
*podati* (pf.), to offer, hand
*podávati* (impf.), offer, hand
*podejíti* (pf.), to go under
*podepsati* (pf.), to sign
  *podepíši, podepsal*
*podíl* m., share, part
*podívati se* (pf.), to look at
*podlaha* f., floor
*podmaňovati si* (impf.), to
  conquer
*podobati se*+dat. (impf.), to
  resemble
*podobný*, similar
*podzim* m., autumn
*pohádka* f., fairy-tale
*pohaněti* (impf.), to drive, goad
  *pohaním, pohaněl*
*pohnouti* (pf.), to move
  *pohnu, pohnul*
*pohodlí* n., comfort, convenience
*pohodlný*, comfortable
*pohovka* f., settee
*pohrdati*+instr. (impf.), to des-
  pise
*pochlubiti se* (pf.), to boast of
*pochoditi* (pf.), to succeed, get on
  well
*pochopiti* (pf.), to understand

*pojísti* (pf.), to eat
  *pojím, pojedl*
*poklad* m., treasure
*pokoj* m., room
*pokropiti* (pf.), to sprinkle
*pokud,* as far as
*Polák* m., a Pole
  *Poláka, Poláci*
*pole* n., a field
*polekaný,* frightened
*polévka* f., soup
*políti* (pf.), to pour over
*politika* f., politics, policy
*poloha* f., situation, position
*poloviční,* half (adj.)
*položiti* (pf.), to put down, lay
*Polsko* n., Poland
*polsky,* Polish (adv.)
*pomáhati* (impf.), to help
*pomalu,* slowly
*pomoci* (pf.), to help
  *pomohu, pomohl*
*pondělí* n., Monday
*ponejvíce,* mostly
*poněvadž,* because, since
*popojíti* (pf.), to move forward a
  little
  *popojdu, popošel*
*poraditi*+dat. (pf.), to advise
*porozuměti*+dat. (pf.), to under-
  stand
*poručník* m., guardian
  *poručníka, poručníci*
*pořádati* (impf.), to arrange
*pořádně,* in an orderly way
*pořiditi* (pf.), to get, obtain
*posaditi se* (pf.), to sit down
*poseděti* (pf.), to sit a little while
*posel* m., messenger
  *posla, poslové*
*poschodí* n., floor, storey
*poskočiti* (pf.), to jump
*poslední,* last (adj.)
*poslechnouti* (pf.), to listen to,
  obey *poslechnu, poslechl*

*poslouchati* (impf.), to listen to,
  obey
*posnídati* (pf.), to have breakfast
*pospíšiti si* (pf.), to hurry
*postaviti* (pf.), to put, place,
  build
*postel* f., bed
*postýlka* f., cot
*pošlapati* (pf.), to trample
  *pošlapu, pošlapal*
*pošta* f., post
*potěšen,* delighted
*potěšení* n., delight, pleasure
*potěšiti se*+instr. (pf.), to be
  delighted with
*potichu,* quietly
*potkati* (pf.), to meet
*potom,* then, later
*potravina* f., article of food
*potulovati se* (impf.), to stroll
  about
*poupě* n., bud
  *poupěte, poupata*
*považovati* (impf.), to consider
*pověsiti* (pf.), to hang up
*povětří* n., air
*povolati* (pf.), to call, summon
*povstati* (pf.), to stand up, rise
*pozadu,* behind, backwards
*pozdě,* late
*pozdrav* m., greeting
*pozdravovati* (impf.), to greet
*pozdvihnouti* (pf.), to lift up
*pozlacený,* gilded
*poznati* (pf.), to recognise, be-
  come acquainted with
*pozor* m., attention
  *dejte pozor!* look out!
*pozorně,* carefully
*pozvati* (pf.), to invite
  *pozvu, pozval*
*pozvaný,* invited (adj.)
*pozvednouti* (pf.), to raise a little
*pracovati* (impf.), to work
*pracovna* f., study

*pracovník* m., worker
  *pracovníka, pracovníci*
*pracoviště* n., place of work
*pracovitý*, industrious
*pračka* f., washing-machine
*prádelna* f., laundry
*pradlena* f., washerwoman
*prádlo* n., washing, linen
*Praha* f., Prague
*praní* n., washing (activity)
*praotec* m., forefather, ancestor
*prapor* m., flag
*prase* n., pig
  *prasete, prasata*
*praskati* (impf.), to crack,
  burst
*práti* (impf.), to wash
  *peru, pral*
*pravda* f., truth
*pravidelný*, normal, regular
*pravý*, right, correct, real
*prázdniny* f. pl., holidays
  gen. *prázdnin*, dat. *prázd-
  ninám*, loc. *prázdninách*,
  instr. *prázdninami*
*prázdný*, empty
*Pražan* m., a citizen of Prague
  *Pražana, Pražani (Pražané)*
*president* m., president
*proč*, why
*pročísti* (pf.), to read through
  *pročtu, pročetl*
*prodati* (pf.), to sell
*prodávati* (impf.), to sell
*profesor* m., teacher, professor
  *profesora, profesoři*
*prohlédnouti si* (pf.), to look at,
  examine
  *prohlédnu si, prohlédl*
*procházeti se* (impf.), to walk,
  stroll
  *procházím se, procházel*
*procházka* f., walk, stroll
*projeti* (pf.), to ride through
  *projedu, projel*

*projíti se* (pf.), to take a walk
  *projdu, prošel*
*prominouti* (pf.), to forgive
  *prominu, prominul*
*promiňte*, Excuse me
*promysleti* (pf.), to think over
*prosím*, please, don't mention
  it
*prosinec* m., December
  *prosince*
*prositi* (impf.), to beg, ask
*prostředek* m., middle, centre
*proti*+dat., against, opposite
*protože*, because
*prsa* n. pl., chest, breast
  gen. *prsou*, dat. *prsům*, loc.
  *prsou*, instr. *prsy*
*prst* m., finger
*prsten* m., ring
  *prstenu, prsteny*
*pršeti* (impf.), to rain
*průběh* m., course
*průvod* m., procession
*průvodce* m., guide
  *průvodce, průvodci*
*průvodčí* m. or f., conductor,
  guard
*průvodkyně* f., companion, guide
*první*, first
*prý*, it is said, people say
*pryč*, away, off (adv.)
*přátelství* n., friendship
*přáti* (impf.), to wish (someone)
  *přeji (přeju), přál*
*přáti si* (impf.), to wish, desire
*přece*, yet, still, but
*přečísti* (pf.), to read through
  *přečtu, přečetl*
*před*, before, in front of
*předepsati* (pf.), to prescribe,
  order
  *předepíši, předepsal*
*předmět* m., object, topic
*přednáška* f., lecture
*přední*, front, foremost, leading

*přednost* f., precedence, preference

*předseda* m., chairman, president
*předsedy, předsedové*

*představiti si* (impf.), to imagine, fancy
*představuji, představoval*

*přecházeti* (impf.), to cross, go over
*přecházím, přecházel*

*přejísti se* (pf.), to overeat
*přejím se, přejedl*

*přejíti* (pf.), to cross, go over
*přejdu, přešel*

*překládati* (impf.), to translate

*překvapiti* (pf.), to surprise

*přeložiti* (pf.), to translate

*přemoci* (pf.), to overcome, conquer
*přemohu, přemohl*

*přeplatiti* (pf.), to overpay

*přerušiti* (pf.), to interrupt

*přes*+acc., across, over

*přesně*, exactly

*přestati* (pf.), to stop, cease
*přestanu, přestal*

*přestěhovati se* (pf.). to move house
*přestěhuji se, přestěhoval*

*přetékati* (pf.), to overflow
3 sg. pres. *přeteče*, past *přetekl*

*při*+loc., near, by, at

*přiblížiti se* (pf.), to approach

*přidati* (pf.), to add

*přihláška* f., application

*příjemný*, agreeable, kind

*přijíti* (pf.), to come, arrive
*přijdu, přišel*

*přijmouti* (pf.), to receive
*přijmu, přijal*

*přinesti* (pf.), to bring
*přinesu, přinesl*

*připraviti* (pf.), to prepare

*příspěvek* m., contribution

*přistoupiti* (pf.), to advance to, join

*příští*, next

*přítel* m., friend
*přítele, přátelé*

*přítelkyně* f., friend (female)
*přítelkyně, přítelkyně*

*přítomný*, present

*přivésti* (pf.), to lead, fetch, bring
*přivedu, přivedl*

*přívětivý*, friendly, kind

*přízemí* n., ground floor

*rád*, gladly, willingly
*jsem rád*, I am glad; *míti rád*, to like; *rád dělám*, I like doing . . .

*rada* f., advice

*rádio* n., wireless

*raditi* (impf.), to advise

*radnice* f., town hall

*radost* f., joy, pleasure
*radosti, radosti*

*Rakousko* n., Austria
*Rakouska*

*rám* m., picture-frame

*rameno* n., arm, shoulder
gen sg. *ramena*, n. pl. *ramena*, gen. pl. *ramenou*

*rána* f., wound

*ranní*, morning (adj.)

*ráno* n., morning

*restaurace* f., restaurant

*rodiče* m. pl., parents
gen. *rodičů*, dat. *rodičům*, loc. *rodičích*, instr. *rodiči*

*rodina* f., family

*roh* m., corner

*rohlík* m., bread-roll

*rolník* m., farmer
*rolníka, rolníci*

*rovný*, even, level

*rostlina* f., plant

*rozbíti* (pf.), to break
  *rozbiji* (*rozbiju*), *rozbil*
*rozbíti se* (pf.), to break
*rozšílení* n., excitement
*rozděliti* (pf.), to divide
*rozhodnouti se* (pf.), to decide
  *rozhodnu se, rozhodl*
*rozlámaný*, broken
*rozloučiti se* (pf.), to take leave
  of
*rozmysleti se* (pf.), to consider,
  reflect
  *rozmyslím, rozmyslel*
*rozplakati se* (pf.), to burst out
  crying
  *rozpláču se, rozplakal*
*rozpovídati se* (pf.), to start
  talking
*roztržitý*, absent-minded
*rozuměti* (impf.), to understand
  *rozumím, rozuměl*
*ručička, ručka* f., hand (watch or
  clock)
*ruka* f., hand
  dual *ruce*
*Rus* m., a Russian
*Rusko* n., Russia
*rusky*, Russian (adv.)
*růsti* (impf.), to grow
  *rostu, rostl*
*růže* f., rose (dim. *růžička*)
*ryba* f., fish
*rybář* m., fisherman
*rybník* m., pond
*rychlost* f., speed
*rýma* f., cold (in the head)
*rytíř* m., knight

*řeč* f., speech, talk
*řeka* f., stream, river
*řeznictví* n., butcher's shop
*řezník* m., butcher
  *řezníka, řezníci*
*říci* (pf.), to say
  *řeknu, řekl*

*říditi* (impf.), to direct
*říkati* (impf.), to say
*Řím* m., Rome
  *Říma*

*s, se*+instr., with
*sad* m., orchard
*sádlo* n., fat
*salám* m., salami
*sám, sama, samo*, himself, etc.
*samota* f., solitude
*sardinka* f., sardine
*sbírati* (impf.), to collect
*sblížiti* (impf.), to bring together,
  come together
  *sbližuji, sblížil*
*sbohem*, goodbye
*sedadlo* n., seat
*seděti* (impf.), to sit
  *sedím, seděl*
*sedlák* m., farmer
  *sedláka, sedláci*
*sednouti si* (pf.), to sit
  *sednu si, sedl*
*sedm*, seven
*sehnati* (pf.), to drive together,
  scrape together
  *seženu, sehnal*
*sem*, here, hither
*sestra* f., sister
*sestřenice* f., female cousin
*setkání* n., meeting
*setkati se* (pf.), to meet
*sever* m., north
*sežrati* (pf.), to eat up
  *sežeru, sežral*
*shoditi* (pf.), to throw down
*síň* f., hall
  *síně, síně*
*sirka* f., match
*skála* f., rock
*skladba* f., musical composition
*sklenice* f., glass, tumbler
*sklep* m., cellar
  *sklepa, sklepy*

*sklo* n., glass

*skoro*, almost

*skrýti se* (pf.), to hide oneself
  *skryji se, skryl*

*skutečně*, really, in fact

*slábnouti* (pf.), to become weaker
  *slábnu, slábl*

*slabý*, weak

*sladký*, sweet

*slečna* f., young lady, miss

*slepice* f., hen

*slézti* (pf.), to get down, descend
  *slezu, slezl*

*slíbený*, promised (adj.)

*slíbiti* (pf.), to promise

*slibovati* (impf.), to promise

*sličný*, graceful

*sloužiti* (impf.), to serve

*Slovák* m., a Slovak
  *Slováka, Slováci*

*Slovan* m., a Slav
  *Slovana, Slované* (Slovani)

*slovo* n., word

*sluha* m., servant
  *sluhy, sluhové*

*slunce* n., sun (dims. *slunko, sluníčko, slunečko*)

*slušeti*+dat. (pf.), to suit

*slýchati* (impf.), to hear often

*slyšeti* (impf.), to hear, listen

*smáti se* (impf.), to laugh at

*směr* n., direction, way

*smetana* f., cream

*smutný*, sad

*smyčec* m., bow (of violin, etc.)

*snad*, perhaps

*snadný*, simple

*snacha* f., daughter-in-law

*snášeti* (impf.), to bear, endure
  *snáším, snášel*

*snažiti se* (impf.), to exert oneself, take pains

*snaživý*, diligent, painstaking

*snídaně* f., **breakfast**
  *snídaně, snídaně*

*snídati* (impf.), to have breakfast

*sobota* f., Saturday

*socha* f., statue

*sotva*, hardly

*sotvaže*, no sooner . . . than

*soudce* m., judge

*soused* m., neighbour
  fem. *sousedka*

*sova* f., owl

*spadnouti* (pf.), to fall down
  *spadnu, spadl*

*spalničky* f. pl., measles

*spaní* n., sleep

*spása* f., salvation

*spáti* (impf.), to sleep
  *spím, spal*

*spěchati* (impf.), to hasten

*spiš, spíše*, rather

*spojený*, united, joined

*spokojený*, satisfied

*společný*, common, joint

*spolu*, together

*sporák* m., stove

*správce* m., manager

*spraviti* (pf.), to mend

*správně*, correctly

*Srb* m., a Serbian
  *Srba, Srbové*

*srdce* n., heart

*srdečně*, heartily

*spřáteliti se* (pf.), to make friends with

*stačiti* (impf.), to suffice

*starati se* (impf.), to take care of

*stárnouti* (impf.), to grow old
  *stárnu, stárl*

*starosta* m., mayor
  *starosty, starostové*

*starý*, old

*stát* m., state

*statečný*, brave

*státi* (impf.), to stand (also: to cost)
  *stojím, stál*
*státi se* (pf.), to happen, become
  3rd pers. *stane se, stal*
*statný*, stately
*stavěti* (impf.), to build
*stěhovati se* (impf.), to move (to a place)
*stejný*, the same
*stěna* f., wall
*stenotypistka* f., shorthand-typist
*stíniti* (impf.), to put in the shade
*stláti* (impf.), to make (a bed)
  *stelu, stlal*
*stoupati* (impf.), to go up
*strach* m., fear
*strakatý*, dappled, many-coloured
*strana* f., party
*stráviti* (pf.), to spend (time)
*strážník* m., policeman
  *strážníka, strážníci*
*strkati* (impf.), to push
*stroj* m., machine
*strom* m., tree
*struna* f., string
*strýc* m., uncle
  *strýce, strýcové*
  (dim. *strýček, strýčka, strýčkové* or *strýčci*)
*studený*, cold
*studovati* (impf.), to study
*studovna* f., study
*stůl* m., table
  *stolu, stoly*
*středa* f., Wednesday
*střecha* f., roof
*střelba* f., shooting
*stříbrný*, silver
*stříhati* (impf.), to cut
*sukně*, f., skirt
*svačina* f., afternoon tea
*svět* m., world

*světlo* n., light
*světoznámý*, world-famous
*svetr* m., sweater
*svézti* (pf.), to bring together, carry
  *svezu, svezl*
*svítiti* (impf.), to shine, give light
*svobodný*, free
*svůj, svá, své* (my) own, etc.
*syn* m., son
  *syna, synové*
  (dim. *synáček* m., *synáčka, synáčkové*)
*sýr* m., cheese
  *sýra, sýry*

*šátek* m., scarf, shawl
*šaty* m. pl., clothes
  *šatů*
*šedivý*, grey
*šest*, six
*šetřiti* (impf.), to save
*šikovný*, skilful, clever
*šíti* (impf.), to sew
  *šiji, šil*
*škoda* f., damage, harm, loss
*škoditi* (impf.), to harm
*škola* f., school
*školák* m., schoolboy
  *školáka, školáci*
*školačka* f., schoolgirl
*šlechtic* m., nobleman
  (fem. *šlechtična*)
*španělsky*, Spanish (adv.)
*špatný*, bad
*špenát* m., spinach
*špinavý*, dirty
*šťastný*, happy
*štěně* n., puppy
  *štěněte, štěňata*
*šunka* f., ham
*švadlena* f., dressmaker
*švagr* m., brother-in-law
*Švédsko* n., Sweden

*švestka* f., plum
*Švýcarsko* n., Switzerland

*tabule* f., blackboard
*tady*, here
*táhnouti* (impf.), to pull
   *táhnu, táhl*
*tak*, thus
*také*, also
*takže*, so that
*talíř* m., plate
*tam*, there
*tancovati* (impf.), to dance
   *tancuji, tancoval*
*taška* f., bag
*tatínek* m., daddy
   *tatínka, tatínkové*
*Tatry* f. pl., the Tatra Mts.
   *Tater*
*teď*, now
*tedy*, then, therefore
*tele* n., calf
   *telete, telata*
*ten, ta, to*, that
*tentýž*, etc., the same
*těšiti se* (impf.), to look forward
   to
*teplo* n., warmth
*teplota* f., temperature, warmth
*teta* f., aunt
*těžký*, difficult, heavy
*ticho* n., quiet
*tiskárna* f., printing-house
*tisknouti* (impf.), to print
   *tisknu, tiskl*
*tlapa* f., paw
*tma* f., darkness
*tmavý*, dark
*tolik*, so much, so many
   *tolik . . . kolik*
*topení* n., heating
*topič* m., stoker
*topiti* (impf.), to heat
*továrna* f., factory
*tož*, so, well, why

*tráva* f., grass
*trávník* m., lawn
*trhati* (impf.), to pick
*troubiti* (impf.), to trumpet,
   sound
*trpělivý*, patient
*trpěti* (impf.), to suffer
*trubka* f., bugle, horn
*trvati* (impf.), to last
*třásti se* (impf.), to tremble
   *třesu se, třásl*
*tři*, three
*třída* f., class
*tu*, here
*tucet* m.,+gen., dozen
   *tuctu, tucty*
*tudy*, this way
*turecký*, Turkish (adj.)
*tužka* f., pencil
*tvaroh* m., cream-cheese
*tvář* f., face
*tvůj, tvá, tvé*, etc., your, thy, etc.
*týden* m., week
   *týdne*, dat. loc. *týdnu;* n. pl.
   *týdny*, gen. *týdnů*, etc.

*u*+gen., at, by, near
*ublížiti* (pf.), to injure
*ubrus* m., table-cloth
*učení* n., learning, doctrine
*účet* m., bill, account
   *účtu, účty*
*učitel* m., teacher
   *učitele, učitelé*
   (fem. *učitelka*)
*učiti* (impf.), to teach
*učiti se* (impf.), to learn
*udělati* (pf.), to do
*uděřiti* (pf.), to strike
*udržeti* (pf.), to hold
   *udržím, udržel*
*uhlí* n., coal
*ucho* n., ear
   dual, *uši* **m.** or f.

*ukázati* (pf.), to show
  *ukáži (ukážu), ukázal*
*ukazovati* (impf.), to show
*uklízeti* (impf.), to clean
*úl* m., beehive
*ulice* f., street
*úloha* f., task, homework
*uložiti* (pf.), to put aside
*umění* n., art
*uměti* (impf.), to know how to
  *umím, uměl*
*umýti* (pf.), to wash
  *umyji, umyl*
*umýti se* (pf.), to wash oneself
*unavený*, tired
*universita* f., university
*únor* m., February
  *února*
*upéci* (pf.), to bake
  *upeču (upeku), upekl*
*uplésti* (pf.), to knit
  *upletu, upletl*
*uprostřed*+gen., in the middle
  of
*úroda* f., crop
*úřad* m., office
*úředník* m., clerk
*ústa* n. pl., mouth, mouths
  *úst*
*ustanoviti* (pf.), to appoint
*usmívati se* (impf.), to smile
*usnouti* (pf.), to fall asleep
  *usnu, usnul*
*ušlapati* (pf.), to trample down
*utéci* (pf.), to run away
  *uteču, (uteku), utekl*
*úterý* n., Tuesday
*utíkati* (impf.), to run away
*utrhnouti* (pf.), to tear off, pick
  *utrhnu, utrhl*
*utrhnouti si* (pf.), to pick for
  oneself
*uvědomiti si* (pf.), to realise
*uzdraviti se* (pf.), to recover
*uzenářství* n., smoked meat shop

*uzený*, smoked
*už*, already
*úžas* m., astonishment
*užíti*+gen. (pf.), to use
  impf. *užívati*

*v, ve*, in, at
*vajíčko* n., egg
*válka* f., war
*vánoce* f. pl. Christmas
  *vánoc*
*varhany* m. pl., organ
  *varhan*
*Varšava* f., Warsaw
*vaření* n., cooking
*vařiti* (impf.), to cook
*váza* f., vase
*vážený*, esteemed, dear (in
  beginning letters)
*vážný*, serious
*vběhnouti* (pf.), to run, come
  running
  *vběhnu, vběhl*
*včela* f., bee
*včera*, yesterday
*včerejší*, yesterday's (adj.)
*vdáti se* (pf.), to get married
*vdaná*, married (used of a
  woman)
*vdávati se* (impf.), to get married
*vdova* f., widow
*vdovec* m., widower
  *vdovce, vdovci*
*věc* f., thing, affair
*večer* m., evening
*večeře* f., evening meal
*večeřeti* (impf.), to dine, sup
  *večeřím, večeřel*
*věděti* (impf.), to know
  *vím*, 3rd pers. pl. *vědí; věděl*
*vedle*+gen., next to
*vedlejší*, neighbouring
*vejce* n., egg
*vejíti* (pf.), to go in
  *vejdu, vešel*

*velice, velmi,* very
*velikonoce* f. pl., Easter
  *velikonoc*
*velký,* big (compar. *větší*)
*venkov* m., country
*venkovský,* country (adj.)
*věnovati* (pf.), to devote, give
  *věnuji, věnoval*
*věrný,* faithful
*věřiti* (impf.), to believe
*ves* f., village
  *vsi, vsi*
*veselý,* merry
*vesnice* f., village
*vésti* (impf.), to lead
  *vedu, vedl*
*větev* f., branch
  *větve, větve*
*větší,* bigger
*věž* f., tower
*vchod* m., entrance
*vic, více,* more
*vídati* (impf.), to see repeatedly
*vidlička* f., fork
*Vídeň* f., Vienna
  *Vídně*
*viděti* (impf.), to see
  *vidím, viděl*
*vinárna* f., wineshop
*víno* n., wine
*viseti* (impf.), to hang
  *visím, visel*
*vítati* (impf.), to welcome
*vítr* m., wind
  *větru* (dim. *větřiček*)
*vládnouti* (impf.), to rule
  *vládnu, vládl*
*vlas* m., a hair
  *vlasu, vlasy*
*vlasatý,* hairy
*vlast* f., homeland
  *vlasti, vlasti*
*vlastní,* own (adj.)
*vlaštovka* f., swallow
  (dim. *vlaštovička*)

*vléci* (impf.), to drag
  *vleku (vlečíu), vlekl*
*vlevo,* on the left
*vlézti* (pf.), to get in
  *vlezu, vlezl*
*vloni,* last year
*vnouče* n., grandchild
  *vnoučete, vnoučata*
  (dim. *vnoučátko* n.)
*voda* f., water
*voják* m., soldier
  *vojáka, vojáci*
*volati* (impf.), to call
*volný,* free
*vpředu,* in front
*vrata* n. pl., gate
  *vrat*
*vrátiti* (pf.), to return, send
  back
*vrátiti se* (pf.), to return, come
  back
*vrchní,* upper, top (adj.)
  *pan vrchní,* head waiter
*vstávati* (impf.), to get up
*vstáti* (pf.), to get up
  *vstanu, vstal*
*vstoupiti* (pf.), to enter
*vstup* m., entrance
*vstupovati* (impf.), to enter
  *vstupuji, vstupoval*
*vše, všecko, všechno,* everything
*všelijaký,* various
*všechen,* all
*všímati si* (impf.), to notice
*všimnouti si* (pf.), to notice
*všude,* everywhere
*vůbec,* in general, on the whole
*vůdce* m., leader
*vy,* you
*výběr* m., choice
*vybrati* (pf.), to choose
*vydati* (pf.), to publish, spend,
  give out
*vydati se* (pf.), to set out
*vyhráti* (pf.), to win, gain

*vycházeti* (impf.), to set out, go out
　*vycházím, vycházel*
*východ* m., exit
*výchova* f., education
*vyjíti* (pf.), to go out, come out
*vyleštěný*, polished
*výlet* m., excursion
*vylézti* (pf.), to creep out, climb up
　*vylezu, vylezl*
*vynésti* (pf.), to bring out
*vypadnouti* (pf.), to fall out
*vypravovati* (impf.), to relate
*vyrobiti* (pf.), to produce
*vyslovovati* (impf.), to pronounce
　*vyslovuji, vyslovoval*
*vysoký*, high (compar. *vyšší*)
*výstava* f., exhibition
*vystěhovati se* (pf.), to move (house)
　*vystěhuji se, vystěhoval*
*vysvětliti* (pf.), to explain
*vysvitnouti* (pf.), to shine out
*vyšiti* (pf.), to embroider
　impf. *vyšívati*
*vyvézti* (pf.), to export
　*vyvezu, vyvezl*
*vyznamenání* n., distinction, award
*vzadu*, behind (adv.)
*vzbuditi* (pf.), to wake up, arouse
*vzbuditi se* (pf.), to wake up
*vzdálený*, distant
*vzduch* m., air
*vzíti* (pf.), to seize
　*vezmu, vzal*
*vzletěti* (pf.), to fly up
　*vzletím, vzletěl*
*vznésti se* (pf.), to rise, soar
*vzrušující*, moving, touching
*vždy, vždycky*, always

*z, ze*+gen., out of, of, by
*za*+acc., for, in place of, behind, beyond, within; + gen., on, during; +instr. behind, beyond (state)
*zabaliti* (pf.), to wrap up
*zábava* f., entertainment
*zábavný*, entertaining
*zabíti* (pf.), to kill
*zablouditi* (pf.), to lose one's way
*záclona* f., curtain
*začíti* (pf.), to begin
　*začnu, začal*
*záda* n. pl., back
　*zad* (dim. *zádečka* n. pl.)
*zadní*, back (adj.)
*zahájiti* (impf.), to open (a meeting, etc.)
*zahnouti* (pf.), to turn
　*zahnu, zahnul*
*zahojiti se* (pf.), to heal up
*záhon* m., flower-bed
　*záhona, záhony*
*zahrada* f., garden
*zahradník* m., gardener
　*zahradníka, zahradníci*
*záchod* m., lavatory
　*záchoda, záchody*
*zachovati* (pf.), to preserve, save
*zajeti* (pf.), to run over
*zajímati* (impf.), to interest
*zajímati se o*+acc. (impf.), to be interested in
*zajímavý*, interesting
*zajíti* (pf.), to pass out of sight, go
*zakletý*, enchanted
*zalepiti* (pf.), to glue up, seal
*zaměstnání* n., employment
*zaměstnávati se*+instr. (impf.), to be engaged in
*zaměstnávati* (impf.), to employ
*zamysleti (zamysliti) se* (pf.), to be lost in thought
*západ* m., west

*zapadati* (impf.), to set (sun)

*zápalka* f., match

*zápas* m., fight

*zápisník* m., notebook

*zaplatiti* (pf.), to pay for

*zapomenouti na* (pf.), to forget
  *zapomenu, zapomněl*

*zapomínati na* (impf.), to forget

*zaprášený*, covered with dust

*zaraziti se* (pf.), to stop, be
  taken aback

*září* n., or m., September
  *září*

*zářiti* (impf.), to shine, gleam

*zařízení* n., equipment

*zasmáti se* (pf.), to laugh at
  *zasměji se, zasmál*

*zasnoubený*, engaged, betrothed

*zastaviti* (pf.), to stop

*zastřihnouti* (pf.), to cut, trim

*zástupce* m., representative
  *zástupce, zástupci (zástupcové)*

*zásuvka* f., drawer

*zasypati* (pf.), to cover over
  (with earth, etc.)
  *zasypu, zasypal*

*zaštěkati* (pf.), to bark

*zatím*, meanwhile

*zatím co*, whilst

*zato*, but, yet

*zatroubiti* (pf.), to blow, sound

*zatřásti* (pf.), to shake
  *zatřesu, zatřásl*

*zavázati* (pf.), to tie up
  *zavážu, zavázal*

*zavésti* (pf.), to lead, guide

*zavézti* (pf.), to drive, take

*zavírati* (impf.), to shut

*závod* m., race

*zavřený*, shut up

*zavříti* (pf.), to shut
  *zavřu, zavřel*

*zazpívati* (pf.), to sing

*zázrak* m., miracle

*zbaviti se* (pf.), to get rid of

*zblednouti* (pf.), to become pale
  *zblednu, zbledl*

*zbourati* (pf.), to pull down

*zboží* n., goods

*zda, zdali*, whether

*zdáti se* (impf.), to seem

*zde*, here

*zdraví* n., health

*zdravý*, healthy

*zdupati* (pf.), to trample down

*zdvihnouti* (pf.), to raise
  *zdvihnu, zdvihl*

*zdvořilý*, polite, courteous

*zeď* f., wall
  *zdi, zdi*

*zelenina* f., vegetables

*zelený*, green

*země* f., earth

*zeptati se* (pf.), to ask

*zesíliti* (pf.), to strengthen

*zhasnouti* (pf.), to go out, die
  *zhasnu, zhasl*

*zhubnouti* (pf.), to become thin
  *zhubnu, zhubl*

*zima* f., cold, winter

*zimní*, winter (adj.)

*zítra*, tomorrow

*zítřek* m., tomorrow
  *zítřku*

*zkouška* f., examination

*zlepšiti* (pf.), to improve

*zloba* f., malice

*zloděj* m., thief
  *zloděje, zlodějové*

*zlomiti* (pf.), to break

*změna* f., change

*známý*, known, acquainted

*znáti* (impf.), to know

*znáti se* + instr. (impf.), to know
  one another

*zničiti* (pf.), to destroy

*zníti* (impf.), to sound, ring
  3rd pers. *zní, zněl*

*znovu*, again

*zorati* (pf.), to plough

*zotaviti se* (pf.), to recover one's health

*zoufalství* n., despair

*zpět*, back, behind (adv.)

*zpěv* m., singing

*zpěvák* m., singer (fem. *zpěvačka*)

*zpívati* (impf.), to sing

*zpráva* f., report, news

*zralý*, ripe

*zrána*, in the morning

*zrcadlo* n., mirror (dim. *zrcátko*)

*zřetelný*, distinct, clear

*ztichnouti* (pf.), to become quiet *ztichnu, ztichl*

*ztráviti* (pf.), to spend (time)

*zvědavý*, inquisitive

*zvedati* (impf.), to lift

*zvednouti* (pf.), to lift *zvednu, zvedl*

*zvěř* f., game

*zvíře* n., animal *zvířete, zvířata*

*zvláště*, especially

*zvoliti* (pf.), to choose, elect

*zvolna*, slowly

*zvonice* f., bell-tower

*zvoniti* (impf.), to ring

*zvuk* m., sound, tone

*zvyknouti si* (pf.), to get used to *zvyknu si, zvykl*

*žádný*, no (adj.)

*žák* m., pupil (fem. *žákyně*) *žáka, žáci*

*že*, that (conj.)

*že ano*, isn't it?

*žebřík* m., ladder

*žehlení* n., ironing

*žehliti* (impf.), to iron

*žena* f., woman

*ženatý*, married

*ženiti se* (impf.), to marry (a woman)

*židle* f., chair

*žíti* (impf.), to live *žiji (žiju), žil*

*žito* n., rye

*živiti* (impf.), to feed

*život* m., life *života*

*živý*, living (adj.)

*žízeň* f., thirst *žízně*

*žlutý*, yellow

*žráti* (impf.), to eat (used of animals) *žeru, žral*

| | | |
|---|---|---|
| potato | — | brambor |
| price | — | cena |
| tea | — | čaj |
| today | — | dnes |
| tomorrow | — | zítra |
| yesterday | — | |
| enough | — | dost |
| bread | — | chléb |
| menu | ~ | jídelní lístek |
| where? | — | kam? kde? |
| to | — | že |
| cabbage | — | kapusta |
| each | — | každý |
| who? | — | kdo |
| when? | — | kdy |